Studi-Kompass
Ausgabe Süd — 2012/2013

Wirtschaftswissenschaften und Wirtschaftsingenieurwesen

Ines Balcik

studieren?
wo?
was?
wie?

STARK

Umschlagbilder
U1: © Nyul | Dreamstime.com
U4: © Robyn Mackenzie | Dreamstime.com

ISBN 978-3-86668-617-5

© 2012 by Stark Verlagsgesellschaft mbH & Co. KG
www.berufundkarriere.de

Das Werk und alle seine Bestandteile sind urheberrechtlich geschützt.
Jede vollständige oder teilweise Vervielfältigung, Verbreitung und Veröffentlichung
bedarf der ausdrücklichen Genehmigung des Verlages.

Inhalt

Vorwort

Teil 1: Das Studium der Wirtschaftswissenschaften und des Wirtschaftsingenieurwesens

Was sind eigentlich die Wirtschaftswissenschaften? ... 1
Volkswirtschaftslehre (VWL) ... 1
Betriebswirtschaftslehre (BWL) ... 2
Wirtschaftsingenieurwesen ... 3
Wirtschaftspädagogik ... 3
Weitere Kombinationsmöglichkeiten ... 3

Welche Voraussetzungen muss ich erfüllen? ... 4
Zeugnisse und Hochschulzugang ... 4
Numerus clausus, Zulassungsbeschränkungen und Bewerbung ... 5
Immatrikulation ... 6
Persönliche Eignung und weitere Voraussetzungen ... 6

Welche Hochschulart ist die richtige? ... 7
Universitäten und Hochschulen mit Promotionsrecht ... 8
Hochschulen für angewandte Wissenschaften ... 8
Private Hochschulen ... 9
Berufsakademien ... 9
Rankings ... 9

Wie ist das Studium aufgebaut und wie lange dauert es? ... 10
Module und Credit Points ... 10
Regelstudienzeit, Semester und vorlesungsfreie Zeiten ... 11
Duale Studiengänge, berufsbegleitendes Studium und Fernstudium ... 12
Praktika und Auslandssemester ... 14
Bachelor ... 15
Master ... 16
Promotion ... 16

Wie viel Geld brauche ich fürs Studium und wo kann ich sparen? ... 17
Semesterbeiträge ... 17
Studiengebühren ... 18
Lebenshaltungskosten im Überblick ... 18
Studierendenausweis ... 19
Mensa, Hochschulsport und Co. ... 19

Muss ich mich versichern? ... 20
Krankenversicherung ... 20
Weitere Versicherungen ... 21

Wie finanziere ich mein Studium? ... 21
Eltern ... 21
BAföG ... 22
Stipendien ... 22
Studentenjobs ... 23
Studienkredite ... 23

Wo wohne ich? ... 24
Eltern ... 24
Studentenwohnheim ... 25
WG ... 25
Eigene Wohnung und Untermiete ... 26

Wo soll ich studieren? ... 27
Reiz der Großstadt oder Idylle auf dem Land? ... 27
Studienortwechsel ... 28
Soziales Leben ... 29

Teil 2: Studiengänge und Hochschulen

Baden-Württemberg ... 31

1 Aalen ... 33
1.1 Hochschule Aalen – Technik und Wirtschaft ... 33
1.1.1 Fakultät Wirtschaftswissenschaften ... 33
    Betriebswirtschaft für kleine und mittlere Unternehmen ... 34
    Internationale Betriebswirtschaft ... 34
    Wirtschaftsingenieurwesen ... 35

2 Biberach ... 36
2.1 Hochschule für Architektur und Bauwesen, Betriebswirtschaft und Biotechnologie ... 36
2.1.1 Fakultät Betriebswirtschaft (Bau und Immobilien) ... 37
    Betriebswirtschaft (Bau und Immobilien) ... 37

3 Esslingen ... 38
3.1 Hochschule Esslingen ... 38
3.1.1 Fakultät Betriebswirtschaft ... 39
    Internationale technische Betriebswirtschaft ... 39
    Wirtschaftsingenieurwesen ... 40

4 Friedrichshafen ... 40
4.1 Zeppelin University ... 41
4.1.1 Corporate Management & Economics ... 41
    Corporate Management and Economics ... 41

5	**Gengenbach**	42
5.1	Hochschule für Technik, Wirtschaft und Medien Offenburg	42
5.1.1	Fakultät Betriebswirtschaft und Wirtschaftsingenieurwesen	43
	Betriebswirtschaft	43
	Betriebswirtschaft/Logistik und Handel	44
	Wirtschaftsingenieurwesen	45
6	**Heidelberg**	45
6.1	SRH Hochschule Heidelberg	46
6.1.1	Fakultät für Wirtschaft	46
	Betriebswirtschaft	47
6.1.2	School of Engineering and Architecture	47
	Wirtschaftsingenieurwesen	48
7	**Heilbronn**	49
7.1	Hochschule Heilbronn – Technik, Wirtschaft, Informatik	49
7.1.1	Campus Heilbronn	49
	Betriebswirtschaft und Unternehmensförderung	50
	Internationale Betriebswirtschaft – Interkulturelle Studien	50
	Verkehrsbetriebswirtschaft und Logistik	51
7.1.2	Campus Künzelsau	52
	Betriebswirtschaft, Marketing- und Medienmanagement	52
	Betriebswirtschaft und Kultur-, Freizeit-, Sportmanagement	53
	Wirtschaftsingenieurwesen	54
8	**Karlsruhe**	54
8.1	Hochschule Karlsruhe, Technik – Wirtschaft	55
8.1.1	Fakultät für Wirtschaftswissenschaften	55
	International Management	56
	Wirtschaftsingenieurwesen	56
8.2	Karlshochschule International University	57
8.2.1	Fachbereich	57
	International Business	58
9	**Konstanz**	58
9.1	Hochschule Konstanz – Technik, Wirtschaft und Gestaltung	59
9.1.1	Fakultät Wirtschafts- und Sozialwissenschaften	59
	Betriebswirtschaftslehre	60
	Wirtschaftsingenieurwesen Bau	61
	Wirtschaftsingenieurwesen Elektro- und Informationstechnik	61
	Wirtschaftsingenieurwesen Maschinenbau	62
10	**Mannheim**	63
10.1	Hochschule Mannheim	63
10.1.1	Fakultät für Wirtschaftsingenieurwesen	64
	Wirtschaftsingenieurwesen	64

11	**Nürtingen**	65
11.1	Hochschule für Wirtschaft und Umwelt Nürtingen-Geislingen (HfWU)	65
11.1.1	Fakultät I	66
	Betriebswirtschaft	66
	Internationales Finanzmanagement	67
11.1.2	Fakultät II	68
	Volkswirtschaftslehre	68
12	**Pforzheim**	69
12.1	Hochschule Pforzheim – Gestaltung, Technik, Wirtschaft und Recht	69
12.1.1	Fakultät für Wirtschaft und Recht	69
	Betriebswirtschaft/Controlling, Finanz- und Rechnungswesen	70
	Betriebswirtschaft/Einkauf und Logistik	71
	Betriebswirtschaft/International Marketing	71
	Betriebswirtschaft/Marketing	72
	Betriebswirtschaft/Markt- und Kommunikationsforschung (Marktforschnung)	73
	Betriebswirtschaft/Personalmanagement	74
	Betriebswirtschaft/Steuer- und Revisionswesen	74
	Betriebswirtschaft/Werbung	75
	Betriebswirtschaft/Wirtschaftsinformatik	76
	International Business	77
12.1.2	Fakultät für Technik	77
	Wirtschaftsingenieurwesen	78
13	**Reutlingen**	79
13.1	Hochschule Reutlingen – Reutlingen University	79
13.1.1	ESB Business School	79
	International Business	80
	International Logistics Management – Wirtschaftsingenieur	80
	International Management – Double Degree	81
	Produktionsmanagement – Wirtschaftsingenieur	82
14	**Riedlingen**	83
14.1	SRH Fernhochschule Riedlingen	83
14.1.1	Fachbereich	83
	Betriebswirtschaft	83
15	**Sigmaringen**	84
15.1	Hochschule Albstadt-Sigmaringen	84
15.1.1	Fakultät 2 – Business and Computer Science	85
	Betriebswirtschaft	85
15.1.2	Fakultät 1 – Engineering	86
	Wirtschaftsingenieurwesen	86
16	**Stuttgart**	87
16.1	Hochschule für Technik Stuttgart	88
16.1.1	Studienbereich Wirtschaft	88
	Betriebswirtschaft	88
16.2	AKAD Hochschule Stuttgart	89

16.2.1	Fachbereich	89
	Betriebswirtschaftslehre	90
	Wirtschaftsingenieurwesen	91
16.3	Duale Hochschule Baden-Württemberg (DHBW) Stuttgart	92
16.3.1	Fakultät Wirtschaft	92
	BWL	93

17	**Ulm**	**93**
17.1	Universität Ulm	94
17.1.1	Fakultät für Mathematik und Wirtschaftswissenschaften	94
	Wirtschaftswissenschaften	95
17.2	Hochschule Ulm	95
17.2.1	Fakultät Produktionstechnik und Produktionswirtschaft	96
	Wirtschaftsingenieurwesen	96

18	**Villingen-Schwenningen**	**97**
18.1	Hochschule Furtwangen – Informatik, Technik, Wirtschaft, Medien	97
18.1.1	Fakultät Wirtschaft	98
	Internationale Betriebswirtschaft (IBW)	98
	International Business Management	99

19	**Weingarten**	**100**
19.1	Hochschule Ravensburg-Weingarten	100
19.1.1	Fakultät Technologie und Management	100
	Betriebswirtschaft/Management	101

Freistaat Bayern		**103**
1	**Aschaffenburg**	**105**
1.1	Hochschule Aschaffenburg	105
1.1.1	Fakultät Wirtschaft und Recht	105
	Betriebswirtschaft	106
	Betriebswirtschaft und Recht	107
1.1.2	Fakultät Ingenieurwissenschaften	108
	Wirtschaftsingenieurwesen	108

2	**Augsburg**	**109**
2.1	Hochschule Augsburg	109
2.1.1	Fakultät für Wirtschaft	110
	Betriebswirtschaft	110
	International Management	111

3	**Bamberg**	**112**
3.1	Otto-Friedrich-Universität Bamberg	112
3.1.1	Sozial- und Wirtschaftswissenschaften (SoWi)	112
	European Economic Studies	113

4	**Bayreuth**	**114**
4.1	Universität Bayreuth	114
4.1.1	Rechts- und Wirtschaftswissenschaftliche Fakultät	114
	Betriebswirtschaftslehre (BWL)	115
	Economics (VWL)	116

5	**Deggendorf**	117
5.1	Hochschule Deggendorf	117
5.1.1	Fakultät für Betriebswirtschaft und Wirtschaftsinformatik	117
	Betriebswirtschaft	118
5.1.2	Fakultät für Maschinenbau und Mechatronik	118
	Wirtschaftsingenieurwesen	119
6	**Erding**	119
6.1	Fachhochschule für angewandtes Management (FHAM)	120
6.1.1	Fachbereich	120
	Betriebswirtschaftslehre	120
7	**Ingolstadt**	121
7.1	Katholische Universität Eichstätt-Ingolstadt (KU)	122
7.1.1	Wirtschaftswissenschaftliche Fakultät (WFI)	122
	Betriebswirtschaftslehre	123
	Finanzdienstleistungsmanagement (berufsintegriert)	124
7.2	Hochschule Ingolstadt	125
7.2.1	Fakultät Wirtschaftswissenschaften	125
	Betriebswirtschaft	125
8	**Kempten**	126
8.1	Hochschule Kempten	126
8.1.1	Fachbereich Betriebswirtschaft	127
	Betriebswirtschaft	127
9	**München**	128
9.1	Universität der Bundeswehr München (UniBwM)	128
9.1.1	Fakultät für Wirtschafts- und Organisationswissenschaften (WOW)	129
	Wirtschafts- und Organisationswissenschaften	129
9.2	Hochschule München	130
9.2.1	Fakultät für Betriebswirtschaft (FK 10)	130
	Betriebswirtschaft	131
9.3	Munich Business School	132
9.3.1	Fachbereich	132
	International Business	132
10	**Nürnberg**	133
10.1	Friedrich-Alexander-Universität Erlangen-Nürnberg (FAU)	134
10.1.1	Rechts- und Wirtschaftswissenschaftliche Fakultät	134
	International Business Studies	135
10.2	Georg-Simon-Ohm-Hochschule – Fachhochschule Nürnberg	135
10.2.1	Fakultät Betriebswirtschaft	136
	Betriebswirtschaft	136
	International Business (IB)	137
11	**Passau**	138
11.1	Universität Passau	138
11.1.1	Wirtschaftswissenschaftliche Fakultät	138
	Business Administration and Economics	139

12	**Regensburg**	140
12.1	Universität Regensburg	140
12.1.1	Fakultät für Wirtschaftswissenschaften	140
	Betriebswirtschaftslehre	141
	Internationale Volkswirtschaftslehre	142
	Volkswirtschaftslehre	142
12.2	Hochschule Regensburg	143
12.2.1	Fachbereich	143
	Betriebswirtschaft	144
13	**Rosenheim**	144
13.1	Hochschule Rosenheim	144
13.1.1	Fakultät für Betriebswirtschaft	145
	Betriebswirtschaft	145
13.1.2	Fakultät für Wirtschaftsingenieurwesen	146
	Wirtschaftsingenieurwesen	146
14	**Weiden**	147
14.1	Hochschule für angewandte Wissenschaften, FH Amberg-Weiden	147
14.1.1	Fakultät für Wirtschaftsingenieurwesen	147
	Sprachen, Management und Technologie	148
	Wirtschaftsingenieurwesen	149

Hessen 151

1	**Bad Homburg**	153
1.1	Accadis Hochschule Bad Homburg	153
1.1.1	Fachbereich	153
	International Business	154
	International Business Communication	155
	International Sports Management	155
2	**Bad Sooden-Allendorf**	156
2.1	DIPLOMA Fachhochschule Nordhessen	156
2.1.1	Fachbereich	157
	Betriebswirtschaft	157
3	**Darmstadt**	158
3.1	Technische Universität Darmstadt	158
3.1.1	Fachbereich 1: Rechts- und Wirtschaftswissenschaften	159
	Wirtschaftsingenieurwesen (Bauingenieurwesen)	159
	Wirtschaftsingenieurwesen (Elektrotechnik)	160
	Wirtschaftsingenieurwesen (Maschinenbau)	161
3.2	Hochschule Darmstadt	161
3.2.1	Fachbereich Wirtschaft	162
	Betriebswirtschaftslehre	163
	Internationale Betriebswirtschaftslehre (IBWL)	164
	Wirtschaftsingenieurwesen	165
3.3	Wilhelm Büchner Hochschule – Private Fernhochschule Darmstadt	165

3.3.1	Fachbereich	166
	Technische Betriebswirtschaft	166
	Wirtschaftsingenieurwesen Logistik	167
	Wirtschaftsingenieurwesen Produktion	168
4	**Frankfurt am Main**	168
4.1	Johann-Wolfgang-Goethe-Universität Frankfurt am Main	169
4.1.1	Fachbereich 2: Wirtschaftswissenschaften	169
	Wirtschaftswissenschaften	170
	Wirtschaftspädagogik	171
4.2	Fachhochschule Frankfurt am Main (FH FFM)	172
4.2.1	Fachbereich 3: Wirtschaft und Recht	172
	Betriebswirtschaft – Business Administration	172
	Betriebswirtschaft – mit deutsch-französischem Doppelabschluss – Business Administration (Double Degree)	173
	International Business Administration	174
	International Finance	175
4.3	Frankfurt School of Finance & Management (FSFM)	176
4.3.1	Departments	176
	Betriebswirtschaftslehre	177
	BWL in Kooperation mit KPMG	178
	Internationale Betriebswirtschaftslehre / International Business Administration	179
	Management, Philosophy & Economics	180
	Management & Financial Markets	180
	Management & Financial Markets for Professionals	182
4.4	Hessische Berufsakademie Frankfurt	183
4.4.1	Fachbereich	183
	Business Administration	184
	Business Administration Fachrichtung Handel	184
4.5	Provadis School of International Management & Technology	185
4.5.1	Fachbereich Betriebswirtschaftslehre	186
	Business Administration	186
5	**Fulda**	187
5.1	Hochschule Fulda	187
5.1.1	Fachbereich Wirtschaft	188
	Internationale Betriebswirtschaftslehre	188
5.1.2	Fachbereich Elektrotechnik und Informationstechnik	189
	Wirtschaftsingenieurwesen	189
6	**Gießen**	190
6.1	Justus-Liebig-Universität Gießen	190
6.1.1	Fachbereich 02: Wirtschaftswissenschaften	191
	Betriebswirtschaftslehre	191
	Volkswirtschaftslehre	192
6.2	Technische Hochschule Mittelhessen m(THM)	193
6.2.1	Fachbereich 7: Wirtschaft, THM Business School	193
	Betriebswirtschaft	194

6.2.2	Fachbereich 14: Wirtschaftsingenieurwesen	194
	Wirtschaftsingenieurwesen	195
6.2.3	StudiumPlus	196
	Betriebswirtschaft	196
	Wirtschaftsingenieurwesen	197

7 Idstein 198

7.1	Hochschule Fresenius	198
7.1.1	Fachbereich Wirtschaft und Medien	198
	Business Administration	199

8 Kassel 200

8.1	Universität Kassel	200
8.1.1	Fachbereich 7: Wirtschaftswissenschaften	200
	Wirtschaftswissenschaften	201
	Wirtschaftsingenieurwesen	202
	Wirtschaftspädagogik	203

9 Marburg 204

9.1	Philipps-Universität Marburg	204
9.1.1	Fachbereich 02: Wirtschaftswissenschaften	204
	Betriebswirtschaft/Business Administration	205
	Volkswirtschaftslehre/Economics	206

10 Wiesbaden 207

10.1	Hochschule RheinMain Wiesbaden Rüsselsheim Geisenheim	207
10.1.1	Wiesbaden Business School	208
	Business Administration	208
	Insurance & Finance	209
	International Business Administration	209
10.1.2	Fachbereich Ingenieurwissenschaften	210
	Internationales Wirtschaftsingenieurwesen	211
10.2	EBS Universität für Wirtschaft und Recht	212
10.2.1	Governance & Economics	212
	Aviation Management	213
	General Management	213

Rheinland-Pfalz 215

1 Bingen 217

1.1	Fachhochschule Bingen	217
1.1.1	Fachbereich 2: Technik, Informatik und Wirtschaft	217
	Wirtschaftsingenieurwesen	218

2 Kaiserslautern 219

2.1	Technische Universität Kaiserslautern	219
2.1.1	Fachbereich Wirtschaftswissenschaften	219
	Betriebswirtschaftslehre mit technischer Qualifikation	220
	Wirtschaftsingenieurwesen	221
2.2	Fachhochschule Kaiserslautern	221
2.2.1	Fachbereich Angewandte Ingenieurwissenschaften	222
	Wirtschaftsingenieurwesen	222

3	**Koblenz**	223
3.1	Fachhochschule Koblenz	224
3.1.1	Fachbereich Betriebswirtschaft	224
	Betriebswirtschaft (Business Administration)	225
3.1.2	Fachbereich Ingenieurwesen	225
	Wirtschaftsingenieurwesen Elektrotechnik	226
	Wirtschaftsingenieurwesen Maschinenbau	227
4	**Ludwigshafen**	228
4.1	Fachhochschule Ludwigshafen am Rhein	228
4.1.1	Fachbereich I: Management, Controlling, HealthCare	228
	Controlling, Management and Information (CMI)	229
4.1.2	Fachbereich II: Marketing und Personalmanagement	230
	International Business Management East Asia	230
	Internationale Betriebswirtschaftslehre im Praxisverbund (BIP)	231
	Internationales Personalmanagement und Organisation	232
	Marketing	233
4.1.3	Fachbereich III: Dienstleistungen und Consulting	233
	Betriebswirtschaftliche Steuerlehre und Wirtschaftsprüfung	234
	Logistik	235
5	**Mainz**	236
5.1	Fachhochschule Mainz	236
5.1.1	Fachbereich Wirtschaft	237
	Betriebswirtschaft (BWL) berufsintegrierend	237
	Betriebswirtschaft (BWL)	238
6	**Remagen**	239
6.1	Fachhochschule Koblenz	239
6.1.1	Fachbereich Betriebs- und Sozialwirtschaft	239
	Betriebswirtschaftslehre: Logistik und E-Business	240
7	**Trier**	241
7.1	Universität Trier	241
7.1.1	Fachbereich IV	242
	Betriebswirtschaftslehre	242
	Volkswirtschaftslehre	243
7.2	Fachhochschule Trier, Hochschule für Technik, Wirtschaft und Gestaltung	244
7.2.1	Umwelt-Campus Birkenfeld	244
	Umwelt- und Betriebswirtschaft	244
	Wirtschaftsingenieurwesen/Umweltplanung	245
8	**Vallendar**	246
8.1	WHU – Otto Beisheim School of Management	246
8.1.1	Fachbereich	246
	Betriebswirtschaftslehre/Management	247
9	**Worms**	248
9.1	Fachhochschule Worms	248
9.1.1	Fachbereich Wirtschaftswissenschaften	249
	Internationale Betriebswirtschaft und Außenwirtschaft (IBA)	249

10	**Zweibrücken**	250
10.1	Fachhochschule Kaiserslautern	250
10.1.1	Fachbereiche Betriebswirtschaft und Angewandte Ingenieurwissenschaften	251
	Technische Betriebswirtschaft	251

Saarland		253
1	**Saarbrücken**	255
1.1	Hochschule für Technik und Wirtschaft des Saarlandes (HTW)	255
1.1.1	Fakultät für Wirtschaftswissenschaften	255
	Betriebswirtschaft	256
	Internationale Betriebswirtschaft	257
	Wirtschaftsingenieurwesen	258

Freistaat Sachsen		259
1	**Dresden**	261
1.1	Hochschule für Technik und Wirtschaft Dresden (HTW Dresden)	261
1.1.1	Fakultät Wirtschaftswissenschaften	262
	Betriebswirtschaft	262
1.2	Fachhochschule Dresden	263
1.2.1	Fachbereich	263
	Business Administration	264
2	**Leipzig**	264
2.1	Universität Leipzig	265
2.1.1	Wirtschaftswissenschaftliche Fakultät	266
	Wirtschaftswissenschaften (Economics and Management Science)	266
2.2	Hochschule für Technik, Wirtschaft und Kultur Leipzig	267
2.2.1	Fakultät Wirtschaftswissenschaften	268
	Betriebswirtschaft	268
	International Management	269
2.2.2	Fakultät Maschinen- und Energietechnik	270
	Wirtschaftsingenieurwesen (Maschinenbau und Energietechnik)	270
2.3	AKAD Hochschule Leipzig	271
2.3.1	Fachbereich	272
	Betriebswirtschaftslehre	272
3	**Mittweida**	273
3.1	Hochschule Mittweida – University of Applied Sciences (HSMW)	273
3.1.1	Fakultät Wirtschaftswissenschaften	274
	Betriebswirtschaft	274
	Business Management	275
4	**Zwickau**	276
4.1	Westsächsische Hochschule Zwickau	276
4.1.1	Fakultät Wirtschaftswissenschaften	277
	Betriebswirtschaft	277
	Management öffentlicher Aufgaben	278

Freistaat Thüringen		281
1	**Erfurt**	283
1.1	Universität Erfurt	283
1.1.1	Staatswissenschaftliche Fakultät	284
	Staatswissenschaften – Volkswirtschaftslehre	284
1.2	Fachhochschule Erfurt	285
1.2.1	Fakultät Wirtschaft – Logistik – Verkehr	285
	Business Administration	286
2	**Jena**	287
2.1	Friedrich-Schiller-Universität Jena	287
2.1.1	Wirtschaftswissenschaftliche Fakultät	288
	Wirtschaftswissenschaften (Business and Economics)	288
2.2	FH Jena	289
2.2.1	Fachbereich Betriebswirtschaft	289
	Business Administration	290
2.2.2	Fachbereich Wirtschaftsingenieurwesen	291
	Wirtschaftsingenieurwesen – Industrie	291
	Wirtschaftsingenieurwesen – Informationstechnik	292
	Wirtschaftsingenieurwesen Studium Plus	293
3	**Nordhausen**	294
3.1	Fachhochschule Nordhausen	294
3.1.1	Fachbereich Wirtschafts- und Sozialwissenschaften	294
	Betriebswirtschaftslehre / Business Administration	295
	Internationale Betriebswirtschaftslehre / International Business	295
	Öffentliche Betriebswirtschaft / Public Management	296
4	**Schmalkalden**	297
4.1	Fachhochschule Schmalkalden	297
4.1.1	Fakultät Wirtschaftswissenschaften	298
	Betriebswirtschaftslehre	298
	International Business and Economics	299
	Volkswirtschaftslehre	300
	Wirtschaftswissenschaften	301
4.1.2	Fakultät Maschinenbau	302
	Wirtschaftsingenieurwesen, Vertiefungsrichtung Maschinenbau	302

Teil 3: Zukunftsperspektiven für Wirtschaftswissenschaftler und Wirtschaftsingenieure

Allgemeine Situation auf dem Arbeitsmarkt 303

Berufsaussichten und regionaler Arbeitsmarkt für Absolventen der Wirtschaftswissenschaften 305
Bachelorabsolventen 305
Masterabsolventen 306
Regionaler Arbeitsmarkt für Wirtschaftswissenschaftler 307

Tätigkeitsfelder für Absolventen der Wirtschaftswissenschaften 307
Wirtschaftswissenschaftler 307
Wirtschaftsingenieure 308
Betriebswirte 308
Controller 309
Manager 309
Revisoren 309
Steuerberater 310
Unternehmensberater, Consultants 310
Volkswirte 310
Wirtschaftsprüfer 310
Forschung und Lehre 311

Schlusswort 311

Abkürzungen 313
Stichwortverzeichnis 315

Vorwort

Sie haben die Schule erfolgreich abgeschlossen und möchten nun eine Entscheidung über Ihren weiteren Bildungsweg treffen. Vielleicht würden Sie gerne BWL (ein Abkürzungsverzeichnis finden Sie auf Seite 313) oder Ähnliches studieren, aber angesichts des riesigen Angebots an Studienfächern und Hochschulen fällt Ihnen die Entscheidung für einen bestimmten Studiengang und einen Ort schwer. Vielleicht ist Ihnen auch noch gar nicht klar, dass es neben der typischen Betriebswirtschaftslehre viele weitere wirtschaftswissenschaftliche Studiengänge gibt.

Der Studi-Kompass hilft Ihnen, sich detailliert über wirtschaftswissenschaftliche Studienmöglichkeiten zu informieren und im Dschungel der Hochschulen und Studiengänge zu orientieren. Er regt Sie an, sich über Ihre persönliche Motivation Gedanken zu machen, und informiert Sie darüber hinaus über einiges, was nicht unmittelbar das Studium betrifft, aber für Ihren Erfolg ebenso wichtig ist – etwa die finanzielle Planung und das soziale Leben jenseits der Hörsäle. Vergessen Sie nicht, dass es zum Studienerfolg beiträgt, wenn Sie sich an Ihrer Hochschule und Ihrem Studienort wohlfühlen. Es ist ein großer Schritt, die vertraute Schule zu verlassen. Im Studium erwarten Sie neue Strukturen, eine andere Umgebung, neue Menschen. Auf Sie selbst kommt es an, wie Sie mit dieser Herausforderung umgehen – ob Sie zunächst ein wenig zögern oder ob Sie sie als spannendes Abenteuer ansehen. Nur Mut! Jeder Weg führt zum Ziel. Mit guter Vorbereitung gelingt alles leichter.

Durch die Umstellung von G9 auf G8 in verschiedenen Bundesländern bewerben sich teilweise doppelte Abiturjahrgänge. Dadurch wächst der Andrang auf Studienplätze, dazu trägt noch die Abschaffung von Wehrpflicht und Zivildienst bei. Inzwischen bewerben sich fast 50 % eines Jahrgangs für ein Studium. Gründliche Planung wird deshalb immer wichtiger, denn die Zahl der zulassungsbeschränkten Studiengänge steigt weiter. Dennoch gibt es Studienplätze nicht nur für Einserkandidaten. Entscheidend ist letztlich, was Sie ganz persönlich aus den Gegebenheiten machen und wie Sie Ihre Chancen nutzen.

Zunächst einmal hilft Ihnen das Online-Assessment zum Studi-Kompass dabei, die Studienrichtung zu finden, die am besten zu Ihren Interessen passt. Das ist eine gute Voraussetzung dafür, die Zulassungshürden zu meistern und bei dem einmal gewählten Studiengang auch zu bleiben.

Zu den drei Studi-Kompass-Leitfragen **Was** studiere ich?, **Wo** studiere ich?, **Wie** studiere ich? finden Sie in den drei Hauptkapiteln dieses Buchs zahlreiche Informationen.

Das **Inhaltsverzeichnis** gibt Ihnen einen ersten Überblick, das **Glossar** am Buchende hilft Ihnen dabei, gezielt nach Stichwörtern zu suchen.

Im **ersten Teil** erhalten Sie viele grundlegende Informationen zum Studium, zu Studienvoraussetzungen und zu allem, was Sie darüber hinaus vor Studienbeginn bedenken sollten.

Der **zweite Teil** ist nach Bundesländern und Hochschulorten angeordnet und informiert Sie über die Studiengänge im Einzelnen. Jedes Bundesland hat eigene Regelungen für Bildung und Hochschulen, außerdem gibt es von Hochschule zu Hochschule Unterschiede in Benennungen und Bezeichnungen. So finden Sie zum Beispiel das, was an der einen Hochschule Allgemeine Studienberatung heißt, an der nächsten Hochschule vielleicht als Zentrale Studienberatung, Studierendenservice, Studiensekretariat, Studien- oder CareerCenter oder womöglich als SIS (Studierendeninfosystem) vor. Die schematisierte und übersichtliche Darstellung im zweiten Kapitel hilft Ihnen deshalb bei der Orientierung. Neben einführenden allgemeinen Angaben zu Bundesland, Hochschulort, Hochschule, Fachbereich und Studiengang sind jeweils Links und Adressen zur allgemeinen Studienberatung und zur speziellen Fachstudienberatung aufgeführt.

Beachten Sie auch, dass darüber hinaus vor allem die größeren Hochschulen zur Studienvorbereitung Hochschulinformationstage anbieten und auf ihren Websites spezielle Bereiche für Studieninteressierte bereitstellen. Die aktuellen Termine und Informationen dazu finden Sie über die Website der jeweiligen Hochschule.

Im **dritten Teil** schließlich erfahren Sie mehr über Chancen auf dem Arbeitsmarkt, Berufsfelder und weitere Aussichten nach abgeschlossenem Studium.

Alle Angaben im Studi-Kompass sind sorgfältig recherchiert und geprüft. In der Natur der Sache liegt es aber, dass sich Gegebenheiten vor Ort ändern, weil vielleicht andere Ansprechpartnerinnen und Ansprechpartner zuständig sind, weitere Studiengänge hinzukommen oder neue Bestimmungen gelten. Die Links und Adressen im zweiten Teil helfen Ihnen dabei, sich noch detaillierter und aktueller zu informieren. Bitte beachten Sie auch, dass in diesem Studienführer nur akkreditierte Bachelorstudiengänge aufgenommen sind.

Ich hoffe, dass Ihnen dieses Buch viele Anregungen gibt und Ihnen dabei hilft, Ihren Wunschstudiengang zu finden.

Viel Spaß und Erfolg beim Studium!

München, im Februar 2012

Ines Balcik

Autorenprofil

Als ich anfing zu studieren, waren interdisziplinäre Studiengänge noch Neuland. Wirtschaft und Sprachen, das war eine Kombination, die mich reizte. So studierte ich Galloromanistik, Arabistik und VWL an der Universität Gießen. Dazu kamen ein Auslandssemester in Sciences économiques an der Universität Nizza und ein mehrmonatiger Sprachkurs an der Universität Amman in Jordanien. Mit dem Diplom in der Tasche arbeitete ich einige Jahre am Institut für Geschichte der Arabisch-Islamischen Wissenschaften an der Universität Frankfurt. Nach einigen Jahren in der Türkei und familienbedingtem beruflichem Kürzertreten öffnete mir das Internet neue Chancen zum selbstständigen und standortunabhängigen Arbeiten. Heute bin ich glücklich in meinem Traumberuf als freie Wirtschaftslektorin und Autorin.

**Liebe Leserin,
lieber Leser,**

in diesem Buch sind sehr viele Webadressen, Homepages und Links angegeben. Teilweise sind diese sehr lang.

Damit Sie sie nicht von Hand in Ihrem Browser eingeben müssen, geben wir Ihnen die Möglichkeit, unter *http://www.studi-kompass.de/ebook* das Ebook dieses Titels kostenlos downzuloaden und auf Ihrem PC zu speichern.

Ihr persönlicher Ebook-Code lautet: of75ud17

In dem Ebook können Sie die Webadressen direkt anklicken und gelangen so unmittelbar zu der gewünschten Information im Internet.

Bitte beachten Sie, dass wir Ihnen als Buchkäufer diesen Service ganz exklusiv anbieten, und geben Sie das Ebook nicht an Dritte weiter.

Wir wünschen Ihnen viel Erfolg bei Ihrer ganz persönlichen Studienentscheidung!

Ihr Team vom **STARK** Verlag

1 Das Studium der Wirtschaftswissenschaften und des Wirtschaftsingenieurwesens

Was sind eigentlich die Wirtschaftswissenschaften?

Wirtschaftswissenschaft bezeichnet ganz allgemein die Lehre von der Wirtschaft. Die Wirtschaftswissenschaft, seltener auch Ökonomik genannt, untersucht wirtschaftliche Zusammenhänge und Gesetzmäßigkeiten im rationalen Umgang mit knappen, das heißt nicht frei verfügbaren Gütern und Dienstleistungen zur Deckung des menschlichen Bedarfs. Durch die gezielte Analyse wirtschaftlicher Abläufe können darüber hinaus Entscheidungsprozesse in Unternehmen sowie in öffentlichen oder privaten Haushalten unterstützt und verbessert werden.

Die Wirtschaftswissenschaften gelten als Teil der Sozialwissenschaften. Unter dem Oberbegriff Wirtschaftswissenschaften (kurz: Wiwi) werden in der Regel alle Studiengänge zusammengefasst, die sich mit ökonomischen Fragestellungen befassen.

Die beiden großen Untergruppen der Wirtschaftswissenschaften sind die Lehre von der Volkswirtschaft (Volkswirtschaftslehre, kurz: VWL) einerseits und die Lehre von der Betriebswirtschaft (Betriebswirtschaftslehre, kurz: BWL) andererseits.

Wirtschaftswissenschaftliche Studiengänge gehören zu den beliebtesten Studiengängen an deutschen Hochschulen. In den ersten Semestern des Studiums werden die allgemeinen wirtschaftswissenschaftlichen Grundlagen vermittelt, in den weiteren Semestern gibt es in der Regel Spezialisierungsmöglichkeiten auf spezielle betriebs- oder volkswirtschaftliche Schwerpunkte. Die Bezeichnung des Studiengangs deutet mitunter bereits an, auf welchen wirtschaftswissenschaftlichen Aspekt im Studiengang am meisten Wert gelegt wird.

Volkswirtschaftslehre (VWL)

In der Volkswirtschaftslehre werden vor allem gesamtwirtschaftliche Zusammenhänge untersucht und in ökonomischen Modellen und Wirtschaftstheorien dargestellt. Teilbereiche der VWL sind zum Beispiel Mikro- und Makroökonomik, Finanzwissenschaft, Wirtschaftspolitik und Außenhandel.

Die theoretische Volkswirtschaftslehre konzentriert sich auf Gesetzmäßigkeiten bei der Produktion von Gütern, bei der Distribution des Einkommens und seiner Verwendung durch Konsum und Ersparnis. Mit weiteren Bestimmungsfaktoren wie Geld, Kredit, Investition, Wert, Preis, Nutzen, Verfügbarkeit und Wirtschaftsordnungen können theoretische volkswirtschaftliche Modelle auf tatsächliche wirtschaftliche Abläufe übertragen und angewendet werden. VWL wird überwiegend an Universitäten gelehrt.

Als Begründer der klassischen Volkswirtschaftslehre gilt der schottische Philosoph und Nationalökonom Adam Smith (1723–1790), der seine wirtschaftstheoretischen Gedanken im Jahr 1776 unter dem Titel „Wohlstand der Nationen. Eine Untersuchung seiner Natur und seiner Ursachen" veröffentlichte.

Achtung: In Deutschland wird unter Volkswirtschaftslehre meist das verstanden, was im angelsächsischen Sprachraum mit Economics bezeichnet wird, während der deutsche Begriff Ökonomik eher dem allgemeinen Begriff Wirtschaftswissenschaft entspricht.

Betriebswirtschaftslehre (BWL)

Die Betriebswirtschaftslehre beschäftigt sich in erster Linie mit konkreten wirtschaftlichen, organisatorischen, technischen und finanziellen Abläufen, Strukturen und Prozessen in Unternehmen aller Art. Vorläufer der heutigen BWL finden sich bereits in frühen Hochkulturen, in denen Grundlagen für kaufmännisches Rechnen und Buchführung gelegt wurden. BWL im heutigen Sinn wird seit Ende des 19. Jahrhunderts an Hochschulen gelehrt, zunächst als kaufmännische Betriebslehre, später als Betriebswirtschaftslehre.

Zu den Teilbereichen der BWL gehören unter anderen Beschaffung, Investition, Kostenrechnung, Logistik, Management, Marketing, Materialwirtschaft, Produktionswirtschaft, Operations Research, Organisation, Personalwirtschaft, Rechnungswesen, Qualitätsmanagement und Unternehmensführung.

Einige betriebswirtschaftliche Studiengänge sind in erster Linie anwendungs- und praxisorientiert und auf bestimmte Bereiche der BWL zugeschnitten. Zunehmend gibt es auch betriebswirtschaftliche Studiengänge, die sich auf einzelne Branchen wie Tourismus, Gesundheit, Immobilien, Medien oder Sport konzentrieren und interdisziplinär angelegt sind.

Betriebswirtschaftliche Studiengänge werden nicht nur an staatlichen Hochschulen angeboten, sondern zunehmend auch an privaten Business Schools und Berufsakademien, als duale Studiengänge, die Ausbildung und Studium verbinden, oder berufsbegleitend. Die Regelstudiendauer beträgt oft 7 Semester, wenn ein Praktikumssemester ins Studium integriert ist. Einige Hochschulen verlangen ein Vorpraktikum. Oft erscheinen betriebswirtschaftliche Studiengänge auch unter der Bezeichnung **Business Administration**, um die internationale Ausrichtung zu betonen.

Wirtschaftsingenieurwesen

Das Wirtschaftsingenieurwesen ist interdisziplinär angelegt und verbindet betriebswirtschaftliche und ingenieurwissenschaftliche Inhalte, im weiteren Sinne auch mathematisch-naturwissenschaftliche, volkswirtschaftliche, juristische und technische Disziplinen. Früher wurde diese Studienrichtung oft als technische Betriebswirtschaft bezeichnet. Einige Studiengänge legen von Anfang an eine Spezialisierung auf einen bestimmten technischen Bereich fest, zum Beispiel Maschinenbau oder Elektrotechnik. Ob der Anteil der Betriebswirtschaft oder der Ingenieurwissenschaft im Studium überwiegt, hängt von der einzelnen Hochschule und vom jeweiligen Studiengang ab. Oft ist der Anteil der ingenieurwissenschaftlichen Inhalte etwas größer, oft aber auch gleich gewichtet.

Ausgebildete Wirtschaftsingenieure fungieren als Mittler zwischen Ingenieur- und Wirtschaftswissenschaften. Sie werden an den technisch-wirtschaftlichen Schnittstellen in Unternehmen eingesetzt, vor allem in produzierenden Unternehmen, aber auch in vielen anderen Branchen je nach den im Studienverlauf gesetzten Schwerpunkten.

Für das Studium des Wirtschaftsingenieurwesens setzen die meisten Hochschulen ein Vorpraktikum voraus, das in der Regel teils im technischen Bereich, teils im kaufmännischen Bereich absolviert werden muss. Häufig beträgt die Regelstudiendauer 7 Semester, wenn ein Praktikumssemester ins Studium integriert ist. Nähere Angaben dazu finden Sie im zweiten Teil des Buchs bei den jeweiligen Studiengängen und auf den Websites der Hochschulen.

Wirtschaftspädagogik

An einigen Universitäten kann das Fach Wirtschaftspädagogik studiert werden. Für das Lehramt an beruflichen und berufsbildenden Schulen muss in der Regel ein Masterabschluss (s. S. 16) erworben werden.

Die Wirtschaftspädagogik orientiert sich inhaltlich an den Wirtschaftswissenschaften und ist in der Regel an einem wirtschaftswissenschaftlichen Fachbereich angesiedelt. Ergänzt werden die wirtschaftswissenschaftlichen Inhalte durch Didaktik und Erziehungswissenschaften.

Weitere Kombinationsmöglichkeiten

Die Zahl der interdisziplinären Studiengänge nimmt ständig zu. In diesen Studiengängen werden fachliche Inhalte aus verschiedenen Fachgebieten und Fachbereichen kombiniert. Zwei wichtige interdisziplinäre Studiengänge sind **Wirtschaftsinformatik** und **Wirtschaftsrecht**.

Immer mehr betriebswirtschaftliche Studiengänge konzentrieren sich auf bestimmte wirtschaftliche Aspekte spezieller Branchen, zum Beispiel **Management** oder **Marketing** für Bereiche wie Gesundheit, Sport, Tourismus, Banken und Versicherungen oder Events.

Daneben gibt es noch zahlreiche weitere interdisziplinäre Studiengänge, die andere Fachgebiete abdecken, zum Beispiel **Wirtschaftspsychologie, Wirtschaftsethik** oder **Wirtschaftsgeschichte, Wirtschaftssprachen** oder **Unternehmenskommunikation**

In Bachelorstudiengängen wird in der Regel nur ein Fach studiert im sogenannten **Ein-Fach-Bachelor**. An einigen Universitäten besteht auch die Möglichkeit, ein wirtschaftswissenschaftliches Fach im Rahmen eines **Zwei-Fächer-Modells** zu wählen. Das zweite Fach kann meist nicht völlig frei gewählt werden, sondern je nach Hochschule aus einer bestimmten Fächergruppe.

Welche Voraussetzungen muss ich erfüllen?

Ohne Zeugnis geht es nicht, aber die wichtigste Voraussetzung für ein erfolgreiches Studium ist das Interesse am Fach. Ohne Begeisterung und persönliches Engagement wird auch ein wirtschaftswissenschaftliches Studium Sie nicht automatisch zum gelungenen Abschluss und zu einem Arbeitsplatz in einem renommierten Unternehmen oder einer anderen Karriere führen.

Zeugnisse und Hochschulzugang

Die erste und grundsätzliche Voraussetzung für ein wirtschaftswissenschaftliches Studium ist die **Hochschulzugangsberechtigung**. Hinter diesem sperrigen Ausdruck verbirgt sich in der Regel das Abizeugnis, das Ihnen die allgemeine Hochschulreife verleiht. Auch mit dem Fachabitur ist ein wirtschaftswissenschaftliches Studium möglich. Die fachgebundene Hochschulreife ermöglicht Ihnen, bestimmte Fächer an Hochschulen zu studieren. Natürlich kann auch ein bereits vorhandener Hochschulabschluss als Zugangsberechtigung vorgelegt werden.

Unter bestimmten Bedingungen können Sie über den berufsbildenden Hochschulzugang auch ohne Abitur oder Fachabitur zum Studium an einer Hochschule zugelassen werden. Eine abgeschlossene Berufsausbildung oder Berufserfahrung ist in diesem Fall nötig. Jedes Bundesland hat eigene Regelungen. Welche Bedingungen Sie im Einzelnen erfüllen müssen, erfahren Sie bei der jeweiligen Hochschule.

Erster Ansprechpartner ist die Allgemeine Studienberatung, deren Kontaktdaten im folgenden Kapitel bei jeder Hochschule angeführt sind.

Numerus clausus, Zulassungsbeschränkungen und Bewerbung

An fast allen Hochschulen sind wirtschaftswissenschaftliche inzwischen **zulassungsbeschränkt**, weil die Anzahl der Studienbewerber die Anzahl der Studienplätze überschreitet. **Numerus clausus** bedeutet wörtlich übersetzt „geschlossene Zahl" und bezieht sich eigentlich auf die begrenzte Zahl der Studienplätze. Meist wird der Ausdruck Numerus clausus aber für den Notendurchschnitt des Abiturzeugnisses verwendet, mit dem die Zulassung noch möglich ist.

Ob ein Fach zulassungsbeschränkt ist, kann von Hochschule zu Hochschule und von Semester zu Semester variieren, weil sich die genauen Bewerberzahlen nicht vorhersehen lassen. Zurzeit entscheidet jede Hochschule selbst über die örtlichen Zulassungsbegrenzungen und Bewerbungen für wirtschaftswissenschaftliche Studiengänge. Das zentrale Portal *www.hochschulstart.de* vergibt in der Nachfolge der Zentralen Vergabestelle für Studienplätze (ZVS) nur Studienplätze in medizinischen Studiengängen und Pharmazie. Wirtschaftswissenschaftliche Studiengänge werden seit 2011 nicht mehr über hochschulstart.de vergeben, sondern nur noch direkt über die Hochschulen. Ein deutschlandweites System ist in Vorbereitung. Damit soll das jetzige Bewerbungs- und Vergabesystem verbessert werden, das durch Mehrfachbewerbungen an verschiedenen Hochschulen dazu führt, dass Studienplätze an anderen Hochschulen unbesetzt bleiben, weil die Plätze nicht koordiniert werden können.

Für einen zulassungsbeschränkten Studiengang bewerben Sie sich direkt bei der Hochschule. Die **Bewerbung** erfolgt bei den meisten Hochschulen inzwischen online über ein spezielles Onlineportal, das ca. zwei bis drei Monate vor dem Ende der Bewerbungsfrist freigeschaltet wird. Teilweise müssen auch Unterlagen per Post an die Hochschule geschickt werden, teilweise ist nur eine schriftliche Bewerbung möglich. Bitte informieren Sie sich bei der jeweiligen Hochschule über die aktuellen Regelungen. Einen Link zu den Einzelheiten der Bewerbung finden Sie bei jedem Studiengang.

Die Hochschulen nehmen die **Durchschnittsnote** im Abiturzeugnis in der Regel als erstes Entscheidungskriterium. Ein weiteres Kriterium ist ein hochschulinternes **Auswahlverfahren**, das zum einen weitere Faktoren wie Berufserfahrung, Motivation oder weitere studienrelevante Qualifikationen berücksichtigt, zum anderen aber auch aus Tests und Auswahlgesprächen bestehen kann. Welche Gewichtung die verschiedenen Kriterien bei der Entscheidung der Hochschulen über die Bewerber haben, unterscheidet sich von Bundesland zu Bundesland und von Hochschule zu Hochschule. An einigen Hochschulen kann die Teilnahme an einem zusätzlichen Einstufungstest die Chance auf Zulassung erhöhen, an einigen ist sie sogar vorgeschrieben. Seit dem Wintersemester 2011/12 benötigen Sie für eine Bewerbung an einer baden-württembergischen Hochschule das offizielle Zertifikat, das Ihnen die Teilnahme an dem Orientierungstest unter *http://www.was-studiere-ich.de/* bestätigt.

Erst nachdem die Hochschule Ihnen schriftlich mitgeteilt hat, dass Ihre Bewerbung erfolgreich war und Sie einen Studienplatz erhalten, können Sie sich an der Hochschule einschreiben, wie nachfolgend beschrieben.

Immatrikulation

Einige wenige wirtschaftswissenschaftliche Studiengänge sind noch **zulassungsfrei**. Für diese Studiengänge brauchen Sie sich nicht zu bewerben, sondern Sie können sich direkt an der Hochschule **einschreiben** oder **immatrikulieren**, wie dieser Vorgang an den Hochschulen genannt wird. Während die Bewerbungsfristen für zulassungsbeschränkte Studiengänge meist Mitte Januar bzw. Mitte Juli enden, können Sie sich für zulassungsfreie Studiengänge in der Regel bis wenige Wochen vor Semesterbeginn einschreiben. Neben dem Abiturzeugnis benötigen Sie für die Immatrikulation normalerweise einen gültigen Personalausweis, eine Bescheinigung der Krankenkasse für Ihren Versicherungsschutz, einen Beleg über die Zahlung des Semesterbeitrags und gegebenenfalls der Studiengebühren und eventuelle weitere erforderliche Bescheinigungen wie Praktikumsnachweise oder Ähnliches.

Persönliche Eignung und weitere Voraussetzungen

Einige Hochschulen bieten inzwischen Selbsttests an, bei denen Sie online prüfen können, ob Sie für ein bestimmtes Studienfach geeignet sind. Auch der Onlinetest des Studi-Kompasses hilft Ihnen dabei.

Generell werden für wirtschaftswissenschaftliche Studiengänge **gute Englischkenntnisse** vorausgesetzt. Das ist deshalb wichtig, weil ein großer Teil der Fachliteratur, deren Lektüre im Studium von Ihnen verlangt wird, in englischer Sprache vorliegt. Bei starker internationaler Ausrichtung eines Studiengangs werden die Lehrveranstaltungen sogar teilweise oder ganz in englischer Sprache gehalten. Für diese Studiengänge werden vor Studienbeginn Nachweise über die Sprachkenntnisse verlangt, entweder über die Schulnote oder durch spezielle Sprachzertifikate. Für einige Studiengänge werden bereits bei Studienbeginn auch Sprachkenntnisse in weiteren Sprachen vorausgesetzt.

Für alle wirtschaftswissenschaftlichen Studiengänge sind außerdem **gute Mathematikkenntnisse** hilfreich und nötig. Viele Hochschulen bieten zu oder vor Beginn des eigentlichen Semesters Vorkurse an, die Ihnen dabei helfen, den Stand Ihrer Schulkenntnisse einzuordnen und aufzufrischen.

Für Studierende des Wirtschaftsingenieurwesens sind zusätzlich **gute naturwissenschaftliche Kenntnisse** erforderlich, zum Beispiel in Physik. Auch für diesen Bereich bieten viele Hochschulen Vorkurse an.

Über das reine Fachwissen hinaus spielen für einen guten Studienverlauf viele weitere Faktoren eine Rolle. Eigeninitiative, Ausdauer, ein gewisses Maß an Neugierde und Offenheit sollten Sie ebenso mitbringen wie die Bereitschaft und die Fähigkeit, sich mit verschiedenen Methoden und Fragestellungen auseinanderzusetzen und Problemlösungen auch selbstständig zu erarbeiten. Soziale Kompetenz oder **Soft Skills** erleichtern nicht nur das Studium, sondern sie spielen auch eine große Rolle im Berufsleben. In fast allen wirtschaftswissenschaftlichen Studiengängen gibt es deshalb Module, die diese sogenannten weichen Faktoren fördern.

Welche Hochschulart ist die richtige?

Der Bologna-Prozess zur Vereinheitlichung des europäischen Hochschul- und Forschungswesens hat nicht nur zur Einführung modularisierter und akkreditierter Studiengänge mit Leitungspunkten (Credit Points, CP) nach dem European Credit Transfer System (ECTS) und zur Umstellung der Hochschulabschlüsse auf Bachelor- und Masterabschlüsse geführt. Durch die grundlegenden Reformen wurden die früher in Deutschland bestehenden Unterschiede zwischen Universitäten und Fachhochschulen weitgehend aufgehoben. An allen Hochschulen können heute Bachelor- und Masterabschlüsse erworben werden. Formal wird nur noch unterschieden zwischen Hochschulen mit Promotionsrecht und anderen Hochschulen. Im Sprachgebrauch sind jedoch immer noch die Bezeichnungen Universität und Fachhochschule üblich.

Hochschule ist der allgemeine Begriff für Einrichtungen im tertiären Bildungsbereich, der sich an den sekundär genannten Bereich der schulischen Oberstufe anschließt. Grundsätzlich gehören alle Hochschulen in Deutschland zum tertiären Bildungsbereich, unabhängig davon, ob sie im Einzelnen als Universitäten, Fachhochschulen, Musik- oder Kunsthochschulen, pädagogische Hochschulen oder Berufsakademien bezeichnet werden.

Hochschulen gliedern sich in der Regel in verschiedene **Fakultäten** oder **Fachbereiche**, an deren Spitze ein **Dekan** steht. Viele Hochschulen sind dabei, zu einer neuen Aufteilung in **Departments** überzugehen. Zu den Fachbereichen gehören wiederum verschiedene Institute und Lehrstühle zu bestimmten Fachgebieten. Wichtige zentrale Einrichtungen der Hochschulen sind zunächst unter anderen die allgemeine Studienberatung und das Studierendensekretariat, im Studienverlauf die Hochschulbibliothek und für ein Auslandsstudium das akademische Auslandsamt.

Universitäten und Hochschulen mit Promotionsrecht

Vor der Bologna-Umstellung galt das Studium an einer Universität als stark theoretisch ausgerichtet. Eigenverantwortliches und selbstständiges Lernen und Arbeiten hatte hier einen noch größeren Stellenwert als an Fachhochschulen. Auch wenn durch die Einführung der modularisierten Studiengänge das Studium an den Universitäten inzwischen stärker verschult ist als vor dem Bologna-Prozess, gilt im Großen und Ganzen noch immer, dass die wirtschaftswissenschaftlichen Studiengänge an Universitäten in erster Linie forschungs- und wissenschaftsorientiert ausgerichtet sind. Das betrifft insbesondere die Volkswirtschaftslehre. Die Übergänge sind jedoch fließend, denn auch die Universitäten orientieren sich zunehmend an der Praxis und am Bedarf der Unternehmen.

In der Regel decken Universitäten insgesamt ein breiteres Fächerspektrum ab, während sich Fachhochschulen häufig auf bestimmte Fachgebiete konzentrieren. Aber es gibt auch technische Universitäten mit dem Schwerpunkt auf technisch-naturwissenschaftlichen Fachgebieten und kleinere Universitäten, die sich auf bestimmte Bereiche spezialisiert haben. Promotion und Habilitation sind nur an Hochschulen mit Promotionsrecht möglich, das sind zurzeit im Wesentlichen Universitäten und Gesamthochschulen, aber auch einige technische, medizinische und pädagogische Hochschulen.

Über private Universitäten in Deutschland erfahren Sie weiter unten mehr. Außerdem gibt es zwei weitere staatliche Universitäten, die hier erwähnt werden, weil sie Besonderheiten aufweisen:

An den **Hochschulen der Bundewehr** in Hamburg und München ist das Studium in der Regel nur für Offiziersanwärter möglich, also nur dann, wenn Sie sich verpflichten, für einen bestimmten Zeitraum in der Bundeswehr zu dienen.

Die **Fernuniversität Hagen** ist die einzige staatliche Fernhochschule mit Promotionsrecht.

Hochschulen für angewandte Wissenschaften

Der Ausdruck Fachhochschule wird immer seltener gebraucht. In der Regel nennen sich die früher als Fachhochschule bezeichneten Hochschulen heute **Hochschule für angewandte Wissenschaften** oder auf Englisch **University of Applied Sciences**. Wie die Hochschulen mit Promotionsrecht bilden sie Studierende in Bachelor- und Masterstudiengängen aus, allerdings besitzen sie kein Promotions- und Habilitationsrecht. Auch an Hochschulen für angewandte Wissenschaften wird wissenschaftlich gelehrt und geforscht, jedoch steht dabei der Praxisbezug zusätzlich im Fokus. In der Regel sind die Studiengänge stärker verschult und die Stundenpläne weitgehend vorgegeben und bieten meist weniger Spielraum als an Universitäten.

Private Hochschulen

Während sich staatliche Hochschulen aus öffentlichen Geldern der Länder und des Bundes finanzieren und damit genau genommen **öffentliche Hochschulen** sind, werden private Hochschulen durch eine Stiftung oder eine Gesellschaft getragen, meist durch eine gemeinnützige Gesellschaft mit beschränkter Haftung (gGmbH). Private Hochschulen erhalten kaum öffentliche Zuschüsse und sind deshalb darauf angewiesen, einen Teil ihrer Kosten durch Studiengebühren zu decken.

Für die Anerkennung ihres Abschlusses spielt es keine Rolle, ob Sie an einer privaten oder an einer staatlichen Hochschule studieren. Da in diesem Buch nur akkreditierte Studiengänge aufgenommen sind, ist die Qualität der Studiengänge belegt und alle Abschlüsse sind staatlich anerkannt.

Auch bei den privaten Hochschulen gibt es Hochschulen mit Promotionsrecht und andere Hochschulen. Zurzeit haben in Deutschland zehn private Hochschulen das Promotionsrecht. Die meisten dieser Hochschulen bieten auch Bachelorstudiengänge in Wirtschaftswissenschaften und Wirtschaftsingenieurwesen an. Außerdem gibt es bundesweit ca. 90 private Hochschulen ohne Promotionsrecht, darunter sind auch Business Schools, Fernhochschulen (zum Fernstudium s. S. 12)und Berufsakademien.

Berufsakademien

Berufsakademien bieten Studiengänge mit hohem Praxisbezug an. Die Grundidee der Berufsakademien ist es, eine wissenschaftliche Ausbildung an einer Hochschule nach dem dualen System (s. S. 12) mit der praktischen Ausbildung in einem Unternehmen zu verknüpfen.

Staatliche Berufsakademien gibt es Baden-Württemberg, Sachsen und Thüringen, private Berufsakademien in Hamburg, Hessen, Niedersachsen, Schleswig-Holstein und im Saarland. In anderen Bundesländern gibt es Studiengänge an staatlichen und privaten Studiengängen, die nach einem ähnlichen Konzept aufgebaut sind.

Rankings

Inzwischen gibt es zahlreiche Hochschulrankings, die im Internet, in Zeitungen oder Zeitschriften veröffentlicht werden und Hochschulen nach verschiedenen Kriterien beurteilen. Entsprechend unterschiedlich fallen die Ergebnisse aus je nachdem, aus welcher Perspektive das Ranking erstellt wurde. Rankings liefern keinen absoluten Maßstab für die Qualität von Hochschulen, aber sie können Ihnen dabei helfen, einen Überblick darüber zu erhalten, welchen Ruf die Hochschule Ihrer Wahl in einem bestimmten Fachgebiet hat und wo Stärken und Schwächen in der Lehre und der Ausstattung der Hochschule liegen.

Eines der wichtigsten und umfassendsten Rankings deutscher Hochschulen ist das des **Centrums für Hochschulentwicklung (CHE)**. Es basiert nicht nur auf Umfragen unter Studierenden und Lehrenden, sondern bezieht auch quantitative Kriterien wie die Anzahl der Veröffentlichungen pro Wissenschaftler ein und liefert somit Fakten zu Studium, Lehre, Forschung, Reputation und Ausstattung.

Das aktuelle CHE-Ranking mit allen Detailinformationen finden Sie unter *http://ranking.zeit.de/che2011/de/*. Beim Ranking 2011 wurden erstmals nicht nur die Bereiche BWL, VWL und Wirtschaftsingenieurwesen untersucht, sondern auch Wirtschaftswissenschaften insgesamt. Ebenfalls zum ersten Mal wurde 2011 auch die internationale Ausrichtung von Studiengängen verglichen.

Im zweiten Teil dieses Buchs werden bei jedem Fachbereich, soweit vorhanden, die Beurteilungen der Studierenden zur Studiensituation insgesamt nach dem CHE-Ranking wiedergegeben. Weitere Beurteilungen sind angeführt, sofern sie besonders positiv ausfallen.

Wie ist das Studium aufgebaut und wie lange dauert es?

Die wichtigsten Grundbegriffe für Ihren künftigen Studienalltag werden in diesem Abschnitt erläutert. Sie begegnen diesen Begriffen bei den Beschreibungen der einzelnen Studiengänge im zweiten Kapitel dieses Buchs wieder und können bei Bedarf jederzeit hier nachlesen, was gemeint ist.

Module und Credit Points

Das Studium besteht aus einzelnen **Modulen**, die sich über ein, zwei oder manchmal sogar drei Semester erstrecken. Es gibt vorgeschriebene Pflichtmodule und zusätzliche Wahlpflicht- oder Wahlmodule, mit denen Sie individuelle Schwerpunkte setzen können. Die Module werden mit einer Prüfung abgeschlossen. Für jedes Modul wird eine bestimmte Zahl an **Credit Points** (CP) vergeben. Diese Punkte sind keine Noten, sondern beschreiben den Arbeitsaufwand pro Modul inklusive **Semesterwochenstunden** (SWS) der Veranstaltung und Vor- und Nachbereitung. Ein Credit Point entspricht je nach Modul einem Arbeitsaufwand von 25 bis 30 Stunden. In der Regel sind die Studiengänge so angelegt, dass Sie in einem Semester 30 Credit

Points sammeln, das sind insgesamt 180 Credit Points in einem 6-semestrigen Bachelorstudiengang.

Die Module werden in verschiedenen Veranstaltungsformen angeboten: als **Vorlesungen**, **Übungen**, **Seminare**, **Tutorien** oder **Projekte**. Am Ende steht eine schriftliche oder mündliche Prüfung, eine Klausur, eine Hausarbeit oder eine Präsentation. Die Prüfungsleistungen werden mit Noten zwischen 1 und 5 bewertet. Die in den Modulen erreichten Noten fließen in die Abschlussnote zum Bachelor ein.

In der Regel bieten die Hochschulen **Einführungstage und -veranstaltungen** für Studienanfänger an, in denen Sie genau erfahren, wie Sie Ihren Stundenplan zusammenstellen und was in den einzelnen Veranstaltungsarten auf Sie zukommt. An vielen Hochschulen helfen Ihnen studentische Tutorinnen und Tutoren dabei, sich zu Studienbeginn zurechtzufinden. An den meisten Hochschulen gibt es gedruckte Vorlesungsverzeichnisse, die Ihnen gerade zu Beginn Ihres Studiums zusätzliche Orientierung bieten.

Das Modulsystem sollte ursprünglich dazu führen, dass bei einem Wechsel des Studienorts bereits erbrachte Studienleistungen leichter anerkannt werden und besser vergleichbar sind. In der Studienrealität hat sich das noch nicht bewährt. Wenn Sie Ihr Studium an einer anderen Hochschule fortsetzen oder die Studienrichtung wechseln wollen, sollten Sie sich zunächst bei der Studienberatung der Hochschulen gut informieren.

Regelstudienzeit, Semester und vorlesungsfreie Zeiten

Ein Studienjahr an einer Hochschule umfasst zwei **Semester**, Sommersemester und Wintersemester. An einigen wenigen Hochschulen ist das Studienjahr in drei **Trimester** unterteilt. In jedem Semester gibt es eine vorlesungsfreie Zeit, in der keine Lehrveranstaltungen stattfinden. Die genauen Termine für die Semesterdauer und die vorlesungsfreie Zeit legt jede Hochschule jedes Jahr neu fest. Die Vorlesungen im Sommersemester beginnen meist im April und dauern bis Juli, im Wintersemester beginnen sie meist im Oktober und dauern bis Februar. Die übrigen Zeiten sind vorlesungsfreie Zeiten, in denen Klausuren oder Hausarbeiten geschrieben werden oder Jobs, Praktika oder Auslandsaufenthalte (s. S. 14) geleistet werden.

Die **Regelstudienzeit** für Bachelorstudiengänge beträgt normalerweise 6 Semester. Sie kann aber auch 7 oder 8 Semester dauern, besonders dann, wenn Auslands- und Praktikumssemester in den Studiengang integriert sind und Sie eventuell einen internationalen Doppelabschluss an einer ausländischen Partnerhochschule erwerben. Auch Teilzeitstudiengänge haben meist eine Regelstudienzeit, die 6 Semester übersteigt.

Die Regelstudienstudienzeit lässt Ihnen je nach Hochschule bis zu zwei Semester Spielraum, bis das Studium endgültig abgeschlossen sein muss. Grundsätzlich könnten Sie das Studium umgekehrt auch in kürzerer Zeit absolvieren, was in der Praxis selten vorkommt. Wenn die Regelstudienzeit überschritten wird, werden in der Regel auch an staatlichen Hochschulen Studiengebühren (s. S. 18) erhoben.

Meist wird zwischen Fachsemester und Studiensemester unterschieden. **Fachsemester** sind die Semester, die Sie in einer bestimmten Fachrichtung absolvieren. Praxis- oder Auslandssemester, die zum Studiengang gehören, zählen ebenfalls als Fachsemester, nicht aber Praktika in vorlesungsfreien Zeiten oder zusätzliche Zeiten im Ausland. Der Begriff **Studiensemester** umfasst alle Semester, die Sie an einer Hochschule studiert haben, unabhängig von der Fachrichtung.

Außerdem gibt es **Urlaubssemester**, auch **Frei- oder Ruhesemester** genannt. Während eines Urlaubssemesters sind Sie weiter an der Hochschule immatrikuliert (s. S. 6), nehmen aber nicht an Lehrveranstaltungen oder Prüfungen teil, nur Wiederholungsprüfungen sind möglich. Gründe für Urlaubssemester können ein längeres Praktikum, eine vorübergehende Berufstätigkeit oder ein Semester im Ausland außerhalb des Studiengangs sein oder persönliche Gründe wie Schwangerschaft und Kindererziehung oder Krankheit. Urlaubssemester werden nicht als Fachsemester gezählt und beeinflussen deshalb nicht die Regelstudienzeit. Sie können sich für maximal 2 Urlaubssemester befreien lassen.

Duale Studiengänge, berufsbegleitendes Studium und Fernstudium

In den letzten Jahren haben besonders im Bereich der BWL **duale Studiengänge** an Bedeutung gewonnen. Das Besondere an ihnen ist die Kombination aus wissenschaftlichem Studium und betrieblicher Praxis. Absolventen diese Studiengänge haben sehr gute Berufsaussichten. Die Studiengänge qualifizieren für die betriebliche Praxis, weniger für eine wissenschaftliche Laufbahn.

In der Regel wird unter einem dualen Studium ein **ausbildungsintegrierter Studiengang** verstanden. Das bedeutet, dass Studierende sowohl ein Hochschulstudium als auch eine Ausbildung absolvieren und zwei Abschlüsse erwerben: den Hochschulabschluss und den Abschluss in einem Ausbildungsberuf. Sowohl Studium als auch Ausbildung sind so angelegt, dass sie sich inhaltlich und zeitlich ergänzen. Diese dualen Studiengänge sind in der Regel nicht durch die Hochschulen zulassungsbeschränkt. Voraussetzung ist aber ein Ausbildungsvertrag mit einem Unternehmen, das mit der Hochschule kooperiert. Erst danach erfolgt die Einschreibung an der Hochschule, oft direkt über das Unternehmen. Die Unternehmen bieten aber nur eine begrenzte Zahl von Ausbildungsplätzen an, die Anzahl der Bewerber übersteigt die der Plätze meist weit. Die Auswahl der Bewerber liegt bei den Unternehmen, nicht bei den Hochschulen. Wenn Sie ein duales Studium beginnen möchten, sollten Sie sich sehr frühzeitig informieren. In den meisten Fällen liegt die Bewerbungsphase schon rund **ein Jahr vor Ausbildungs- und Studienbeginn**.

Auch **praxis-** und **berufsintegrierte Studiengänge** werden mitunter als duale Studiengänge bezeichnet. Anders als bei ausbildungsintegrierten Studiengängen ist ein Vertrag mit einem Unternehmen nicht in jedem Fall Voraussetzung für ein Studium, die Bewerbung erfolgt meist direkt an der Hochschule. In praxis- und berufsintegrierten Studiengängen ergänzen sich Praxisphasen und Studienhasen. Oft bieten solche Studiengänge auch Bewerbern ohne Hochschulzugangsberechtigung die Möglichkeit, ein Studium zu absolvieren. Voraussetzung ist in der Regel eine abgeschlossene Berufsausbildung und berufliche Praxis.

Allgemeiner werden diese Studiengänge auch **berufsbegleitend** genannt. Weitere übliche Bezeichnungen sind Verbundstudiengänge und berufs- oder ausbildungsintegrierendes Studium. Berufsbegleitende Studiengänge sind oft als **Teilzeitstudiengänge** angelegt, um den Studierenden die Kombination mit der Berufstätigkeit zu ermöglichen. Teilzeitstudiengänge sind mitunter als Fernstudiengänge konzipiert beziehungsweise als Kombination von Fern- und Präsenzstudium.

Ein **Fernstudium** ermöglicht es, ein Studium neben einer Berufstätigkeit durchzuführen. Oft wird es als Teilzeitstudium absolviert, entsprechend länger kann dann die Regelstudienzeit dauern. Ein Fernstudium ist aber auch als Vollzeitstudium möglich. Einzelheiten dazu entnehmen Sie bitte den Beschreibungen der einzelnen Studiengänge im zweiten Teil des Buchs.

In der Regel gibt es auch beim Fernstudium Präsenzphasen. Die Präsenzphasen finden entweder regelmäßig an bestimmten Wochentagen statt oder nur gelegentlich in Form von Blockseminaren an Wochenenden. Bei einem Fernstudium erhalten die Studierenden das Lehr- und Studienmaterial in gedruckter Form oder zunehmend auch über das Internet als multimediale Materialien. Spezielle Onlineplattformen ermöglichen den Austausch mit anderen Studierenden und den Lehrenden. Zur Leistungskontrolle müssen Aufgaben gelöst und zurückgeschickt werden, Prüfungen finden vor Ort an der Hochschule oder in Studienzentren statt. Für die Unterrichtsmaterialien fallen in der Regel besondere Gebühren an (s. Studiengebühren S. 18).

Einige Hochschulen bieten inzwischen neben den Vollzeitstudiengängen auch Möglichkeiten für ein Teilzeitstudium oder ein Fernstudium oder Kombinationen aus verschiedenen Studienformen an. Einige private Hochschulen sind spezialisiert auf Fernstudiengänge. Die Fernuniversität Hagen ist die einzige staatliche Universität, die nur Fernstudiengänge anbietet.

Für ein erfolgreiches Fernstudium ist die Motivation besonders wichtig. Ohne ein gewisses Maß an Selbstdisziplin werden Sie nicht auskommen, besonders dann, wenn Sie neben dem Beruf studieren. Vor einem Fernstudium sollten Sie sich also besonders gut darüber im Klaren sein, ob und weshalb Sie studieren wollen. Dafür sind Sie zeitlich flexibler als bei einem herkömmlichen Präsenzstudium in Vollzeit und können das Studium besser mit Ihren persönlichen Gegebenheiten vereinbaren.

Praktika und Auslandssemester

Für das Studium des Wirtschaftsingenieurwesens und für viele betriebswirtschaftliche Studiengänge setzen die meisten Hochschulen ein **Vorpraktikum** voraus. Die Dauer reicht von sechs bis zwölf Wochen. Für Wirtschaftsingenieurstudiengänge wird manchmal zwischen Praktika im kaufmännischen und technischen Bereich unterschieden. Nähere Angaben zu den verlangten Vorpraktika finden Sie im zweiten Teil des Buchs bei den jeweiligen Studiengängen und auf den Websites der Hochschulen. Sofern Sie eine abgeschlossene Berufsausbildung oder eine berufliche Tätigkeit in einem Bereich vorweisen können, der inhaltlich zum Studiengang passt, müssen Sie in der Regel kein zusätzliches Vorpraktikum absolvieren. Erkundigen Sie sich im Vorfeld bei der allgemeinen Studienberatung der Hochschule, bei der Sie sich bewerben wollen. Das Vorpraktikum muss nicht bei jeder Hochschule vollständig vor Studienbeginn absolviert sein. Oft können Sie es teilweise oder manchmal sogar vollständig bis zum 2. oder 3. Semester leisten.

Einen Praktikumsplatz zu finden, erfordert viel Eigeninitiative. Sie können Sie sich direkt bei Unternehmen bewerben oder Internetportale nutzen. Viele Hochschulen bieten Praktikumsbörsen an, die Ihnen bei der Suche nach einem geeigneten Praktikumsplatz im regionalen Umfeld der Hochschule helfen.

Bei **Praxissemestern** und **Praxisphasen**, die in einen Studiengang integriert sind, kooperiert die Hochschule häufig mit Unternehmen, die Praxisplätze für die Studierenden bereitstellen.

Vorlesungsfreie Zeiten können Sie gegebenenfalls dazu nutzen, zusätzliche freiwillige Praktika zu absolvieren. Praktika geben Ihnen die Gelegenheit, verschiedene Arbeitsfelder und Unternehmen kennenzulernen. Grundsätzlich kann jedes Praktikum Ihre Chancen bei einer späteren Bewerbung um einen Arbeitsplatz verbessern und Ihnen die Gelegenheit geben, Kontakte zu künftigen Arbeitgebern zu knüpfen.

Finanziell lohnen sich Praktika selten. Vergütet werden sie in der Regel gar nicht oder nur mit einem Taschengeld.

Da immer mehr wirtschaftswissenschaftliche Studiengänge international ausgerichtet sind, gehört in einigen Studiengängen ein **Auslandssemester** zum Studiengang dazu. In vielen Studiengängen kann ein optionales Auslandssemester absolviert werden, auch **Auslandspraktika** sind möglich. In einigen Studiengängen können internationale Doppelabschlüsse erworben werden. Auslandssemester und Auslandsaufenthalten verbessern nicht nur Ihre Sprachkenntnisse, sondern helfen Ihnen dabei, interkulturelle Kompetenzen auszubauen und sich auf eine Berufstätigkeit in global agierenden Unternehmen vorzubereiten. Inwiefern an der ausländischen Hochschule erbrachte Leistungen an der deutschen Hochschule angerechnet werden, sollten Sie bereits vor dem Auslandsaufenthalt in der Fachstudienberatung klären. Die Fachstudienberater helfen Ihnen auch bei den grundsätzlichen Vorbereitungen für ein Auslandssemester. Darüber hinaus hilft Ihnen das **Akademische Auslandsamt** einer Hochschule bei Fragen zu Partnerhochschulen, Austauschprogrammen und Stipendien. Wichtige Organisationen für die Vermittlung akademischer Austauschprogramme und Stipendien sind das **ERASMUS-Programm** der Europäischen Union und der **DAAD** (Deutscher Akademischer Austausch Dienst).

Bachelor

Der erste akademische Abschluss an Hochschulen ist heute in der Regel der Bachelor, deshalb sind im zweiten Teil dieses Buchs nur Bachelorstudiengänge beschrieben. Der Bachelorabschluss befähigt Sie dazu, einen Beruf aufzunehmen oder ein weiterführendes Masterstudium aufzunehmen.

Wenn Sie das Studium erfolgreich abgeschlossen haben, dürfen Sie einen akademischen Titel führen. Ja nach Studiengang ist dies der **Bachelor of Arts** (B.A.) oder **Bachelor of Science** (B.Sc.) in wirtschaftswissenschaftlichen Fachrichtungen oder im Wirtschaftsingenieurwesen auch der **Bachelor of Engineering** (B.Eng.). Offiziell gibt es die Bezeichnung „Bachelor of Economics" in Deutschland nicht, gelegentlich wird sie aber in Beschreibungen einzelner Studiengänge verwendet. Wirtschaftswissenschaftliche und Wirtschaftsingenieurstudiengänge schlossen vor dem Bologna-Prozess in der Regel mit einem Diplom ab. Inzwischen gibt es nur noch wenige auslaufende Diplomstudiengänge.

In einigen international angelegten Studiengängen ist es möglich, einen **internationalen Doppelabschluss** zu erwerben. Das bedeutet, dass Sie zusätzlich zum Bachelorgrad an einer deutschen Hochschule einen Bachelor einer ausländischen Hochschule erlangen.

In Bachelorstudiengängen wird in der Regel nur ein Fach studiert im sogenannten **Ein-Fach-Bachelor**. An einigen Hochschulen können Sie ein wirtschaftswissenschaftliches Fach im Rahmen eines **Zwei-Fächer-Bachelors** wählen. Das gilt besonders für das Fach Wirtschaftspädagogik (s. S. 3). Das zweite Fach kann meist nicht völlig frei gewählt werden, sondern je nach Hochschule aus einer bestimmten Fächergruppe.

Die ersten beiden **Fachsemester** eines Bachelorstudiengangs dienen in der Regel der fachlichen Orientierung, das heißt der Vermittlung der wirtschaftswissenschaftlichen Grundlagen und der wissenschaftlichen Arbeitstechniken. Im 3. und 4. Semester werden die Kenntnisse und vertieft und Sie können sich mit Wahlpflichtmodulen auf bestimmte Bereiche spezialisieren. Im 5. Semester kann in einigen Studiengängen ein Auslandssemester absolviert werden oder Praxiserfahrung gesammelt werden.

Im 6. Semester wird die Bachelorarbeit angefertigt, oft enthält dieses Semester auch Praxisphasen. Mit der **Bachelorarbeit,** auch **Thesis** genannt, am Ende des Studiums weisen Sie nach, dass Sie in der Lage sind, eine wissenschaftliche Arbeit selbstständig zu verfassen.

Master

Im Anschluss an den Bachelor können Sie einen weiteren Hochschulabschluss erwerben, den Master. Masterstudiengänge sind in der Regel konsekutiv angelegt, das heißt, sie bauen auf einem Bachelorstudiengang auf und haben eine Regelstudienzeit von 2 bis 4 Semestern. Die meisten Hochschulen bieten mindestens einen weiterführenden Masterstudiengang zu einem Bachelorstudiengang an. Masterstudiengänge erlauben eine gründlichere wissenschaftliche Auseinandersetzung mit einem Studienfach als ein Bachelorstudiengang. Das Masterstudium schließen Sie mit einer Masterarbeit oder Thesis ab. Je nach Studiengang erlangen Sie den akademischen Grad **Master of Arts** (M.A.), **Master of Science** (M.Sc.) oder **Master of Engineering** (M.Eng.). Für das Lehramt an beruflichen und berufsbildenden Schulen ist in der Regel ein **Master of Education** (M.Ed.) erforderlich.

Fast alle Masterstudiengänge sind zulassungsbeschränkt. Bevor Sie ein Masterstudium aufnehmen, sollten Sie sich deshalb gut über die Zulassungsvoraussetzungen informieren. Eine gründliche Beratung und Planung ist auch dann erforderlich, wenn Sie einen Wechsel des Studienorts planen.

Neben den konsekutiven Masterstudiengängen gibt es auch berufsbegleitende Aufbaustudiengänge, die zum **Master of Business Administration** (MBA) führen und vor allem von privaten Institutionen als postgraduales Managementstudium angeboten werden. Sie richten sich in erster Linie an Absolventen, die kein wirtschaftswissenschaftliches Studium absolviert haben, aber betriebswirtschaftliches Wissen erwerben wollen, um als Führungskräfte arbeiten zu können.

Promotion

Wenn Sie auch das Masterstudium erfolgreich abgeschlossen haben und die Hochschule noch nicht verlassen möchten, können Sie ein **Promotionsstudium** anschließen. Eine Promotion ermöglicht Ihnen eine wissenschaftliche Laufbahn oder eine Tätigkeit als Hochschullehrer und kann in einigen Fällen unter Umständen für die Karriere in einem Unternehmen oder einer Organisation nützlich sein.

Eine Promotion ist nur an Hochschulen mit Promotionsrecht (s. S. 8) möglich, in der Regel also an Universitäten und einigen weiteren Hochschulen, bisher kaum an Hochschulen für angewandte Wissenschaften. Der Masterabschluss an einer Hochschule für angewandte Wissenschaften befähigt Sie aber grundsätzlich zu einem Promotionsstudium an einer Hochschule mit Promotionsrecht. Wie es im Einzelfall aussieht, hängt von der Promotionsordnung der Hochschule ab. Meist dauert ein Promotionsstudium ungefähr 3 Jahre, aber auch kürzere oder längere Zeiten sind üblich. Das Promotionsstudium schließen Sie mit der Veröffentlichung einer **Dissertation** oder Doktorarbeit und einer mündlichen Prüfung ab.

Nach der Promotion gibt es einen weiteren Schritt auf der akademischen Karriereleiter, nämlich die **Habilitation**, die Voraussetzung für die Tätigkeit als Professor und die Berufung auf einen Lehrstuhl an einer Hochschule ist.

Wie viel Geld brauche ich fürs Studium und wo kann ich sparen?

Studieren kostet Geld. Deshalb ist es gut, sich schon vor Studienbeginn einen Überblick über die Kosten zu verschaffen, die im Studienverlauf mehr oder wenig regelmäßig anfallen. Und wegen der fast schon sprichwörtlichen studentischen Geldknappheit ist es gut zu wissen, wo es Sparmöglichkeiten gibt – ganz im Sinne wirtschaftswissenschaftlicher Grundüberlegungen.

Semesterbeiträge

Für jedes Semester, an dem Sie an einer Hochschule eingeschrieben sind (s. S. 6), fällt ein **Semesterbeitrag** an, der von allen Studierenden vor Semesterbeginn bezahlt werden muss. Der Semesterbeitrag darf nicht mit Studiengebühren verwechselt werden. Er setzt sich in der Regel aus verschiedenen Teilbeträgen zusammen: einem Sozialbeitrag für die Angebote des Studentenwerks, einem Beitrag für die Studierendenschaft, der Einschreibe- bzw. Rückmeldegebühr und eventuellen weiteren Teilbeträgen. Die Höhe des Semesterbeitrags variiert von Hochschule zu Hochschule, meist liegt der Betrag zwischen 50 und 100 Euro ohne Semesterticket.

Das **Semesterticket** erlaubt Ihnen, öffentliche Verkehrsmittel zu sehr günstigen Konditionen zu nutzen. An vielen Hochschulen sind die Studierenden verpflichtet, den Betrag für das Semesterticket zusammen mit dem Semesterbeitrag zu entrichten, unabhängig davon, ob sie es nutzen wollen oder nicht. Die Höhe des Semesterbeitrags inklusive Semesterticket variiert ebenfalls von Hochschule zu Hochschule und liegt meist zwischen 200 und 300 Euro.

Studiengebühren

Da Baden-Württemberg die Studiengebühren zum Sommersemester 2012 abschafft und Hamburg zum Wintersemester 2012, sind ab 2012 **Bayern** und **Niedersachsen** die beiden einzigen Bundesländer, die Studiengebühren für das Studium an einer staatlichen Hochschule verlangen. In Bayern liegen die Studiengebühren je nach Hochschule zwischen 300 und 500 Euro pro Semester, in Niedersachsen betragen sie an allen staatlichen Hochschulen 500 Euro pro Semester. Wie der Semesterbeitrag müssen die Studiengebühren vor Semesterbeginn bei der Einschreibung bzw. Rückmeldung gezahlt werden.

Private Hochschulen erheben grundsätzlich Studiengebühren. Sie liegen normalerweise deutlich über den Gebühren für eine staatliche Hochschule und betragen in der Regel mehrere hundert Euro pro Monat. Zusätzlich können einmalige Gebühren für die Einschreibung und für Prüfungen anfallen. Viele private Hochschulen vergeben Stipendien, häufig in Zusammenarbeit mit Unternehmen. Die meisten privaten Hochschulen informieren außerdem darüber, wie die Studiengebühren durch Darlehen finanziert werden können.

Bei dualen Studiengängen übernimmt in der Regel das Unternehmen, mit dem Sie einen Ausbildungsvertrag geschlossen haben, die Studiengebühren.

Bei **Fernstudiengängen** fallen auch an staatlichen Hochschulen zusätzlich Materialkosten an. Meist liegen diese Beträge unter 50 Euro pro Semester.

Lebenshaltungskosten im Überblick

Wie viel Geld Sie monatlich für Ihre Lebenskosten brauchen, hängt natürlich von Ihren persönlichen Bedürfnissen und Gewohnheiten ab. Machen Sie sich zunächst einmal klar, wofür Sie jeden Monat Geld ausgeben müssen: Miete (s. S. 19) und Nebenkosten, Ernährung, Kleidung und Körperpflege, Ausgaben für Verkehrsmittel, Lernmittel, Medikamente und Arztkosten, Telefon, Internet, Rundfunk- und Fernsehgebühren, dazu kommen Ausgaben für Freizeit, Kultur und Sport. Wenn Sie öffentliche Verkehrsmittel nutzen, liegen Ihre Ausgaben rund 100 Euro niedriger als bei einem eigenen Auto.

Wie viel Geld Sie tatsächlich benötigen, hängt nicht nur von persönlichen Vorlieben ab, sondern auch vom Hochschulort und vielen weiteren Faktoren. Für die durchschnittlichen Lebenshaltungskosten sollten Sie mit einem Betrag zwischen 600 und 1 000 Euro im Monat rechnen. Auf der Website der Zeitschrift Unicum können Sie sich über durchschnittliche Lebenshaltungskosten in den verschiedenen Bundesländern und Hochschulorten informieren *(http://www.unicum.de/leben/lebenshaltungskosten/).* Bei den Berechnungen für das BAföG liegt derzeit der Unterhaltsbedarf für Studierende, die nicht bei ihren Eltern wohnen, bei 670 Euro, wovon 270 Euro für die Miete inklusive Nebenkosten angenommen werden.

Studierendenausweis

Wenn Sie an der Hochschule eingeschrieben sind, erhalten Sie einen Ausweis, der ein Semester gültig ist und bei der Rückmeldung zum nächsten Semester erneuert wird. Mit diesem Studierendenausweis erhalten Sie Ermäßigungen in Theatern, Museen, Kinos, Schwimmbädern und für viele andere Angebote. Der Studierendenausweis kann Ihnen auch zu vergünstigten Zeitungsabos, speziellen Handytarifen für Studierende oder einem kostenlosen Girokonto bei einer Bank verhelfen. Außerdem berechtigt Sie der Studierendenausweis, Angebote der Hochschulen wie Mensa und Hochschulsport zu nutzen. Der Studierendenausweis hilft also beim Sparen und trägt so dazu bei, Ihre Lebenshaltungskosten in einigen Bereichen etwas zu verringern.

Auch im Ausland erhalten Sie Vergünstigungen durch Ihren Status als Studierender. Dazu brauchen Sie einen internationalen Ausweis, die **International Student Identity Card (ISIC)**. Der Ausweis kostet 12 Euro und ist 16 Monate gültig (von September bis Dezember des Folgejahres). Ausgabestellen für diesen Ausweis gibt es an den meisten Hochschulen. Weitere Informationen gibt es im Internet unter *http://www.isic.de*.

Mensa, Hochschulsport und Co.

Mit dem Studierendenausweis können Sie die Einrichtungen der Hochschule nutzen und so einige Sparmöglichkeiten nutzen.

In der **Mensa** einer Hochschule erhalten Sie gegen Vorlage Ihres Studierendenausweises preisgünstige Mittagsmahlzeiten. Meist gibt es auch mindestens eine Cafeteria, in der Sie den ganzen Tag über günstige Heißgetränke und Snacks erhalten, während die Mensa in der Regel nur für einige Stunden in der Mittagszeit geöffnet ist.

Viele Hochschulen bieten mit **Hochschulsport** ein breites Sportangebot an, teils auch in ausgefallenen Sportarten wie Segelfliegen oder Ähnlichem, das zu moderaten Preisen oder teilweise kostenlos von allen Studierenden genutzt werden kann. Das Sportangebot der Hochschulen hält Sie nicht nur fit, sondern ist auch eine gute Möglichkeit, Kontakte zu anderen Studierenden außerhalb Ihres Fachgebiets zu finden.

Darüber hinaus gibt es an vielen Hochschulen kulturelle Angebote wie Filmvorführungen oder Hochschulkonzerte, die vergünstigt oder kostenlos angeboten werden und eine weitere Möglichkeit bieten, andere Studierende kennenzulernen und neue Freunde zu finden.

Viele Hochschulen bieten außerdem im Rahmen des **Studium generale** allgemeine öffentliche Lehrveranstaltungen an, die Ihnen nicht nur einen Blick über den Tellerrand Ihres eigenen Studienfachs erlauben, sondern auch ganz praktischen Nutzen haben können, zum Beispiel wenn es sich um einen Sprachkurs handelt.

Muss ich mich versichern?

Die einzige Pflichtversicherung, die Sie als Studierender unbedingt brauchen, ist die Krankenversicherung. Ob und wie Sie sich darüber hinaus versichern, hängt von Ihrer persönlichen Situation und Entscheidung ab. Falls Sie zusätzliche Versicherungen abschließen wollen, sollten Sie sich auf jeden Fall gut informieren und beraten lassen.

Krankenversicherung

Die Krankenversicherung ist auch für Studierende eine Pflichtversicherung. Als Vollzeitstudierender können Sie bis zur Vollendung des 25. Lebensjahres über Ihre Eltern beitragsfrei mit der gesetzlichen Familienversicherung versichert bleiben. Bei der Einschreibung an der Hochschule müssen Sie nachweisen, dass Sie krankenversichert sind.

Die Altersgrenze von 25 Jahren für die Familienversicherung verschiebt sich um die Dauer Ihres Dienstes nach hinten, wenn Sie vor der Immatrikulation Wehr- oder Zivildienst geleistet haben. Um beitragsfrei über die Eltern krankenversichert zu sein, dürfen Sie bei einem Nebenverdienst eine Einkommensgrenze von 365 Euro netto im Monat bzw. 400 Euro bei einem Minijob nicht übersteigen.

Falls Ihre Eltern privat krankenversichert sind und Sie deshalb nicht die beitragsfreie gesetzliche Familienversicherung nutzen können, können Sie zwischen einer privaten oder einer gesetzlichen Krankenversicherung für Studierende wählen. Über die genauen Möglichkeiten sollten Sie sich persönlich von einem Versicherungsexperten beraten lassen. Die monatlichen Kosten liegen ungefähr zwischen 50 und 100 Euro je nach Leistungsspektrum.

Wenn Sie ein **duales Studium** absolvieren, bei dem Sie gleichzeitig einen Ausbildungsvertrag haben, sind Sie außerdem für die Dauer des Ausbildungsvertrags **sozialversicherungspflichtig**. Bei einem Studium, das lediglich einzelne Praxisphasen enthält, überwiegt dagegen der Status als Studierender und Sie sind nicht sozialversicherungspflichtig.

Weitere Versicherungen

Sie können sich zwar für alle möglichen und unmöglichen Wechselfälle des Lebens versichern, wirklich sinnvoll sind über die notwendige Krankenversicherung hinaus aber nur sehr wenige Versicherungen. Besitzen Sie zum Beispiel ein Auto, so benötigen Sie eine **Kfz-Haftpflichtversicherung**.

Eine **private Haftpflichtversicherung** kommt für Schäden auf, die Sie bei anderen Personen verursachen. In der Regel sind Sie auch bei dieser Versicherung bis zum Ende des 25. Lebensjahres bei Ihren Eltern mitversichert. Falls dies nicht der Fall ist, können Sie eine studentische Haftpflichtversicherung abschließen. Ähnliches gilt für eine Hausratversicherung. Möglicherweise besteht ein Schutz durch die Versicherung Ihrer Eltern, eine eigene Versicherung lohnt höchstens im Einzelfall bei besonders wertvollen Einrichtungsgegenständen.

Über die Hochschule sind Sie als Studierender **unfallversichert**. Falls Sie auch Unfälle im privaten Bereich absichern wollen, müssen Sie sich selbst versichern. Lassen Sie sich am besten persönlich von einem Versicherungsexperten beraten, wenn Sie weitere Versicherungen abschließen wollen.

Wie finanziere ich mein Studium?

Sie haben nun einen ungefähren Überblick darüber, wie viel Geld Sie als Studierender monatlich und im Semester benötigen. Zur Finanzierung des Studiums gibt es verschiedene Möglichkeiten, die Sie natürlich auch kombinieren können. Die wichtigsten Geldquellen für Studienanfänger sind BAföG, Unterstützung durch die Eltern und Einnahmen aus Jobs. Außerdem gibt es Stipendien und Studienkredite.

Eltern

Spätestens mit dem Beginn des Studiums sollten Sie die Verantwortung für Ihre Finanzen selbst übernehmen. Aus rechtlicher Sicht haben Sie grundsätzlich einen Anspruch auf eine angemessene Unterhaltsleistung durch Ihre Eltern für die Dauer der Regelstudienzeit. Sicherlich gewähren Ihre Eltern Ihnen diese Hilfe gerne, sofern es ihre finanziellen Verhältnisse erlauben. Ihr tatsächlicher Anspruch als Studierender und die Höhe der Unterstützungsleistungen ist von verschiedenen Faktoren abhängig, vor allem natürlich vom Einkommen Ihrer Eltern.

Bis Sie Ihr 25. Lebensjahr vollendet haben, besteht außerdem ein Anspruch auf Kindergeld, das an Ihre Eltern ausgezahlt wird und das sie Ihnen weitergeben können. Die Höhe des Kindergeldes liegt zurzeit bei jeweils 184 Euro für das erste und zweite Kind, bei 190 Euro für das dritte Kind und bei 215 Euro für das vierte und jedes weitere Kind.

Grundsätzlich sollte ganz selbstverständlich zwischen Ihnen und Ihren Eltern das Prinzip der gegenseitigen Rücksichtnahme gelten: Die Eltern unterstützen Sie bei einem Studium oder allgemein einer Berufsbildung, die Ihren Interessen und Fähigkeiten entspricht. Im Gegenzug sorgen Sie dafür, dass Sie die Unterstützung durch Ihre Eltern nicht mehr und nicht länger als nötig beanspruchen.

BAföG

Möglicherweise sind Ihre Eltern nicht in der Lage, Sie finanziell so zu unterstützen, dass damit Ihre gesamten Kosten während des Studiums gedeckt werden. Deshalb gibt es das **Bundesausbildungsförderungsgesetz**, kurz BAföG. Ob Sie Anspruch auf BAföG-Leistungen haben, hängt in erster Linie von der Höhe des Einkommens Ihrer Eltern und der Ihres eigenen Vermögens und Einkommens ab. BAföG stellt als staatliche Ausbildungsunterstützung finanzielle Mittel für Ihr Studium zur Verfügung. Grundsätzlich erhalten Studierende an einer Hochschule die Förderung zur Hälfte als Zuschuss und zur Hälfte als zinsloses Staatsdarlehen. Voraussetzung ist, dass Sie Ihr Bachelorstudium vor Vollendung des 30. Lebensjahres beginnen und Ihr Studium auch erfolgreich abschließen. Zu Beginn des 5. Fachsemesters müssen Leistungsnachweise vorgelegt werden. Ein Masterstudium wird gefördert, wenn Sie das Studium bis zur Vollendung des 35. Lebensjahres beginnen und es anschließend abschließen.

Der BAföG-Höchstsatz beträgt zurzeit 670 Euro, das entspricht dem Unterhaltsbedarf für Studierende, die nicht bei ihren Eltern wohnen. Für Studierende, die bei ihren Eltern wohnen, wird ein Bedarf von 495 Euro zugrunde gelegt. Beantragt wird BAföG beim Studentenwerk der Hochschule, bei der Sie immatrikuliert sind. BAföG kann nicht rückwirkend beantragt werden. Sie erhalten erst ab dem Monat Geld, in dem Sie den Antrag stellen, frühestens ab dem Monat des offiziellen Studienbeginns. Praktika, die im Studiengang vorgeschrieben sind, können ebenfalls durch BAföG gefördert werden, nicht aber zusätzliche freiwillige Praktika. Unter bestimmten Voraussetzungen wird auch ein vorübergehendes Studium im Ausland gefördert.

Ausführliche Informationen zum BAföG, Merkblätter und weiterführende Links finden Sie auf der Website *http://www.bafoeg.bmbf.de/*.

Stipendien

Stipendien werden von öffentlichen Einrichtungen, aber auch von Stiftungen, politischen Parteien, Unternehmen oder Kirchen vergeben. Anders als BAföG sind Stipendien nicht abhängig von Ihrem Einkommen bzw. dem Ihrer Eltern. Meist werden sie für besonders begabte Studierende und an herausragende Leistungen geknüpft, es gibt aber auch Stipendien, die nach anderen Kriterien vergeben werden. Die Möglichkeiten der Förderungsprogramme sind vielfältig, sie reichen von einer allgemeinen Förderung zur Deckung der Lebenshaltungskosten im Studium über die Förderung von Auslandsaufenthalten oder speziellen Kursen bis hin zu zweckgebundenen Sachzuwendungen. Das Bundesministerium für Bildung und Forschung bietet im Internet unter *http://www.stipendienlotse.de* einen Überblick über Stipendienprogramme und Suchoptionen nach verschiedenen Kriterien.

Studentenjobs

Während Sie mit Praktika vor allem Berufserfahrung in Ihrer Fachrichtung sammeln und dafür keine oder nur eine sehr geringe Vergütung erhalten, dienen Studentenjobs in erster Linie dem Geldverdienen. Aber auch ein Studentenjob kann mit ein wenig Glück mehr sein als ein reiner Zusatzverdienst, im Idealfall kann durchaus ein Sprungbrett in eine spätere Karriere daraus werden. Auf jeden Fall gibt Ihnen ein Studentenjob über die Funktion als Einnahmequelle hinaus Einblick in verschiedene Aspekte der Arbeits- und Berufswelt und hilft Ihnen vielleicht sogar, genauere Vorstellungen über Ihren Arbeitswunsch nach Studienende zu entwickeln und erste Kontakte zu knüpfen.

Aber zunächst müssen Sie einen Job finden. An den Hochschulen gibt es in der Regel Anlaufstellen, die Ihnen dabei helfen, sei es ein Career Center oder eine Jobvermittlung speziell für Studierende, manchmal hat auch die Fachschaft Ihres Fachbereichs nützliche Informationen zur Hand.

Ob Sie während des laufenden Semesters Zeit für einen Nebenjob finden oder nur während der vorlesungsfreien Zeiten jobben, hängt von vielen speziellen Aspekten ab und lässt sich nicht verallgemeinern. Bei regelmäßigen Nebenjobs sollten Sie aber die Einkommensgrenzen im Auge behalten. Um den Kindergeldanspruch zu wahren, dürfen Sie nicht mehr 8 004 Euro brutto im Kalenderjahr verdienen. Wenn Sie BAföG erhalten, dürfen Sie bis 4 800 Euro brutto jährlich hinzuverdienen. Bei Einnahmen bis zu 365 Euro netto im Monat bzw. 400 Euro bei einem Minijob können Sie beitragsfrei über Ihre Eltern krankenversichert sein und werden nicht sozialversicherungspflichtig.

Studienkredite

Eine weitere Möglichkeit der Studienfinanzierung, wenn andere Mittel nicht ausreichen oder nicht verfügbar sind, stellen Studienkredite dar. Vor allem private

Hochschulen bieten Informationen zu Darlehen an, mit deren Hilfe die teilweise hohen Studiengebühren finanziert werden können. Kredite können aber auch eine Möglichkeit sein, einmalige außergewöhnliche Ausgaben zu finanzieren, die den Rahmen Ihres sonstigen Budgets überschreiten, zum Beispiel Kosten für die Anschaffung eines neuen Computers. Eine langfristige Verschuldung durch einen Studienkredit sollten Sie aber sehr gut abwägen, denn auch wenn die Berufsaussichten für Wirtschaftswissenschaftler vergleichsweise gut sind, so wissen Sie doch nie, ob Ihr Gehalt ausreichen wird, um den Kredit in der vorgesehenen Zeit zurückzuzahlen.

Ein öffentlich-rechtlicher Anbieter für Studienkredite ist die KfW-Bankengruppe, die mit dem KfW-Studienkredit der wichtigste Anbieter auf diesem Markt ist. Viele andere Banken bieten ebenfalls Studienkredite an, einen Überblick finden Sie unter *http://www.studienkredit.de*.

Wo wohne ich?

Ob Sie auch mit Beginn des Studiums bei Ihren Eltern wohnen bleiben oder alleine oder gemeinsam mit anderen in eine Wohnung ziehen oder in ein Studentenwohnheim – alle Möglichkeiten haben Vor- und Nachteile. Auf jeden Fall sollten Sie genügend Zeit für die Zimmer- oder Wohnungssuche einplanen, falls Sie nicht bei Ihren Eltern wohnen bleiben. Zu Semesterbeginn ist es in vielen Hochschulorten schwierig, eine geeignete Unterkunft zu finden, die Ihnen gefällt und im Rahmen Ihrer finanziellen Möglichkeiten liegt. Die Mietpreise an den verschiedenen Hochschulorten hängen von vielen Faktoren ab und weichen teilweise erheblich voneinander ab.

Wenn Sie als Studierender ein Zimmer oder eine Wohnung suchen, werden Sie damit rechnen, dass Sie Wohnraum nur für eine gewisse Zeit benötigen. Es steht Ihnen natürlich frei, noch im Laufe des Studiums ganz nach Bedarf und Gelegenheit zwischen den verschiedenen Wohnformen zu wechseln.

Eltern

Wenn Ihre Eltern in einer Hochschulstadt oder deren Nähe leben, bietet es sich an, auch in dieser Stadt zu studieren und weiterhin bei Ihren Eltern zu wohnen. Das ist die preisgünstigste Wohnmöglichkeit und Sie erspart Ihnen eine unter Umständen mühsame und langwierige Wohnungssuche. Die Entscheidung, bei den Eltern zu wohnen, muss nicht endgültig sein. Bedenken Sie, dass sich während des Studiums ihre Lebensschwerpunkte verlagern werden, Sie neue Menschen kennenlernen werden, andere Freiräume brauchen oder sich die täglichen Fahrzeiten zur Hochschule doch als zu störend erweisen. Dann könnten Sie sich immer noch anders entscheiden und vielleicht im nächsten Semester umziehen, sobald Sie eine dann besser geeignete Wohnmöglichkeit gefunden haben. Auf jeden Fall haben Sie anfangs eine Sorge weniger und weniger Kosten, wenn Sie in der elterlichen Wohnung bereits ein Dach über dem Kopf haben.

Studentenwohnheim

Zimmer in Studentenwohnheimen mit Gemeinschaftsräumen wie Küche, Waschraum, Fernsehraum, Partykeller und Ähnlichem sind eine preiswerte Wohnmöglichkeit für Studierende. In vielen Wohnheimen gibt es auch kleine Apartments oder Wohneinheiten, die ebenfalls meist günstiger sind als vergleichbare Zimmer oder Wohnungen auf dem freien Wohnungsmarkt. Die Zimmer in Studentenwohnheimen sind in der Regel bereits mit einem Grundmobiliar ausgestattet, sodass Ihnen keine zusätzlichen Kosten für Möbel entstehen. Die Monatsmieten liegen durchschnittlich bei etwa 220 Euro.

Für einen Platz im Studentenwohnheim bewerben Sie sich bei der Wohnheimverwaltung bzw. beim Studentenwerk der Hochschule. Da es erheblich weniger Wohnheimplätze als Studierende gibt und die Zimmer sehr begehrt sind, müssen Sie oft mit einer längeren Wartezeit rechnen. Außerdem gibt es in der Regel eine Wohnzeitbegrenzung, die aber oberhalb der Regelstudienzeit für einen grundständigen Studiengang liegt.

Studentenwohnheime haben den weiteren Vorteil, dass sie oft in Hochschulnähe liegen und Ihnen außerdem eine gute Gelegenheit bieten, andere Studierende kennenzulernen und Freunde auch außerhalb des eigenen Fachgebiets zu finden. Andererseits kann es natürlich auch sein, dass Ihnen manche Mitbewohner weniger sympathisch sind und dass es mitunter in Studentenwohnheim recht unruhig zugeht, was möglicherweise in Phasen der Prüfungsvorbereitung für zusätzlichen Stress sorgt.

WG

Ähnlich wie in manchen Wohneinheiten in Studentenwohnheimen teilen Sie sich in einer Wohngemeinschaft (WG) eine Wohnung mit anderen. Anders als im Studentenwohnheim können Sie sich aussuchen, mit wem Sie zusammenziehen. Entweder suchen Sie zusammen mit Bekannten oder Freunden eine Mehrzimmerwohnung und gründen eine WG oder Sie melden sich auf Angebote von bestehenden WGs, die einen Mitbewohner suchen. Auf jeden Fall sollten Sie sich im Klaren darüber sein, dass in einer WG viele tägliche Aufgaben anfallen vom Putzen übers Kochen zum Einkaufen, dass Sie mit Ihren Mitbewohnern für die komplette Wohnung verantwortlich sind und dabei viele Streitpunkte auftreten können. Auch sollten der Mietvertrag und die Mietzahlungen klar geregelt sein, damit es nicht zu Problemen mit dem Vermieter kommt, falls ein WG-Mitglied ausziehen will. Die Mietpreise für WG-Wohnungen sind nicht nur abhängig vom Hochschulort selbst, sondern auch von der Lage in der Stadt. Wohnungen in Zentrumsnähe und beliebten Stadtteilen können relativ teuer sein, andererseits finden Sie vielleicht eine weniger zentral gelegene Wohnung mit größeren Räumen als im Studentenwohnheim, die dennoch günstig ist.

Eigene Wohnung und Untermiete

Wenn Sie es lieber ruhiger mögen und allein wohnen möchten und Sie die finanzielle Möglichkeit haben, können Sie sich auch nach einer eigenen Wohnung umsehen. Eine eigene Wohnung oder ein eigenes Apartment ist normalerweise teurer als ein Wohnheimzimmer oder ein WG-Platz, aber Sie müssen sich dafür keine Gedanken über den Ordnungssinn und die Angewohnheiten eventueller Mitbewohner machen. Sie haben aber auch keinen Ansprechpartner in Ihrer Wohnung und damit gerade zu Studienbeginn vielleicht größere Probleme, neue soziale Kontakte zu knüpfen.

Wenn eine eigene Wohnung zu teuer ist, gibt es noch die Möglichkeit, ein Zimmer in Untermiete zu suchen, was deutlich günstiger ist. Allerdings wohnen Sie dann mit dem Vermieter unter einem Dach, was möglicherweise zu Konflikten führen kann. Achten Sie darauf, ob Ihnen der Vermieter sympathisch ist, ob Sie einen separaten Eingang zu Ihrem Zimmer haben und wie es mit Bad und Kochgelegenheit aussieht.

Falls Sie eine eigene Wohnung beziehen, mit Hauptwohnsitz aber bei Ihren Eltern angemeldet bleiben, müssen Sie für die Studentenwohnung möglicherweise Zweitwohnungssteuer bezahlen. Auch darüber sollten Sie sich Gedanken machen und Ihren Hauptwohnsitz eventuell verlegen. Unter *http://www.zweitwohnsitz steuer.de/* können Sie sich über die Zweitwohnungsteuer informieren.

Wo soll ich studieren?

Die Frage nach dem „richtigen" Studienort ist nicht leicht zu beantworten und es liegt in Ihrem eigenen Interesse, sich das Für und Wider einer Entscheidung sehr genau zu überlegen. Zunächst müssen Sie für sich die Frage klären, ob fachliche Kriterien für Sie entscheidend sind oder ob die geografische Nähe zu Ihrem Elternhaus und zu Menschen, die Sie bereits gut kennen, wichtiger ist. Daneben gibt es natürlich noch weitere Faktoren, die eine Rolle spielen.

Überlegen Sie sich zunächst, welche fachlichen Kriterien Ihre Entscheidung beeinflussen können: Ist die Hochschule, die das Wunschfach anbietet, groß oder klein? Liegt sie in einer größeren Stadt oder in einem eher ländlichen Umfeld? Welchen Ruf hat die Hochschule, wie ist ihr Ranking (s. S. 9)? Ist mir der Praxisbezug wichtiger oder möchte ich in erster Linie wissenschaftlich arbeiten? Möchte ich mich von vorneherein spezialisieren oder liegt mir ein breit angelegtes Studium mehr am Herzen? Welche Schwerpunkte kann ich im Studienverlauf setzen? Welche Partnerhochschulen und Kontakte zu Unternehmen hat die Hochschule? Sind Auslands- und Praxissemester Pflicht oder optional? Welche Masterstudiengänge gibt es im Anschluss an das Bachelorstudium? Welche interdisziplinären Studiengänge gibt es, die meinem Wunschfach ähneln, aber möglicherweise an einem anderen Fachbereich angesiedelt sind? Welche Zulassungsbeschränkungen gibt es und habe ich überhaupt eine realistische Chance, meinen Wunschstudienplatz zu bekommen? Ist die Hochschule eine Campus-Hochschule oder verteilen sich die Hochschuleinrichtungen über die ganze Stadt oder sogar über mehrere Orte?

Wahrscheinlich fallen Ihnen noch viele andere Fragen ein. Nehmen Sie sich bewusst sehr viel Zeit dafür, die Fragen zu sammeln und zu beantworten und zu gewichten. Wie Sie die Schwerpunkte letztendlich setzen, ist Ihre ganz persönliche Entscheidung. Eine Liste kann Ihnen dabei helfen, eine Rangfolge aufzustellen.

Neben den fachlichen Punkten ist wichtig, dass Studienort und Hochschule zu Ihrem Budget passen (s. S. 17) und dass Sie sich in Ihrem Studienumfeld wohlfühlen.

Reiz der Großstadt oder Idylle auf dem Land?

Wenn Sie bereits eine Vorauswahl an Hochschulen getroffen haben, empfiehlt es sich, dass Sie einige Städte und Hochschulen direkt vor Ort in Augenschein nehmen. In der Realität sieht manches anders aus, als die Beschreibungen im Internet vermuten lassen. Der Eindruck vor Ort kann Ihnen bei der Entscheidung helfen. Vielleicht fühlen Sie sich auf Anhieb wohl, vielleicht merken Sie, dass Sie sich alles ganz anders vorgestellt haben. Nutzen Sie fürs erste Kennenlernen einer Hochschule auch die Informationsveranstaltungen und Schnuppertage, die viele Hochschulen anbieten.

Eine wichtige Überlegung ist auch die Frage, ob Sie lieber in einer Großstadt studieren möchten oder lieber in einer kleineren Stadt. In einer Großstadt werden Sie vielleicht eher eine Massenhochschule finden mit möglicherweise überfüllten Hörsälen, wenig Kontakt zu Hochschullehrern und anderen Studierenden und einer insgesamt ziemlich anonymen Atmosphäre. Da es insgesamt in Großstädten anonym und eher hektisch zugeht, ist auch die Wahrscheinlichkeit geringer, dass Sie jemanden, den Sie aus einer Veranstaltung kennen, auch außerhalb der Hochschule ganz zufällig wiedertreffen. Andererseits bietet Ihnen eine Großstadt ein viel größeres kulturelles und gastronomisches Angebot, viele Möglichkeiten der Freizeitgestaltung und wahrscheinlich auch mehr Gelegenheiten für Studentenjobs und Praktika. Aber natürlich gibt es auch in großen Städten kleinere und überschaubarere Hochschulen. Die Angaben zum CHE-Ranking der Fachbereiche im zweiten Teil des Buchs helfen Ihnen dabei, die Studiensituation an einer Hochschule besser einzuschätzen.

In einer kleineren Stadt und an einer kleineren Hochschule ist umgekehrt vielleicht vieles überschaubarer, die Wege sind kürzer und die Atmosphäre ist möglicherweise persönlicher. Andererseits fehlen vielleicht die Möglichkeiten für ein Praktikum oder einen Job vor Ort. In einer nicht ganz so großen Stadt gibt es aber vielleicht auch weniger Konkurrenten und Sie finden möglicherweise schneller Kontakt zu Entscheidungsträgern.

Auch zu der Frage, ob ein größerer oder ein kleinerer Hochschulort besser geeignet ist, können Sie Fragen zum Für und Wider sammeln und versuchen, Ihre persönliche Rangfolge zu finden.

Studienortwechsel

Selbst wenn Sie im Vorfeld sehr gut überlegt haben, an welcher Hochschule Sie studieren möchten, kann es vorkommen, dass Sie während des Studiums den Studienort wechseln möchten. Bei einem Wechsel in einem höheren Semester entfallen meist die Zulassungsbeschränkungen, die es für das erste Semester gibt. Andererseits nützen Ihnen Studienleistungen, die Sie an einer anderen Hochschule erbracht haben, am neuen Hochschulort vielleicht wenig. Erkundigen Sie sich deshalb vor dem Wechsel genau bei der Studienfachberatung der neuen Hochschule, welche Studienleistungen anerkannt werden. An jeder Hochschule gibt es Modulberater, die im Einzelnen über die Anerkennung entscheiden. Bei der allgemeinen Studienberatung erfahren Sie Genaueres darüber, wie die Bewerbung für ein höheres Fachsemester abläuft.

Soziales Leben

Das Studium bedeutet einen neuen Lebensabschnitt für Sie, der aufregend und spannend sein wird, aber auch Hürden und Stolpersteine mit sich bringt. Am wichtigsten ist es zu Beginn, neue soziale Kontakte zu knüpfen und neue Freunde zu finden, besonders dann, wenn Sie das Studium in einer anderen Stadt beginnen, in der Sie wahrscheinlich noch niemanden kennen.

Um Ihnen den Studienbeginn zu erleichtern, bieten fast alle Hochschulen bzw. die Fachschaften der Fachbereiche Erstsemesterveranstaltungen und Tutorien an, die Ihnen den Einstieg erleichtern und Sie mit anderen Erstsemestern zusammenbringen. Oft werden auch Stadtführungen, Treffen oder Ausflüge für Erstsemester über die fachliche Einführung hinaus organisiert. Darüber hinaus gibt es an den meisten Hochschulen neben dem Hochschulsport (s. S. 19) oft zahlreiche andere Gruppen zu verschiedenen Interessengebieten musikalischer, kultureller oder sonstiger Art. Solche Gruppen sind ebenfalls eine Möglichkeit, schnell Anschluss und neue Freunde zu finden.

Bedenken Sie auch, dass vor allem neuere Hochschulen oft als Campus-Hochschulen organisiert sind. Das bedeutet, dass Studieren, Wohnen und soziales Leben enger miteinander verbunden sind und Kontakte zu anderen Studierenden in einem relativ überschaubaren Umfeld leichter möglich sind.

2 Studiengänge und Hochschulen

Baden-Württemberg

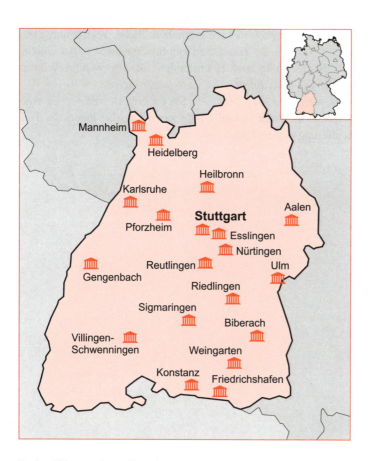

Baden-Württemberg liegt im Südwesten Deutschlands und ist das drittgrößte deutsche Bundesland. Das Land zählt zu den wirtschafts- und forschungsstärksten Regionen in Europa. Entsprechend hoch ist das Niveau von Forschung und Lehre an vielen Hochschulen des Bundeslandes. Vier der neun im Rahmen der Exzellenzinitiative geförderten Universitäten liegen in Baden-Württemberg: Ruprecht-Karls-Universität Heidelberg, Universität Karlsruhe, Universität Konstanz und Albert-Ludwigs-Universität Freiburg. Einige Hochschulen des Bundeslandes sind sehr traditionsreich, die älteste Universität in Deutschland ist die 1386 gegründete Ruprecht-Karls-Universität Heidelberg. Durch die dezentrale Bildungsstruktur des Bundeslandes sind die Hochschulen über das ganze Land verteilt, mehr als ein Viertel liegt im ländlichen Raum. In Baden-Württemberg gibt es insgesamt 14 staatliche und private Universitäten und 73 staatliche und private Hochschulen. An ihnen sind ca. 290 000 Studierende eingeschrieben.

Ab dem Sommersemester 2012/2013 werden an den staatlichen Hochschulen in Baden-Württemberg keine Studiengebühren mehr erhoben. Baden-Württemberg bietet einen Orientierungstest (OT) für die grundständigen Studienangebote der Universitäten, Pädagogischen Hochschulen und Hochschulen für angewandte Wissenschaften (Fachhochschulen) an unter *http://www.was-studiere-ich.de/*.

Seit dem Wintersemester 2011/2012 benötigen Sie für eine Bewerbung an einer baden-württembergischen Hochschule das offizielle Zertifikat, das Ihnen die Teilnahme an diesem Orientierungstest bestätigt.

1 Aalen

Aalen hat ca. 66 000 Einwohner und liegt ca. 70 km östlich von Stuttgart. In Aalen sind vor allem produzierende Unternehmen ansässig. Aalen liegt an der Autobahn A7 und ist damit an das Fernstraßennetz angebunden. Im Schienenverkehr der Deutschen Bahn ist Aalen IC-Haltestelle und ein Knotenpunkt für mehrere Regionallinien. Der nächstgelegene internationale Flughafen ist der ca. 90 km entfernte Flughafen Stuttgart.

1.1 Hochschule Aalen – Technik und Wirtschaft

Die 1962 gegründete Hochschule Aalen hat einen technisch-wirtschaftlichen Schwerpunkt. Die Hochschule ist auf einem Campus angesiedelt, der Burren genannt wird. An den fünf Fakultäten der Hochschule sind ca. 4 000 Studierende eingeschrieben.

| Homepage der Hochschule
http://www.htw-aalen.de/
| Allgemeine Studienberatung
Tel.: (07361) 576-1000
E-Mail: studienberatung@htw-aalen.de
| Hochschule Aalen – Technik und Wirtschaft / Studienberatung
Beethovenstraße 1, 73430 Aalen
http://www.htw-aalen.de/aktuell/studienberatung.php

1.1.1 Fakultät Wirtschaftswissenschaften

Die Fakultät Wirtschaftswissenschaften gibt es seit 1980. Sie ist gekennzeichnet durch eine ausgeprägte Forschungsorientierung, Internationalität und Innovation.

| Homepage des Fachbereichs
http://www.htw-aalen.de/hochschule/fakultaeten/wirtschaftswissenschaften/news.php
| Hochschule Aalen – Technik und Wirtschaft / Fakultät Wirtschaftswissenschaften
Beethovenstraße 1, 73430 Aalen

CHE-Hochschulranking
BWL: Im CHE-Ranking 2011 liegt das Fach BWL an der Fakultät Wirtschaftswissenschaften in der Beurteilung der Studiensituation insgesamt im Mittelfeld. Überdurchschnittlich positiv bewertet sind die Kriterien Betreuung durch Lehrende, Lehrangebot, Studierbarkeit, Berufsbezug, Einbeziehung in Lehrevaluation, E-Learning und Bibliotheksausstattung.
Wirtschaftsingenieurwesen: Das Fach Wirtschaftsingenieurwesen liegt im CHE-Ranking 2011 in der Beurteilung der Studiensituation insgesamt in der Spitzengruppe. Besonders positiv werden die Kriterien Betreuung durch Lehrende, Lehrangebot, Studierbarkeit, Praxisbezug, Berufsbezug, Einbeziehung in Lehrevaluation, E-Learning, Bibliotheksausstattung, Räume, IT-Infrastruktur und Unterstützung für Auslandsstudium bewertet.

Betriebswirtschaft für kleine und mittlere Unternehmen

Inhaltlich	Sie erhalten eine fundierte, breit angelegte, praxisorientierte Ausbildung mit neuen Medien und Technologien. Nach dem Abschluss können Sie eine eigene Firma gründen, einen Betrieb übernehmen oder eine leitende Position vorzugsweise in einem mittelständischen Unternehmen bekleiden.
Abschluss	Bachelor of Arts (B.A.), akkreditiert durch ZEvA
Regelstudienzeit	7 Semester
Studienbeginn	Sommersemester und Wintersemester
Studiengebühren	Keine
Besonderes	• Inklusive Praxissemester • Durch die Teilnahme am Studierfähigkeitstest für wirtschaftswissenschaftliche Studiengänge in Baden-Württemberg können Sie Ihre Durchschnittsnote verbessern
Zulassungsbeschränkungen	Ja, hochschulinterner NC
Bewerbung	Online über https://qis-studenten.htw-aalen.de/qisserverstud/rds?state=wimma&stg=e&imma=einl
Bewerbungsfrist	15. Januar und 15. Juli
Mögliche Studienschwerpunkte	Verschiedene Schwerpunkte sind möglich.

Weiterführende Informationen zum Studienverlauf und zur Studienberatung

Studienberatung
- Prof. Dr. Ralf Härting

Tel.: (07361) 576-2148
E-Mail: ralf-haerting@htw-aalen.de
http://www.htw-aalen.de/studium/b/

Internationale Betriebswirtschaft

Inhaltlich	Der Studiengang bietet hohe Praxisorientierung, internationale Ausrichtung und die Möglichkeit zur fachlichen Schwerpunktbildung. Damit erwerben Sie die Schlüsselkompetenzen, die Sie als Absolvent weltweit für innovative und expandierende Unternehmen interessant machen.
Abschluss	Bachelor of Arts (B.A.), akkreditiert durch ZEvA
Regelstudienzeit	7 Semester
Studienbeginn	Sommersemester und Wintersemester
Studiengebühren	Keine

Besonderes	• Englischkenntnisse auf dem Mindestniveau B2 müssen vor Studienbeginn nachgewiesen werden • Inklusive Praxissemester • Das International Program beinhaltet ein integriertes Auslandsstudium an einer Partneruniversität (z. B. University of Maine, University of Newcastle, École Supérieure Clermont-Ferrand) • An ausgewählten Partnerhochschulen ist ein Doppelabschluss möglich
Zulassungsbeschränkungen	Ja, hochschulinterner NC
Bewerbung	Online über *https://qis-studenten.htw-aalen.de/qisserverstud/rds?state=wimma&stg=e&imma=einl*
Bewerbungsfrist	15. Januar und 15. Juli
Mögliche Studienschwerpunkte	Marketing, Finance, Accounting & Taxation, International Program

Weiterführende Informationen zum Studienverlauf und zur Studienberatung

Studienberatung
- Prof. Dr. Alexander Strehl
Tel.: (07361) 576-2481
E-Mail: alexander.strehl@htw-aalen.de
http://www.htw-aalen.de/studium/i/

Wirtschaftsingenieurwesen

Inhaltlich	Das Studium verbindet Technik mit Wirtschaft und vermittelt in praktisch orientierten Veranstaltungen die Kompetenzen, mit denen Sie nach dem Studium in einer Vielzahl von Einsatzgebieten in fast allen Unternehmensbereichen, wo sich technische mit betriebswirtschaftlichen Anforderungen kombinieren, tätig werden können. Alternativ können Sie ein Masterstudium anschließen.
Abschluss	Bachelor of Engineering (B.Eng.), akkreditiert durch ZEvA
Regelstudienzeit	7 Semester
Studienbeginn	Sommersemester und Wintersemester
Studiengebühren	Keine
Besonderes	• Ein Vorpraktikum wird vorausgesetzt • Inklusive Praxissemester
Zulassungsbeschränkungen	Ja, hochschulinterner NC
Bewerbung	Online über *https://qis-studenten.htw-aalen.de/qisserverstud/rds?state=wimma&stg=e&imma=einl*

Bewerbungsfrist	15. Januar und 15. Juli
Mögliche Studienschwerpunkte	Verschiedene Schwerpunkte sind möglich.

Weiterführende Informationen zum Studienverlauf und zur Studienberatung
Studienberatung
- Prof. Dr. Klaus Rüdiger
Tel.: (07361) 576-2451
E-Mail: klaus.ruediger@htw-aalen.de
http://www.htw-aalen.de/studium/w/

2 Biberach

Biberach an der Riß hat ca. 32 500 Einwohner und liegt ca. 70 km südlich von Ulm in Oberschwaben. In Biberach sind einige weltweit agierende Unternehmen ansässig, darunter Boehringer Ingelheim und die Liebherr Firmengruppe. Biberach ist durch einen Autobahnzubringer mit der A7 verbunden. Die Stadt ist im regionalen Schienenverkehr gut angebunden und IC-Haltepunkt an der Strecke Innsbruck – Dortmund. Einen Verkehrslandeplatz gibt es nordwestlich der Stadt, der internationale Flughafen Stuttgart ist ca. 100 km entfernt.

2.1 Hochschule für Architektur und Bauwesen, Betriebswirtschaft und Biotechnologie

Die Hochschule Biberach wurde 1971 gegründet. Sie ging aus der 1964 entstandenen Ingenieurschule für Bauwesen hervor. Seit 1978 bietet die Hochschule den Studiengang Betriebswirtschaft (Bau und Immobilien) an. Ca. 1 600 Studierende sind an den vier Fakultäten der Hochschule eingeschrieben.

Homepage der Hochschule
http://www.hochschule-biberach.de/
Allgemeine Studienberatung
- Hannelore Baier
Tel.: (07351) 582-151
E-Mail: baier@hochschule-bc.de
Hochschule Biberach
Karlstraße 11, 88400 Biberach / Riß
http://www.hochschule-biberach.de/sections/service/beratung/studienberatung

2.1.1 Fakultät Betriebswirtschaft (Bau und Immobilien)

Die Hochschule bietet den Studiengang Betriebswirtschaft (Bau und Immobilien) seit 1978 an. Er ist an einer eigenen Fakultät angesiedelt und war bei der Einführung der erste betriebswirtschaftliche Studiengang dieser Art.

| Homepage des Fachbereichs
| http://www.hochschule-biberach.de/sections/studium/betriebswirtschaft
| Hochschule Biberach
| Karlstraße 11, 88400 Biberach / Riß

CHE-Hochschulranking
BWL: Im CHE-Ranking 2011 liegt BWL an der Hochschule Biberach in der Spitzengruppe. Alle Kriterien werden überdurchschnittlich gut bewertet, nämlich Betreuung durch Lehrende, Lehrangebot, Studierbarkeit, Praxisbezug, Berufsbezug, Einbeziehung in Lehrevaluation, E-Learning, Bibliotheksausstattung, Räume, IT-Infrastruktur und Unterstützung für Auslandsstudium.

Betriebswirtschaft (Bau und Immobilien)

Inhaltlich	Der Studiengang trägt der Tendenz zu einer zunehmenden Internationalisierung der Bau- und Immobilienwirtschaft Rechnung: Im Fach Volkswirtschaftslehre und Betriebswirtschaftslehre werden die allgemeinen Grundlagen der Internationalisierung aus volks- und betriebswirtschaftlicher Sicht behandelt. In bau- und immobilienwirtschaftlichen Fächern werden Umfang und Erscheinungsformen der Internationalisierung dieser Branchen diskutiert und international wegweisende Methoden behandelt.
Abschluss	Bachelor of Arts (B.A.), akkreditiert durch FIBAA
Regelstudienzeit	7 Semester
Studienbeginn	Sommersemester und Wintersemester
Studiengebühren	Keine
Besonderes	Ab dem Wintersemester 2011/2012 muss der Orientierungstest (OT) vor der Bewerbung absolviert werden.
Zulassungsbeschränkungen	Ja, hochschulinternes Auswahlverfahren
Bewerbung	Online über Info http://www.hochschule-biberach.de/sections/studium/bewerberinfo/allg-informationen/bewerbung
Bewerbungsfrist	15. Januar und 15. Juli
Mögliche Studienschwerpunkte	Verschiedene Schwerpunkte sind möglich.

Weiterführende Informationen zum Studienverlauf und zur Studienberatung
Studienberatung
- Professor Eckhard Klett
Tel.: (07351) 582-411
E-Mail: klett@hochschule-bc.de
http://www.hochschule-biberach.de/sections/studium/betriebswirtschaft/

3 Esslingen

Esslingen hat ca. 91 000 Einwohner und liegt ca. 10 km südöstlich von Stuttgart im Neckartal. In der Stadt sind hauptsächlich Dienstleistungsbetriebe angesiedelt, aber auch Elektroindustrie, Fahrzeug- und Maschinenbau sowie Medien und Verlage. Esslingen liegt an einer vierspurigen Verbindungsstraße, die die Stadt mit dem Autobahnnetz verbindet. Im Schienennetz der Deutschen Bahn ist Esslingen IC-Halt auf den Strecken Stuttgart–Ulm und Stuttgart–Tübingen. Der internationale Flughafen Stuttgart liegt nur ca. 10 km entfernt. Neben der Hochschule Esslingen gibt es in der Stadt auch eine Hochschule für Kirchenmusik.

3.1 Hochschule Esslingen

Die Hochschule Esslingen entstand 2006 durch den Zusammenschluss der Fachhochschule für Technik und der Fachhochschule Esslingen. Diese Hochschulen lassen sich wiederum zurückführen auf eine 1868 gegründete Baugewerbeschule. Die Hochschule Esslingen hat neben zwei Standorten in der Stadt einen weiteren Standort in Göppingen. An den neun Fakultäten der Hochschule sind ca. 5 500 Studierende eingeschrieben.

Homepage der Hochschule
http://www.hs-esslingen.de/
Allgemeine Studienberatung
Tel.: (0711) 397-32 12
E-Mail: ZentraleStudienberatung@hs-esslingen.de
Hochschule Esslingen / Zentrale Studienberatung
Kanalstr. 33, 73728 Esslingen
http://www.hs-esslingen.de/de/hochschule/service/zentrale-studienberatung/

3.1.1 Fakultät Betriebswirtschaft

Die Fakultät Betriebswirtschaft steht für eine interdisziplinäre Forschung und Lehre. Ca. 1 000 Studierende sind an der Fakultät eingeschrieben. Auch der Studiengang Wirtschaftsingenieurwesen ist an dieser Fakultät angesiedelt.

| Homepage des Fachbereichs
| http://www.hs-esslingen.de/hochschule/fakultaeten/betriebswirtschaft.html
| Hochschule Esslingen / Betriebswirtschaft
| Flandernstr. 101, 73732 Esslingen

CHE-Hochschulranking

BWL: Im CHE-Ranking 2011 liegt BWL an der Hochschule Esslingen in der Beurteilung der Studiensituation insgesamt in der Spitzengruppe.
Wirtschaftsingenieurwesen: Das Fach Wirtschaftsingenieurwesen liegt im CHE-Ranking 2011 in der Beurteilung der Studiensituation insgesamt in der Spitzengruppe. Besonders gut beurteilt werden die Kriterien Studierbarkeit, Praxisbezug, Einbeziehung in Lehrevaluation, Bibliotheksausstattung und IT-Infrastruktur.

Internationale technische Betriebswirtschaft

Inhaltlich	Sie erwerben in diesem Studiengang insbesondere betriebswirtschaftliche und fremdsprachliche Kompetenzen sowie technische Grundkenntnisse.
Abschluss	Bachelor of Science (B.Sc.), akkreditiert durch ASIIN
Regelstudienzeit	7 Semester
Studienbeginn	Sommersemester und Wintersemester
Studiengebühren	Keine
Besonderes	Inklusive Praxissemester
Zulassungsbeschränkungen	Ja, hochschulinterner NC
Bewerbung	Online über *http://www.hs-esslingen.de/studieninteressierte/bewerbung.html*
Bewerbungsfrist	15. Januar und 15. Juli
Mögliche Studienschwerpunkte	Produktmanagement und Vertrieb, Organisations- und Change Management, Unternehmensführung und Controlling

Weiterführende Informationen zum Studienverlauf und zur Studienberatung

| Studienberatung
| ▪ Prof. Dr. Terence Wynne
| Tel.: (0711) 397-4305
| Fax: (0711) 397-4339
| E-Mail: terence-wynne@hs-esslingen.de
| http://www.hs-esslingen.de/hochschule/fakultaeten/betriebswirtschaft/studiengaenge/bachelor/internationale-technische-betriebswirtschaft-tbb.html

Wirtschaftsingenieurwesen

Inhaltlich	In diesem Studiengang erwerben Sie insbesondere betriebswirtschaftliche und technische Kompetenzen sowie Englischkenntnisse.
Abschluss	Bachelor of Engineering (B.Eng.), akkreditiert durch ASIIN
Regelstudienzeit	7 Semester
Studienbeginn	Sommersemester und Wintersemester
Studiengebühren	Keine
Besonderes	Inklusive Praxissemester
Zulassungsbeschränkungen	Ja, hochschulinterner NC
Bewerbung	Online über *http://www.hs-esslingen.de/studieninteressierte/bewerbung.html*
Bewerbungsfrist	15. Januar und 15. Juli
Mögliche Studienschwerpunkte	Verschiedene Schwerpunkte sind möglich.

Weiterführende Informationen zum Studienverlauf und zur Studienberatung

Studienberatung
- Prof. Dr.-Ing. Anton Haberkern
Tel.: (0711) 397-4306, -4382
Fax: (0711) 397-4306
E-Mail: anton.haberkern@hs-esslingen.de
http://www.hs-esslingen.de/hochschule/fakultaeten/betriebswirtschaft/studiengaenge/bachelor/wirtschaftsingenieurwesen.html

4 Friedrichshafen

Friedrichshafen hat ca. 58 000 Einwohner und liegt am Nordufer des Bodensees. Friedrichshafen nennt sich Messe- und Zeppelinstadt. Die Industrialisierung der Stadt wurde durch Ferdinand Graf von Zeppelin geprägt, der in der Stadt um das Jahr 1900 mit dem Bau von Luftschiffen begann. Noch heute haben viele der ansässigen Industrieunternehmen ihren Ursprung in den Anfängen der Luftschifffahrt. Friedrichshafen ist durch Bundesstraßen mit dem Fernstraßennetz verbunden. Friedrichshafen ist IC-Haltepunkt und gut in den regionalen Schienenverkehr eingebunden. Im Nordosten der Stadt liegt der Flughafen Friedrichshafen, der vor allem von Charterlinien angeflogen wird. Auf dem Bodensee verkehren Fährlinien.

In Friedrichshafen gibt es neben der privaten Zeppelin University einen Standort der Dualen Hochschule Baden-Württemberg Ravensburg und ein Studienzentrum der privaten Hochschule Nordhessen.

4.1 Zeppelin University

Die private Zeppelin University wurde 2003 gegründet. Namensgeber ist der Luftschiffkonstrukteur Ferdinand Graf von Zeppelin. An der Universität gibt es drei Departments, an denen ca. 750 Studierende eingeschrieben sind.

| Homepage der Universität
| http://www.zeppelin-university.de/
| Allgemeine Studienberatung
| ▪ Dipl. Kultur Wiss. Andrea Böttcher
| Tel.: (07541) 6009-1196
| Fax: (07541) 6009-1199
| E-Mail: andrea.boettcher@zeppelin-university.de
| Zeppelin University gGmbH
| Am Seemooser Horn 20, 88045 Friedrichshafen
| http://www.zeppelin-university.de/deutsch/zeppelinuniversity/contact.php?navid=0

4.1.1 Corporate Management & Economics

Zum Department for Corporate Management & Economics (Wirtschaftswissenschaften) gehören mehrere Lehrstühle und Institute.

| Homepage des Fachbereichs
| http://www.zeppelin-university.de/deutsch/lehrstuehle/cme.php?navid=116
| Zeppelin University gGmbH
| Am Seemooser Horn 20, 88045 Friedrichshafen

CHE-Hochschulranking

BWL: Im CHE-Ranking 2011 liegt BWL an der Zeppelin University in der Beurteilung der Studiensituation insgesamt in der Spitzengruppe. Überdurchschnittlich gut werden alle Kriterien beurteilt, nämlich Betreuung durch Lehrende, Kontakt zu Studierenden, Lehrangebot, Studierbarkeit, Berufsbezug, Einbeziehung in Lehrevaluation, E-Learning, Bibliotheksausstattung, Räume, IT-Infrastruktur und Unterstützung für Auslandsstudium.

Corporate Management and Economics

Inhaltlich	Manager und Unternehmer werden mehr denn je mit Anforderungen konfrontiert, die sich mit den klassischen betriebswirtschaftlichen Funktionsbereichen allein nicht mehr lösen lassen. Dieser Studiengang verbindet deshalb Betriebs- und Volkswirtschaft mit Kultur-, Kommunikations- und Medienwissenschaft sowie Aspekten der Politik- und Verwaltungswissenschaft.
Abschluss	Bachelor of Arts (B.A.), akkreditiert durch ACQUIN
Regelstudienzeit	6 Semester

Studienbeginn	Wintersemester
Studiengebühren	3 950 Euro pro Semester
Besonderes	Multidisziplinär angelegter Studiengang
Zulassungsbeschränkungen	Ja, hochschulinternes Auswahlverfahren
Bewerbung	Online über *http://www.zeppelin-university.de/deutsch/bewerberportal/bachelor/kickoff.php*
Bewerbungsfrist	10. Juli
Mögliche Studienschwerpunkte	Verschiedene Schwerpunkte sind möglich.

Weiterführende Informationen zum Studienverlauf und zur Studienberatung

Studienberatung
- Sonja Heilig
Tel.: (7541) 6009-2000
E-Mail: sonja.heilig@teppelin-university.de
http://www.zeppelin-university.de/deutsch/bewerberportal/bachelor/2010/CME_einstieg.php?navid=74

5 Gengenbach

Gengenbach hat ca. 11 000 Einwohner und liegt an der Kinzig am Rande des Schwarzwalds. Gengenbach gehört zum Weinbaugebiet Baden. Das ca. 10 km nördlich gelegene Offenbach ist bekannt als Sitz des Burda-Verlags. Über Offenburg ist Gengenbach mit der Autobahn A5 verbunden. Der Bahnhof Offenburg ist ein wichtiger Knotenpunkt im Schienenverkehr der Deutschen Bahn und Haltestelle für zahlreiche ICE- und IC/EC-Verbindungen.

5.1 Hochschule für Technik, Wirtschaft und Medien Offenburg

Die Hochschule für Technik, Wirtschaft und Medien Offenburg wurde 1964 als Staatliche Ingenieurschule in Offenburg gegründet. Sie hat einen Standort im ca. 10 km südlich von Offenburg gelegenen Gengenbach. Am Campus Gengenbach sind die wirtschaftswissenschaftlichen Studiengänge angesiedelt. An den vier Fakultäten der Hochschule sind insgesamt ca. 3 000 Studierende eingeschrieben.

Hochschule für Technik, Wirtschaft und Medien Offenburg | 43

| Homepage der Hochschule
http://www.fh-offenburg.de/
Allgemeine Studienberatung
▪ Melanie Sester
Tel.: (0781) 205-331
Fax: (00781) 205-45331
E-Mail: melanie.sester@fh-offenburg.de
Hochschule für Technik, Wirtschaft und Medien Offenburg / Campus Offenburg
Badstraße 24, 77652 Offenburg
http://fh-offenburg.de/uportal/go.jsp?id=12902

5.1.1 Fakultät Betriebswirtschaft und Wirtschaftsingenieurwesen

Seit 1978 werden an der Fakultät mehrere Bachelor- und Masterstudiengänge angeboten.

| Homepage des Fachbereichs
http://fh-offenburg.de/uportal/go.jsp?id=1103
Hochschule für Technik, Wirtschaft und Medien Offenburg / Campus Gengenbach
Klosterstraße 14, 77723 Gengenbach

CHE-Hochschulranking

BWL: Im CHE-Ranking 2011 liegt das Fach BWL an der Fakultät Betriebswirtschaft und Wirtschaftsingenieurwesen in der Beurteilung der Studiensituation insgesamt in der Schlussgruppe.

Wirtschaftsingenieurwesen: Das Fach Wirtschaftsingenieurwesen liegt im CHE-Ranking 2011 in der Beurteilung der Studiensituation insgesamt im Mittelfeld.

◢ Betriebswirtschaft

Inhaltlich	Neben dem breit angelegten Studium betriebswirtschaftlich relevanter Kernfächer können Sie zwischen zwei Studienrichtungen wählen. Mit dem Abschluss ist sowohl ein qualifizierter Berufseinstieg als auch ein weiterführendes Masterstudium möglich.
Abschluss	Bachelor of Arts (B.A.), akkreditiert durch FIBAA
Regelstudienzeit	6 Semester
Studienbeginn	Sommersemester und Wintersemester
Studiengebühren	Keine
Besonderes	Inklusive Praxissemester
Zulassungsbeschränkungen	Ja, hochschulinterner NC
Bewerbung	Online über *http://fh-offenburg.de/fhoportal/go.jsp?id=113*
Bewerbungsfrist	15. Januar und 15. Juli
Mögliche Studienschwerpunkte	Betriebswirtschaft für klein- und mittelständische Unternehmen, Technische Betriebswirtschaft

Weiterführende Informationen zum Studienverlauf und zur Studienberatung

Studienberatung
- Gudrun Plüschke
Tel.: (07803) 9698-4436
E-Mail: plueschke@hs-offenburg.de
http://cms1.fh-offenburg.de/?id=376

Betriebswirtschaft/Logistik und Handel

Inhaltlich	Der Studiengang deckt neben der Betriebswirtschaft zwei wichtige und große Bereiche der Wirtschaft ab: Logistik und Handel. Analog zum Studiengang Betriebswirtschaftslehre erhalten Sie zunächst eine fundierte Grundausbildung in den betriebswirtschaftlichen Fächern. Darauf aufbauend werden die betriebswirtschaftlichen Fächer weitergeführt und die Vertiefungsrichtung Logistik und/oder Handel angelegt.
Abschluss	Bachelor of Arts (B.A.), akkreditiert durch FIBAA
Regelstudienzeit	6 Semester
Studienbeginn	Sommersemester und Wintersemester
Studiengebühren	Keine
Besonderes	Inklusive Praxissemester
Zulassungsbeschränkungen	Ja, hochschulinterner NC
Bewerbung	Online über *http://fh-offenburg.de/fhoportal/go.jsp?id=113*
Bewerbungsfrist	15. Januar und 15. Juli
Mögliche Studienschwerpunkte	• Vertiefungsrichtung Logistik: Speditions- und Transportwirtschaft, Logistik der Konsumgüterwirtschaft, Transport-, Lager- und Umschlagwesen in Industrie und Handel, Qualitätsmanagement, Logistik-Controlling • Vertiefungsrichtung Handel: Betriebstypen, Konzentration und Kooperation im Handel, International Trade, Warenwirtschaft, Kaufverhalten und Verkaufspsychologie, Handelscontrolling

Weiterführende Informationen zum Studienverlauf und zur Studienberatung

Studienberatung
- Angelika Braun
Tel.: (07803) 9698-4481
E-Mail: angelika.braun@hs-offenburg.de
http://bw.hs-offenburg.de/studium/logistik-und-handel-bachelor/

Wirtschaftsingenieurwesen

Inhaltlich	Sie erwerben ein breit angelegtes Wissen in den Ingenieurwissenschaften (Elektrotechnik / Maschinenbau / Fertigungstechnik), den Wirtschaftswissenschaften (VWL / BWL), der Informationstechnologie (Informatik / neue Medien) und in den Querschnittsfächern der Logistik und Fertigungsorganisation. Die Lehrinhalte sind so ausgewählt, dass das vermittelte Wissen eine rasche Einarbeitung in spezielle Aufgaben der Praxis ermöglicht.
Abschluss	Bachelor of Engineering (B.Eng.), akkreditiert durch FIBAA
Regelstudienzeit	7 Semester
Studienbeginn	Sommersemester und Wintersemester
Studiengebühren	Keine
Besonderes	Inklusive Praxissemester
Zulassungsbeschränkungen	Ja, hochschulinterner NC
Bewerbung	Online über *http://fh-offenburg.de/fhoportal/go.jsp?id=113*
Bewerbungsfrist	15. Januar und 15. Juli
Mögliche Studienschwerpunkte	Verschiedene Schwerpunkte sind möglich.

Weiterführende Informationen zum Studienverlauf und zur Studienberatung

| Studienberatung
▪ Bruno Litterst
Tel.: (0781) 205-4412
E-Mail: b.litterst@hs-offenburg.de
http://fh-offenburg.de/uportal/go.jsp?id=11031&l=de

6 Heidelberg

Heidelberg liegt am Neckar und hat ca. 140 000 Einwohner. Die Stadt gehört zu den wenigen deutschen Großstädten, deren Bauwerke im Zweiten Weltkrieg weitgehend erhalten blieben. Die barocke Altstadt ist ein beliebtes Ziel für Touristen aus aller Welt. Für viele von ihnen ist Heidelberg die typische klassische deutsche Universitätsstadt schlechthin. Über 31 000 Studierende tragen zu diesem Bild ebenso bei wie die vielen, teils historischen Studentenkneipen. Die Universitätsstadt ist das Dienstleistungs- und Wissenschaftszentrum der Region. Der größte Arbeitgeber der Stadt ist die Universität, aber auch viele internationale Unternehmen sind in der Stadt angesiedelt, darunter die Heidelberger Druckmaschinen AG. Heidelberg liegt an der Autobahn A5, die A656 verbindet die Stadt mit Mannheim. Die Stadt ist durch verschiedene ICE- und IC/EC-Verbindungen gut an das Schienennetz der Deutschen Bahn angebunden.

Neben der Ruprecht-Karls-Universität Heidelberg, der ältesten deutschen Universität, gibt es mehrere staatliche und private Hochschulen in der Stadt.

6.1 SRH Hochschule Heidelberg

Die private SRH Hochschule Heidelberg wurde 1969 gegründet. Ihr Standort ist der sogenannte Science Tower. An der Hochschule gibt es fünf Fakultäten, zwei bieten wirtschaftswissenschaftliche Studiengänge an. An der Hochschule sind ca. 2 000 Studierende eingeschrieben. Weitere SRH Hochschulen gibt es in Berlin, Riedlingen, Hamm, Calw und Gera.

Weiterführende Informationen zum Studienverlauf und zur Studienberatung
Allgemeine Studienberatung
Tel.: (06221) 88-1000
Fax: (06221) 88-4122
E-Mail: info@fh-heidelberg.de
SRH Hochschule Heidelberg / Studentenservice
Ludwig-Guttmann-Straße 6, 69123 Heidelberg
http://www.fh-heidelberg.de/de/studium/

6.1.1 Fakultät für Wirtschaft

Die Studiengänge der Fakultät sind praxisnah und international gestaltet. Neben Wissensvermittlung wird die individuelle Persönlichkeitsentwicklung durch intensiven Kontakt zu den Professoren sowie Mentorennetzwerke und Tutorien gefördert.

Homepage des Fachbereichs
http://www.fh-heidelberg.de/de/fakultaeten/fakultaet-fuer-wirtschaft/
SRH Hochschule Heidelberg
Ludwig-Guttmann-Straße 6, 69123 Heidelberg

CHE-Hochschulranking

BWL: Im CHE-Ranking 2011 liegen zu wenige Antworten für eine Bewertung vor.

Betriebswirtschaft

Inhaltlich	Betriebswirtschaftliche Grundlagen und Selbstmanagement-Techniken werden Ihnen in kompakten, praxisorientierten Lehrformaten in engem Kontakt mit den Dozenten vermittelt. Zusatzqualifikationen wie Sprachen, Ausbildung der Ausbilder oder Bewerberseminare sind in das Studium integriert.
Abschluss	Bachelor of Arts (B.A.), akkreditiert durch FIBAA
Regelstudienzeit	9 Semester
Studienbeginn	1. Juni und 1. Oktober
Studiengebühren	• 620 Euro pro Monat • Zzgl. einmalige Immatrikulationsgebühr von 590 Euro
Zulassungsbeschränkungen	Keine
Bewerbung	Online über *http://www.fh-heidelberg.de/de/services/Online-bewerbung/*
Bewerbungsfrist	15. April und 15. Juli
Mögliche Studienschwerpunkte	Controlling, Wirtschaftsprüfung & Steuern, Management im Gesundheitswesen, Marketing, Personalmanagement, Produktion & Logistik, Sportmanagement, Turnaround-Management (Sanierung), Wirtschaftspsychologie

Weiterführende Informationen zum Studienverlauf und zur Studienberatung

Studienberatung
- Petra Laier

Tel.: (06221) 88-1035
Fax: (06221) 88-1010
E-Mail: petra.laier@fh-heidelberg.de
http://www.fh-heidelberg.de/de/studium/bachelorstudium/betriebswirtschaft/

6.1.2 School of Engineering and Architecture

Die Fakultät bietet interdisziplinäre Studiengänge an und setzt auf vernetzte Arbeitsweise.

Homepage des Fachbereichs
http://www.fh-heidelberg.de/de/fakultaeten/school-of-engineering-and-architecture/
SRH Hochschule Heidelberg
Ludwig-Guttmann-Straße 6, 69123 Heidelberg

CHE-Hochschulranking

Wirtschaftsingenieurwesen: Im CHE-Ranking 2011 liegen zu wenige Antworten für eine Bewertung vor.

Wirtschaftsingenieurwesen

Inhaltlich	Der Bachelorstudiengang verbindet technisches Know-how mit betriebswirtschaftlichen Fachkenntnissen. Die fachlichen Schwerpunkte liegen in ausgewählten Bereichen der Betriebswirtschaft sowie der Ingenieurwissenschaften. Innovation und Nachhaltigkeit stehen im Curriculum im Vordergrund.
Abschluss	Bachelor of Engineering (B.Eng.), akkreditiert durch AQAS
Regelstudienzeit	9 Semester
Studienbeginn	Wintersemester
Studiengebühren	590 Euro pro Monat
Besonderes	• Inklusive Praxistrimester • Auslandssemester und Auslandspraktikum sind möglich
Zulassungsbeschränkungen	Ja, hochschulinterner NC
Bewerbung	Online über *http://www.fh-heidelberg.de/de/services/Online-bewerbung/*
Bewerbungsfrist	Auf Anfrage
Mögliche Studienschwerpunkte	Fertigungsautomatisierung, Investition und Finanzierung, Logistik, Maschinenbetriebstechnik, Personal und Organisation, Wirtschaftsmathematik

Weiterführende Informationen zum Studienverlauf und zur Studienberatung

Studienberatung
- Prof. Dr. Katja Kuhn

Tel.: (06221) 88 1155
Fax: (06221) 88 2532
E-Mail: katja.kuhn@fh-heidelberg.de
http://www.fh-heidelberg.de/de/studium/bachelorstudium/wirtschaftsingenieurwesen/

7 Heilbronn

Heilbronn liegt am Neckar im Norden des Bundelandes und hat ca. 122 000 Einwohner. Die Stadt ist von Weinbergen umgeben, der Weinbau ist ein wichtiger Wirtschaftsfaktor der Stadt und hat eine lange Tradition. In Heilbronn ist aber auch seit 1838 das Lebensmittelunternehmen Knorr angesiedelt, das heute zum Unilever-Konzern gehört. Heilbronn ist im Straßenverkehr gut zu erreichen. Am Heilbronner Kreuz schneiden sich die beiden Autobahnen A6 und A81. Die Stadt ist ein regionaler Knotenpunkt im Schienenverkehr der Deutschen Bahn. Heilbronn hat einen Binnenhafen. In Heilbronn gibt es eine staatliche und zwei private Hochschulen und zwei Lehrerseminare.

7.1 Hochschule Heilbronn – Technik, Wirtschaft, Informatik

Die Hochschule Heilbronn wurde 1961 gegründet. Sie verteilt sich auf drei Standorte: Campus Heilbronn mit ca. 4 000 Studierenden, Campus Künzelsau mit ca. 1 400 Studierenden, Campus Schwäbisch Hall mit ca. 300 Studierenden. Wirtschaftswissenschaftliche Studiengänge gibt es in Heilbronn und in Künzelsau.

| Homepage der Hochschule
| http://www.hs-heilbronn.de/
| **Allgemeine Studienberatung**
| Tel.: (07131) 504-0
| Fax: (07131) 252470
| E-Mail: studienberatung@hs-heilbronn
| **Hochschule Heilbronn**
| Max-Planck-Straße 39, 74081 Heilbronn
| http://www.hs-heilbronn.de/kontakt

7.1.1 Campus Heilbronn

Am Campus Heilbronn werden Studiengänge in den drei Bereichen Technik, Wirtschaft und Informatik angeboten.

| Homepage des Fachbereichs
| http://www.hs-heilbronn.de/33284/03_hn
| **Hochschule Heilbronn / Campus Heilbronn**
| Max-Planck-Straße 39, 74081 Heilbronn

CHE-Hochschulranking
BWL: Im CHE-Ranking 2011 liegt BWL am Campus Heilbronn in der Beurteilung der Studiensituation insgesamt in der Spitzengruppe. Überdurchschnittlich gut werden alle Kriterien beurteilt, nämlich Betreuung durch Lehrende, Lehrangebot, Studierbarkeit, Praxisbezug, Berufsbezug, Einbeziehung in Lehrevaluation, E-Learning, Bibliotheksausstattung, Räume, IT-Infrastruktur und Unterstützung für Auslandsstudium.

Betriebswirtschaft und Unternehmensförderung

Inhaltlich	Die Kombination aus klassischen betriebswirtschaftlichen Studieninhalten und den Zusammenhängen der Unternehmensführung – ergänzt durch Spezialwissen in den Studienvertiefungen – ermöglicht eine Vielzahl an Einsatzgebieten. In großen und mittelständischen Industrieunternehmen, aber auch im Dienstleistungssektor, in Beratungsunternehmen, bei Banken, IT- und Non-Profit-Organisationen bieten sich Ihnen interessante, zukunftssichere Berufsfelder.
Abschluss	Bachelor of Arts (B.A.), akkreditiert durch ACQUIN
Regelstudienzeit	7 Semester (210 CP)
Studienbeginn	Sommersemester und Wintersemester
Studiengebühren	Keine
Besonderes	Inklusive Praxissemester
Zulassungsbeschränkungen	Ja, hochschulinterner NC
Bewerbung	Infos unter http://www.hs-heilbronn.de/2191315/03_bewerbung
Bewerbungsfrist	15. Januar und 15. Juli
Mögliche Studienschwerpunkte	Angewandte Wirtschaftsinformatik, Controlling, International Management, Marketing, Personalmanagement, Produktion und Logistik, Rechnungswesen, Steuern

Weiterführende Informationen zum Studienverlauf und zur Studienberatung

Studienberatung
- Miriam Leist

Tel.: (07131) 504-593
Fax: (07131) 50414-5641
E-Mail: leist@hs-heilbronn.de
http://www.hs-heilbronn.de/bu

Internationale Betriebswirtschaft – Interkulturelle Studien

Inhaltlich	Der Studiengang vermittelt praxisnah fachliches und methodisches Wissen der Betriebswirtschaft und ihrer internationalen Besonderheiten. Zweite Fremdsprache ist Arabisch, als dritte Fremdsprache kann Französisch oder Spanisch gewählt werden.
Abschluss	Bachelor of Arts (B.A.), akkreditiert durch ACQUIN
Regelstudienzeit	7 Semester (210 CP)
Studienbeginn	Sommersemester und Wintersemester

Studiengebühren	Keine
Besonderes	Inklusive Praxissemester und Auslandssemester
Zulassungsbeschränkungen	Ja, hochschulinterner NC
Bewerbung	Infos unter *http://www.hs-heilbronn.de/ 841285/03_bewerbungsunterlagen*
Bewerbungsfrist	15. Januar und 15. Juli
Mögliche Studienschwerpunkte	Accounting, Controlling, Finance, Human Resource Management, International Management, Marketing

Weiterführende Informationen zum Studienverlauf und zur Studienberatung

Studienberatung
- Dipl.-Betriebswirt Tina Feucht
Tel.: (07131) 504-521
E-Mail: ibis@hs-heilbronn.de
http://www.hs-heilbronn.de/ibis

Verkehrsbetriebswirtschaft und Logistik

Inhaltlich	Sie werden auf die komplexen Aufgaben und vielfältigen Anforderungen der Verkehrs- und Logistikwelt vorbereitet. Das Studium beinhaltet nicht nur allgemeine und branchenbezogene Betriebswirtschaftslehre, Recht und informationstechnologische Grundlagen, sondern trainiert auch analytisches und strukturiertes Arbeiten, interkulturelle Fähigkeiten und Führungskompetenzen.
Abschluss	Bachelor of Arts (B.A.), akkreditiert durch ACQUIN
Regelstudienzeit	7 Semester (210 CP)
Studienbeginn	Sommersemester und Wintersemester
Studiengebühren	Keine
Besonderes	Inklusive Praxissemester und Auslandssemester
Zulassungsbeschränkungen	Ja, hochschulinterner NC
Bewerbung	Infos unter *http://www.hs-heilbronn.de/ 871379/03_bewerbung*
Bewerbungsfrist	15. Januar und 15. Juli
Mögliche Studienschwerpunkte	Verschiedene Schwerpunkte sind möglich.

Weiterführende Informationen zum Studienverlauf und zur Studienberatung
Studienberatung
- Stefanie Löwe
Tel.: (07131) 504-242
E-Mail: loewe@hs-heilbronn.de
http://www.hs-heilbronn.de/vb

7.1.2 Campus Künzelsau

Am Campus Künzelsau ist die Reinhold-Würth-Hochschule angesiedelt, die als Fakultät für Technik und Wirtschaft (TW) Teil der Hochschule Heilbronn ist. Künzelsau liegt ca. 50 km östlich von Heilbronn.

Homepage des Fachbereichs
http://www.hs-heilbronn.de/twk
Reinhold-Würth-Hochschule / Campus Künzelsau
Daimlerstraße 35, 74653 Künzelsau

CHE-Hochschulranking

BWL: Im CHE-Ranking 2011 liegt BWL am Campus Künzelsau in der Beurteilung der Studiensituation insgesamt im Mittelfeld. Überdurchschnittlich gut werden die Kriterien Lehrangebot, Praxisbezug und Einbeziehung in Lehrevaluation beurteilt.

Betriebswirtschaft, Marketing- und Medienmanagement

Inhaltlich	Sie erwerben die Grundlagen der Betriebswirtschaftslehre inklusive einer Einführung in Volkswirtschaftslehre, Rechnungswesen, Wirtschaftsmathematik und Statistik, Wirtschaftsinformatik, Wirtschaftsenglisch, Recht sowie Marketing und Medien. Im weiteren Studienverlauf kommen Wahlpflichtfächer und Vertiefungsrichtungen hinzu. Ihnen wird eine Berufsbefähigung und Arbeitsmarktfähigkeit für eine Fach- oder Führungsposition im Marketing (inkl. Vertrieb) von Unternehmen beliebiger Branchen vermittelt.
Abschluss	Bachelor of Arts (B.A.), akkreditiert durch ACQUIN
Regelstudienzeit	7 Semester (210 CP)
Studienbeginn	Sommersemester und Wintersemester
Studiengebühren	Keine
Besonderes	Inklusive Praxissemester
Zulassungsbeschränkungen	Ja, hochschulinterner NC

Bewerbung	Infos unter *http://www.hs-heilbronn.de/1148143/03_bewerbung*
Bewerbungsfrist	15. Januar und 15. Juli
Mögliche Studienschwerpunkte	Kommunikations- und Medienmanagement, Produkt- und Kundenmanagement

Weiterführende Informationen zum Studienverlauf und zur Studienberatung

Studienberatung
- Dipl.-Betriebswirt (FH) Daniela Dijkstra
Tel.: (07940) 1306-241
E-Mail: dijkstra@hs-heilbronn.de
http://www.hs-heilbronn.de/bm

Betriebswirtschaft und Kultur-, Freizeit-, Sportmanagement

Inhaltlich	Der Studienabschluss qualifiziert Sie für attraktive und abwechslungsreiche Aufgaben in den zukunftsträchtigen Bereichen der Kultur-, Freizeit- und Sportbranche. Sie erhalten im Studium das Rüstzeug, um Aufgaben im Marketing, Sponsoring, Controlling, Qualitäts-, Projekt- und Eventmanagement und Eventmarketing oder im Corporate Social Responsibility zu übernehmen.
Abschluss	Bachelor of Arts (B.A.), akkreditiert durch ACQUIN
Regelstudienzeit	6 Semester (180 CP)
Studienbeginn	Sommersemester und Wintersemester
Studiengebühren	Keine
Besonderes	Inklusive Praxissemester
Zulassungsbeschränkungen	Ja, hochschulinterner NC
Bewerbung	Infos unter *http://www.hs-heilbronn.de/743150/03_bewerbung*
Bewerbungsfrist	15. Januar und 15. Juli
Mögliche Studienschwerpunkte	Kultur- und Freizeitmanagement, Sportmanagement

Weiterführende Informationen zum Studienverlauf und zur Studienberatung

Studienberatung
- Dipl.-Betriebswirt Michael Kindel
Tel.: (07940) 1306-240
E-Mail: michael.kindel@hs-heilbronn.de
http://www.hs-heilbronn.de/bk

Wirtschaftsingenieurwesen

Inhaltlich	Sie werden befähigt, den vielseitigen Anforderungen der modernen Unternehmenswelt gewachsen zu sein. Das vermittelte Wissen aus ingenieurwissenschaftlichen Gebieten einerseits sowie aus betriebs-, volks- und rechtswissenschaftlichen Inhalten andererseits bildet die beiden Säulen des integrativen Konzepts.
Abschluss	Bachelor of Engineering (B.Eng.), akkreditiert durch ACQUIN
Regelstudienzeit	7 Semester (210 CP)
Studienbeginn	Sommersemester und Wintersemester
Studiengebühren	Keine
Besonderes	Ein 8-wöchiges Vorpraktikum soll vor Studienbeginn geleistet werden, spätestens bis zu Beginn des 4. Semesters.
Zulassungsbeschränkungen	Ja, hochschulinterner NC
Bewerbung	Infos unter http://www.hs-heilbronn.de/30963/03_bewerbung
Bewerbungsfrist	15. Januar und 15. Juli
Mögliche Studienschwerpunkte	Technischer Einkauf und Technischer Verkauf, Unternehmenssteuerung und Controlling

Weiterführende Informationen zum Studienverlauf und zur Studienberatung

Studienberatung
- Prof. Dr.-Ing. Wolfgang Albrecht

Tel.: (07940) 1306137
Fax: (07940) 1306120
E-Mail: wolfgang.albrecht@hs-heilbronn.de
http://www.hs-heilbronn.de/wi

8 Karlsruhe

Karlsruhe liegt am Rhein unweit der Grenze zu Frankreich und ist mit ca. 290 000 Einwohnern die drittgrößte Stadt in Baden-Württemberg. Karlsruhe ist Sitz von Bundesgerichtshof und Bundesverfassungsgericht. Die Stadt wurde 1715 am Reißbrett geplant. Das Karlsruher Schloss mit Schlossgarten und Schlossplatz bildet das Zentrum, von dem die Straßen fächerförmig wegführen. Karlsruhe gehört zur Spitzengruppe der aktiven Industrieforschungsregionen. Karlsruhe ist mit den Autobahnen A5, A8, A35 und A65 sehr gut mit dem Fernstraßennetz verbunden. Der Karlsruher Hauptbahnhof ist ein wichtiger Knotenpunkt im Schienenverkehr der Deutschen Bahn. Die Stadt hat mit dem Flughafen Karlsruhe/Baden-Baden einen eigenen Regionalflughafen. Die Rheinhäfen Karlsruhe bilden den größten Binnenhafen in Baden-Württemberg. In Karlsruhe gibt es eine Universität, das Karlsruher Institut für Technologie und mehrere Hochschulen.

8.1 Hochschule Karlsruhe, Technik – Wirtschaft

Die Hochschule Karlsruhe geht zurück auf die 1878 gegründete Badische Baugewerkeschule. Mit mehr als 6 500 Studierenden ist sie die größte Fachhochschule in Baden-Württemberg. Die Hochschule unterteilt sich in sechs Fakultäten, an denen technisch-ingenieurwissenschaftliche, Informatik- und Wirtschafts- und bauspezifische Studiengänge angeboten werden.

| Homepage der Hochschule
| http://www.hs-karlsruhe.de/
| Allgemeine Studienberatung
| Tel.: (0721) 925-1071
| E-Mail: studienberatung@hs-karlsruhe.de
| Hochschule Karlsruhe / Service-Center Studium und Lehre
| Moltkestr. 30, R104, 76133 Karlsruhe
| http://www.hs-karlsruhe.de/studieninteressierte/bewerbung-und-beratung/studienberatung/service-center-studium-und-lehre.html

8.1.1 Fakultät für Wirtschaftswissenschaften

An der Fakultät für Wirtschaftswissenschaften werden mehrere Bachelor- und Masterstudiengänge angeboten, die theoretisch fundiert, praxisrelevant und weltoffen sind.

| Homepage des Fachbereichs
| http://www.hs-karlsruhe.de/fakultaeten/w.html
| Hochschule Karlsruhe / Fakultät für Wirtschaftswissenschaften
| Moltkestr. 30, 76133 Karlsruhe

CHE-Hochschulranking
BWL: Im CHE-Ranking 2011 liegt BWL an der Hochschule Karlsruhe in der Beurteilung der Studiensituation insgesamt in der Schlussgruppe.
Wirtschaftsingenieurwesen: Im Ranking 2011 liegt das Fach in der Beurteilung der Studiensituation insgesamt im Mittelfeld. Überdurchschnittlich gut wird der Berufsbezug bewertet.

International Management

Inhaltlich	Der Studiengang öffnet Berufschancen im In- und Ausland. Mögliche Tätigkeitsfelder liegen in Strategie und Planung, Einkauf, Controlling, Marketing, Rechnungswesen und Finanzen, Personal, Logistik, Produkt- und Projektmanagement sowie im Export/Außenhandel und in Unternehmensberatungen.
Abschluss	Bachelor of Science (B.Sc.), akkreditiert durch AQAS
Regelstudienzeit	8 Semester
Studienbeginn	Sommersemester und Wintersemester
Studiengebühren	Keine
Besonderes	• Ein Vorpraktikum von 8 Wochen muss vor Studienbeginn absolviert werden • Inklusive 2 Praxissemester • Ein internationaler Doppelabschluss ist möglich
Zulassungsbeschränkungen	Ja, hochschulinterner NC
Bewerbung	Infos unter *http://www.hs-karlsruhe.de/ studieninteressierte/bewerbung-und-beratung/bewerbungsverfahren.html*
Bewerbungsfrist	15. Januar und 15. Juli
Mögliche Studienschwerpunkte	Verschiedene Schwerpunkte sind möglich.

Weiterführende Informationen zum Studienverlauf und zur Studienberatung

Studienberatung
- Prof. André Wölfle

Tel.: (0721) 925-1928
E-Mail: andre.woelfle@hs-karlsruhe.de
http://www.hs-karlsruhe.de/fakultaeten/wirtschaftswissenschaften/bachelorstudiengaenge/international-management.html

Wirtschaftsingenieurwesen

Inhaltlich	Studienziel ist ein berufsqualifizierender Abschluss, der Sie befähigt, in der Unternehmenspraxis ein breit gefächertes Spektrum anspruchsvoller Aufgabenstellungen abdecken zu können, flexibel und integrativ die technische und kaufmännische Sichtweise im Sinne einer ganzheitlichen Problemlösung einbringen zu können, auf der Basis solider wissenschaftlicher Grundlagen lebenslang lernen zu können.
Abschluss	Bachelor of Science (B.Sc.), akkreditiert durch AQAS
Regelstudienzeit	8 Semester
Studienbeginn	Sommersemester und Wintersemester

Studiengebühren	Keine
Besonderes	• Ein Vorpraktikum von 8 Wochen muss vor Studienbeginn absolviert werden • Inklusive Praxissemester
Zulassungsbeschränkungen	Ja, hochschulinterner NC
Bewerbung	Infos unter *http://www.hs-karlsruhe.de/ studieninteressierte/bewerbung-und-beratung/bewerbungsverfahren.html*
Bewerbungsfrist	15. Januar und 15. Juli
Mögliche Studienschwerpunkte	Dienstleistung, Produktion und Organisation, Vertriebsingenieurwesen

Weiterführende Informationen zum Studienverlauf und zur Studienberatung
Studienberatung
▪ Prof. Dr.-Ing. Rainer Griesbaum
Tel.: (0721) 925-1958
E-Mail: rainer.griesbaum@hs-karlsruhe.de
http://www.hs-karlsruhe.de/fakultaeten/wirtschaftswissenschaften/
bachelorstudiengaenge/wirtschaftsingenieurwesen.html

8.2 Karlshochschule International University

Die private Karlshochschule International University wurde 2004 als Business School gegründet. An ihr sind ca. 350 Studierende eingeschrieben.

Homepage der Universität
http://karlshochschule.de/de/
Allgemeine Studienberatung
Tel.: (0721) 1303-500
Fax: (0721) 1303-300
E-Mail: info@karlshochschule.de
Karlshochschule / International University
Karlstraße 36-38, 76133 Karlsruhe
http://karlshochschule.de/de/kontakt/

8.2.1 Fachbereich

An der Karlshochschule gibt es keine separaten Fachbereiche.

CHE-Hochschulranking
BWL: Im CHE-Ranking 2011 liegt BWL an der Karlshochschule in der Beurteilung der Studiensituation insgesamt in der Spitzengruppe. Alle Kriterien werden überdurchschnittlich gut beurteilt, nämlich Betreuung durch Lehrende, Lehrangebot, Studierbarkeit, Praxisbezug, Berufsbezug, Einbeziehung in Lehrevaluation, E-Learning, Bibliotheksausstattung, Räume, IT-Infrastruktur und Unterstützung für Auslandsstudium.

International Business

Inhaltlich	Sie erwerben die Grundlagen, um sich sicher auf dem globalen Wirtschaftsparkett bewegen zu können. Der Mix aus VWL, BWL und quantitativen Methoden macht es möglich. Nach dem Studium stehen Ihnen Fach- und Führungspositionen in Bereichen wie Accounting, Finance, Operations oder Logistics offen. Im Studium wird besonderer Wert auf das kritische Hinterfragen weltwirtschaftlicher Zusammenhänge gelegt.
Abschluss	Bachelor of Arts (B.A.), akkreditiert durch FIBAA
Regelstudienzeit	6 Semester
Studienbeginn	Wintersemester
Studiengebühren	630 Euro pro Monat
Besonderes	• Inklusive Praxissemester und Auslandssemester • Englisch ist Unterrichtssprache, eine weitere Fremdsprache wie Arabisch oder Chinesisch ist Pflichtbestandteil
Zulassungsbeschränkungen	Ja, hochschulinterner NC
Bewerbung	Online über *http://karlshochschule.de/de/ja-ich-will/*
Bewerbungsfrist	Keine
Mögliche Studienschwerpunkte	Interkulturelle Kompetenz, Internationales Marketing, Management, Praxis, Sprachen, Strategisches Marketing, Unternehmensprojekte

Weiterführende Informationen zum Studienverlauf und zur Studienberatung

Studienberatung
Tel.: (0721) 1303-500
Fax: (0721) 1303-300
E-Mail: info@karlshochschule.de
http://karlshochschule.de/de/mein-studium/international-business/

9 Konstanz

Konstanz hat ca. 80 000 Einwohner und liegt am Ausfluss des Rheins aus dem Bodensee unmittelbar an der Grenze zur Schweiz. Die attraktive Lage am Bodensee und das milde Klima machen Konstanz zu einem touristischen Anziehungspunkt. Die Blumeninsel Mainau wird jährlich von mehr als einer Million Touristen besucht.

Neben dem Tourismus sind Tagungen und Kongresse ein wichtiger Wirtschaftsfaktor. Daneben gibt es viele weitere Unternehmen in verschiedenen Branchen, darunter auch einige Niederlassungen schweizerischer Unternehmen. Konstanz ist über die Bundesstraße 31 mit dem deutschen und schweizerischen Autobahnnetz verbunden. Eine Autofähre verbindet Konstanz mit dem nördlichen Seeufer. Wegen seiner Grenzlage ist Konstanz ein Endpunkt im Schienennetz von Deutscher Bahn und Schweizer Bundesbahn mit Fernverbindungen nach Hamburg und Richtung Stuttgart und Zürich. Der nächste Flughafen liegt ca. 30 km entfernt in Friedrichshafen.

Konstanz ist die südlichste deutsche Universitätsstadt. Die Universität Konstanz gehört zu den im Rahmen der Exzellenzinitiative geförderten Universitäten. Konstanz ist außerdem Sitz einer Fachhochschule.

9.1 Hochschule Konstanz – Technik, Wirtschaft und Gestaltung

Die Hochschule Konstanz geht zurück auf das 1906 gegründete Technikum Konstanz. Die Gebäude der Hochschule liegen unmittelbar am Rhein. An der Hochschule gibt es sechs Fakultäten, ca. 3 500 Studierende sind eingeschrieben.

Homepage der Hochschule
http://www.htwg-konstanz.de/
Allgemeine Studienberatung
- Alina Wolf
Tel.: (07531) 206-105
Fax: (07531) 20687-105
E-Mail: zsb@htwg-konstanz.de
Hochschule Konstanz – Technik, Wirtschaft und Gestaltung / Zentrale Studienberatung
Brauneggerstr. 55, Raum A 025a, 78462 Konstanz
http://www.htwg-konstanz.de/Studienberatung.133.0.html

9.1.1 Fakultät Wirtschafts- und Sozialwissenschaften

Zur Fakultät Wirtschafts- und Sozialwissenschaften gehört auch der Bereich Wirtschaftssprachen Asien.

Homepage des Fachbereichs
http://www.htwg-konstanz.de/Wirtschafts-und-Sozialwissens.61.0.html
Hochschule Konstanz / Fakultät Wirtschafts- und Sozialwissenschaften
Brauneggerstr. 55, 78462 Konstanz

CHE-Hochschulranking
BWL: Im CHE-Ranking 2011 liegt BWL an der Fakultät Wirtschafts- und Sozialwissenschaften in der Beurteilung der Studiensituation insgesamt im Mittelfeld.
Wirtschaftsingenieurwesen: Im CHE-Ranking 2011 liegt der Studiengang mit der Fachrichtung Maschinenbau in der Beurteilung der Studiensituation insgesamt im Mittelfeld. Für eine Bewertung der Fachrichtung Bau und Elektro- und Informationstechnik liegen zu wenige Antworten vor.

Betriebswirtschaftslehre

Inhaltlich	Der anwendungsorientierte Studiengang versetzt Sie in die Lage, in grundsätzlich allen Typen (private/öffentliche, profitorientierte/nicht-profitorientierte) und Größen von Organisationen und in einem weiten Spektrum von Aufgabenbereichen (Marketing, Rechnungswesen, Controlling, Personalwesen, Logistik Finanzierung, Consulting) zu arbeiten und effektive Beiträge zum Organisationsziel zu leisten. Sie erwerben ein breites, aufgabenorientiertes Wirtschafts- und Managementwissen, das auch Wirtschaftsethik, Projektmanagement sowie die Fähigkeit zum Konfliktmanagement und zur Präsentation und Kommunikation nicht nur in Ihrer Muttersprache umfasst.
Abschluss	Bachelor of Arts (B.A.), akkreditiert durch ZEvA
Regelstudienzeit	7 Semester
Studienbeginn	Sommersemester und Wintersemester
Studiengebühren	Keine
Besonderes	Inklusive Praxissemester
Zulassungsbeschränkungen	Ja, hochschulinternes Auswahlverfahren
Bewerbung	Online über http://www.htwg-konstanz.de/Bewerbung.673.0.html
Bewerbungsfrist	15. Mai und 15. November
Mögliche Studienschwerpunkte	(Internationales) Management, (Internationale) Rechnungslegung und Controlling, Logistik, Marketing, Personal und Organisation, Projektmanagement, Strategische Unternehmensplanung, Supply Chain Management, Wirtschaftsethik.

Weiterführende Informationen zum Studienverlauf und zur Studienberatung

Studienberatung
- Dipl.-Verw.-Wiss. Sabine Bethge

Tel.: (07531) 206-425
E-Mail: bethge@htwg-konstanz.de
http://www.htwg-konstanz.de/index.php?id=37index.html

Wirtschaftsingenieurwesen Bau

Inhaltlich	Der Studiengang ist an der Fakultät Bauingenieurwesen angesiedelt und besteht zu je 50 % aus technischen und betriebswirtschaftlichen Fächern. Damit sind Wirtschaftsingenieure Bau in der Lage, in fachlich ineinandergreifenden Berufsfeldern hoch qualifizierte Aufgabenbereiche zu übernehmen.
Abschluss	Bachelor of Engineering (B.Eng.), akkreditiert durch ZEvA
Regelstudienzeit	7 Semester (210 CP)
Studienbeginn	Sommersemester und Wintersemester
Studiengebühren	Keine
Besonderes	• 8 Wochen Vorpraktikum werden vorausgesetzt • Ein freiwilliger Vorkurs in Mathematik wird angeboten • Inklusive Praxissemester
Zulassungsbeschränkungen	Ja, hochschulinterner NC
Bewerbung	Infos unter http://www.htwg-konstanz.de/Unterlagen.858.0.html?&MP=851-859
Bewerbungsfrist	15. Januar und 15. Juli
Mögliche Studienschwerpunkte	Verschiedene Schwerpunkte sind möglich.

Weiterführende Informationen zum Studienverlauf und zur Studienberatung

Studienberatung
- Prof. Dr.-Ing. Wolfgang Francke
Tel.: (07531) 206-217
E-Mail: francke@htwg-konstanz.de
http://www.htwg-konstanz.de/Wirtschaftsingenieurwesen-Bau.46.0.html

Wirtschaftsingenieurwesen Elektro- und Informationstechnik

Inhaltlich	Der Studiengang ist an der Fakultät Elektrotechnik und Informationstechnik angesiedelt. Der Bachelorstudiengang ist am Leitbild eines Ingenieurunternehmers (Entrepreneur und Intrapreneur) ausgerichtet. Sie erwerben Kompetenzen, um die verschiedenen Technologiebereiche zusammenzuführen, funktionale Aspekte und Software-/Service-Komponenten von Produkten zu integrieren und dieses in einem adäquaten Geschäftsmodell abzubilden. Dazu wird gezielt die Fähigkeit zum systemischen vernetzten Denken gefördert.
Abschluss	Bachelor of Engineering (B.Eng.), akkreditiert durch ZEvA
Regelstudienzeit	7 Semester

Studienbeginn	Wintersemester
Studiengebühren	Keine
Besonderes	Inklusive Praxissemester
Zulassungsbeschränkungen	Ja, hochschulinterner NC
Bewerbung	Infos unter http://www.htwg-konstanz.de/Bewerbung.1859.0.html
Bewerbungsfrist	15. Juli
Mögliche Studienschwerpunkte	Verschiedene Schwerpunkte sind möglich.

Weiterführende Informationen zum Studienverlauf und zur Studienberatung

Studienberatung
- Prof. Dr. Richard Leiner
Tel.: (07531) 206-244
E-Mail: leiner@htwg-konstanz.de
http://www.htwg-konstanz.de/Wirtschaftsingenieurwesen-Elek.eiw.0.html

Wirtschaftsingenieurwesen Maschinenbau

Inhaltlich	Der Studiengang ist an der Fakultät Maschinenbau angesiedelt. Wirtschaftsingenieure/-innen Maschinenbau haben den Überblick: Sie planen, gestalten, organisieren und realisieren Arbeits- und Geschäftsprozesse in der Industrie ebenso wie in Ingenieurbüros oder auch im Handel, in Unternehmensberatungen oder Dienstleistungsunternehmen. Die Studieninhalte kommen zu gleichen Teilen aus den Bereichen Technik und Wirtschaft und verbinden Theorie und Praxis.
Abschluss	Bachelor of Engineering (B.Eng.), akkreditiert durch ZEvA
Regelstudienzeit	7 Semester
Studienbeginn	Sommersemester und Wintersemester
Studiengebühren	Keine
Besonderes	• Ein 8-wöchiges Vorpraktikum wird vorausgesetzt, davon 4 Wochen in einem betriebswirtschaftlichen und 4 Wochen in einem technischen Bereich • Inklusive Praxissemester
Zulassungsbeschränkungen	Jeweils 40 Studienplätze
Bewerbung	Infos unter http://www.htwg-konstanz.de/Bewerbung.501.0.html
Bewerbungsfrist	15. Januar und 15. Juli
Mögliche Studienschwerpunkte	Betriebswirtschaftslehre, Maschinenbau Produktion

Weiterführende Informationen zum Studienverlauf und zur Studienberatung
Studienberatung
- Susanne Högemann
Tel.: (07531) 206-386
Fax: (07531) 206-450
E-Mail: hoegemann@htwg-konstanz.de
http://www.htwg-konstanz.de/Wirtschaftsingenieurwesen-Masc.44.0.html

10 Mannheim

Mannheim liegt an der Mündung des Neckars in den Rhein. Die Stadt hat ca. 310 000 Einwohner und ist damit die zweitgrößte Stadt in Baden-Württemberg. Kurfürst Fridrich IV. von der Pfalz sorgte dafür, dass die Innenstadt gitterförmig in Quadraten angelegt wurde. Die Straßen der Innenstadt tragen deshalb keine Namen, sondern werden als Mannheimer Quadrate mit Buchstaben und Ziffern gekennzeichnet.

Um das Jahr 1900 galt Mannheim als führender Finanzplatz. Heute haben dort noch immer viele Versicherungsunternehmen ihren Sitz. Im Dienstleistungssektor sind die meisten Erwerbstätigen der Stadt beschäftigt. Es gibt jedoch zahlreiche Unternehmen der Chemie-, Elektro- und Maschinenbau- und Metallindustrie.

Der Ballungsraum Mannheim und Ludwigshafen ist als Verkehrsknotenpunkt von einem Autobahnring mit mehreren Autobahnkreuzen umgeben. Auch im Schienenverkehr ist Mannheim ein wichtiger Verkehrsknoten mit zahlreichen ICE- und IC/EC-Verbindungen. In der Stadt liegt der City-Airport Mannheim.

Neben der Universität Mannheim gibt es mehrere Hochschulen und Akademien in der Stadt.

10.1 Hochschule Mannheim

Die Hochschule Mannheim ging aus der 1898 gegründeten Ingenieurschule hervor. Alle Einrichtungen sind an einem Campus angesiedelt. An der Hochschule gibt es acht Fachbereiche. Ca. 4 500 Studierende sind eingeschrieben.

Homepage der Hochschule
http://www.hs-mannheim.de/
Allgemeine Studienberatung
Tel.: (0621) 292-6111
Fax: (0621) 292-6420
E-Mail: studienberatung@hs-mannheim.de
Hochschule Mannheim
Paul-Wittsack-Straße 10, 68163 Mannheim
http://www.hs-mannheim.de/bewerb/bewerber.html

10.1.1 Fakultät für Wirtschaftsingenieurwesen

An der Fakultät für Wirtschaftsingenieurwesen werden mehrere Bachelor- und Masterstudiengänge angeboten.

| Homepage des Fachbereichs
| http://www.wing.hs-mannheim.de/fbw/default.htm
| Hochschule Mannheim / Fakultät für Wirtschaftsingenieurwesen
| Paul-Wittsack-Straße 10, 68163 Mannheim

CHE-Hochschulranking

Wirtschaftsingenieurwesen: Das Fach Wirtschaftsingenieurwesen an der Hochschule Mannheim liegt im CHE-Ranking 2011 in der Beurteilung der Studiensituation insgesamt in der Spitzengruppe. Überdurchschnittlich gut werden die Kriterien Betreuung durch Lehrende, Studierbarkeit, Praxisbezug, Berufsbezug, Bibliotheksausstattung, Räume, Laborausstattung und IT-Infrastruktur beurteilt.

Wirtschaftsingenieurwesen

Inhaltlich	Das Studium ist interdisziplinär und praxisorientiert. In jedem Semester ist eine Kombination von naturwissenschaftlichen, technischen, betriebswirtschaftlichen und juristischen Fächern vorgesehen.
Abschluss	Bachelor of Science (B.Sc.), akkreditiert durch ASIIN
Regelstudienzeit	7 Semester
Studienbeginn	Sommersemester und Wintersemester
Studiengebühren	Keine
Besonderes	• Ein Vorpraktikum wird empfohlen • Der Studiengang umfasst ein Praxissemester in einem Unternehmen
Zulassungsbeschränkungen	Ja, hochschulinterner NC
Bewerbung	Online über *http://www.hs-mannheim.de/bewerb/wie_wann.html*
Bewerbungsfrist	15. Januar und 15. Juli
Mögliche Studienschwerpunkte	Arbeitswissenschaft, Bilanzierung, Controlling, Datenverarbeitung, Energie- und Umwelttechnik, Energiewirtschaft, Fertigungstechnik, Finanzierung, Fremdsprachen, Informatik, Investition, Kostenrechnung, Logistik, Marketing, Produktionsplanung, Projektmanagement, Recht, Unternehmensplanung

Weiterführende Informationen zum Studienverlauf und zur Studienberatung
Studienberatung
- Prof. Dr. rer. pol. Matthias Klimmer
Tel.: (0621) 292-6151
Fax: (0621) 292-6453
E-Mail: m.klimmer@hs-mannheim.de
http://www.hs-mannheim.de/studium/Fb_W/wirtschaftsing.html

11 Nürtingen

Nürtingen hat ca. 40 000 Einwohner und liegt im Vorland der Schwäbischen Alb ca. 19 km von Stuttgart entfernt. Nürtingen war lange Zeit als Stadt der Strickwaren bekannt, inzwischen hat der Maschinenbau die größte wirtschaftliche Bedeutung. Nürtingen liegt in der Nähe der Autobahn A8. Im Schienenverkehr der Deutschen Bahn ist Nürtingen Haltestelle an der IC-Verbindung Düsseldorf–Tübingen. Im regionalen Schienenverkehr gibt es zahlreiche Verbindungen. Der Flughafen Stuttgart ist ca. 15 km entfernt.

In Nürtingen gibt es neben der Hochschule für Wirtschaft und Umwelt noch eine Kunsthochschule.

11.1 Hochschule für Wirtschaft und Umwelt Nürtingen-Geislingen (HfWU)

Die Hochschule für Wirtschaft und Umwelt Nürtingen-Geislingen ging aus der 1949 gegründeten Landbauschule hervor. Die Hochschule hat zwei Standorte in Nürtingen und einen Standort in Geislingen. An den fünf Fakultäten der Hochschule sind ca. 4 000 Studierende eingeschrieben.

Homepage der Hochschule
http://www.hfwu.de/
Allgemeine Studienberatung
Tel.: (07022) 201-347
E-Mail: studierendensekretariat@hfwu.de
Hochschule für Wirtschaft und Umwelt Nürtingen-Geislingen / Studierendensekretariat
Neckarsteige 6–10, 72622 Nürtingen
http://www.hfwu.de/deutsch/zg/studieninteressierte/studienberatung.html

11.1.1 Fakultät I

Die Fakultät I ist in Nürtingen angesiedelt und bietet mehrere Bachelor- und Masterstudiengänge an. Zur Fakultät gehört auch die European School of Finance.

| Homepage des Fachbereichs
| http://www.hfwu.de/de/fakultaet-i/fakultaet1/
| Hochschule für Wirtschaft und Umwelt Nürtingen-Geislingen / Fakultät I
| Neckarsteige 6–10, 72622 Nürtingen

CHE-Hochschulranking

BWL: Im CHE-Ranking 2011 liegt BWL an der HfWU in der Beurteilung der Studiensituation insgesamt in der Spitzengruppe. Überdurchschnittlich gut werden die Kriterien Betreuung durch Lehrende, Lehrangebot, Studierbarkeit, Praxisbezug, Berufsbezug, Einbeziehung in Lehrevaluation, Bibliotheksausstattung und Unterstützung für Auslandsstudium beurteilt.

Betriebswirtschaft

Inhaltlich	Im Grundlagenstudium lernen Sie alle wichtigen Bereiche der Betriebswirtschaft kennen und können so Ihre Interessen und Begabungen identifizieren. Im darauf aufbauenden Vertiefungsstudium (Semester 6, 7) können Sie aus sieben Programmen zahlreiche Module auswählen und werden in kleinen Gruppen zu Spezialisten ausgebildet.
Abschluss	Bachelor of Science (B.Sc.), akkreditiert durch FIBAA
Regelstudienzeit	7 Semester
Studienbeginn	Sommersemester und Wintersemester
Studiengebühren	Keine
Besonderes	• Freiwillige Teilnahme an einem hochschulinternen Auswahlverfahren ist möglich • Inklusive Praxissemester
Zulassungsbeschränkungen	Ja, hochschulinterner NC
Bewerbung	Online über *http://www.hfwu.de/index.php?id=9550*
Bewerbungsfrist	15. Januar und 15. Juli
Mögliche Studienschwerpunkte	Controlling & Finanzen, Finanzdienstleistungen, Industrie/Handel/Logistik, International Business and Management, Marketing, Steuerberatung/–Wirtschaftsprüfung, Unternehmensführung

Weiterführende Informationen zum Studienverlauf und zur Studienberatung
Studienberatung
- Dipl.-Psych. Christiane Fitzke
Tel.: (07022) 929-233, 201-330
E-Mail: bwnhfwu.de
http://www.hfwu.de/de/fakultaet-i/betriebswirtschaft-nuertingen/

Internationales Finanzmanagement

Inhaltlich	Der international ausgerichtete Bachelorstudiengang trägt den aktuellen Entwicklungen an den globalen Finanzmärkten und den sich wandelnden Bedürfnissen der finanzwirtschaftlichen Berufswelt in den Unternehmen Rechnung und wird der verstärkten Forderung nach Internationalisierung der Hochschulen gerecht. Er eröffnet Perspektiven für ein aufbauendes Masterstudium an Hochschulen im In- oder Ausland.
Abschluss	Bachelor of Science (B.Sc.), akkreditiert durch ACQUIN
Regelstudienzeit	7 Semester
Studienbeginn	Sommersemester und Wintersemester
Studiengebühren	Keine
Besonderes	• Freiwillige Teilnahme an einem hochschulinternen Auswahlverfahren ist möglich • Inklusive Praxissemester
Zulassungsbeschränkungen	Ja, hochschulinterner NC
Bewerbung	Online über *http://www.hfwu.de/index.php?id=9550*
Bewerbungsfrist	15. Januar und 15. Juli
Mögliche Studienschwerpunkte	Assetklasse Real Estate, Bankwirtschaft, Controlling und Rechnungslegung, Corporate Finance, Global Governance, Interkulturelles Management und Kommunikation, Risikomanagement, Wertpapiermanagement

Weiterführende Informationen zum Studienverlauf und zur Studienberatung
Studienberatung
- Dr. Kurt M. Maier
Tel.: (07022) 929-228
E-Mail: kurt.maier@hfwu.de
http://www.hfwu.de/de/fakultaet-i/internationales-finanzmanagement-bachelor.html

11.1.2 Fakultät II

Die Fakultät II ist in Nürtingen angesiedelt und bietet mehrere Bachelor- und Masterstudiengänge an.

> Homepage des Fachbereichs
> http://www.hfwu.de/deutsch/fakultaet-ii/fakultaet-ii/
> Hochschule für Wirtschaft und Umwelt Nürtingen-Geislingen / Fakultät II
> Neckarsteige 6–10, 72622 Nürtingen

CHE-Hochschulranking

VWL: Im Ranking 2011 liegen keine Ergebnisse für das Fach an der HfWU vor.

Volkswirtschaftslehre

Inhaltlich	Das VWL-Studium in Nürtingen ist praxisorientiert: Sie werden zum Umsetzen ökonomischen Denkens in praktisches Handeln befähigt.
Abschluss	Bachelor of Science (B.Sc.), akkreditiert durch FIBAA
Regelstudienzeit	7 Semester
Studienbeginn	Sommersemester und Wintersemester
Studiengebühren	Keine
Besonderes	• Freiwillige Teilnahme an einem hochschulinternen Auswahlverfahren ist möglich • Inklusive Praxissemester
Zulassungsbeschränkungen	Ja, hochschulinterner NC
Bewerbung	Online über *http://www.hfwu.de/index.php?id=9550*
Bewerbungsfrist	15. Januar und 15. Juli
Mögliche Studienschwerpunkte	Betriebswirtschaftslehre, Empirische Wirtschaftsforschung, Systemische Handlungskompetenz (Arbeiten und Handeln), Volkswirtschaftslehre

Weiterführende Informationen zum Studienverlauf und zur Studienberatung

Studienberatung
- Prof. Dr. Margot Körber-Weik

Tel.: (07022) 201-480
Fax: (07022) 201-303
E-Mail: margot.koerber-weik@hfwu.de
http://www.hfwu.de/deutsch/fakultaet-ii/volkswirtschaft.html

12 Pforzheim

Pforzheim hat ca. 98 000 Einwohner und liegt am Nordrand des Schwarzwalds ca. 25 km südöstlich von Karlsruhe. Die Stadt war bereits in römischer Zeit besiedelt. Pforzheim ist eine der Städte mit der höchsten Industriedichte des Bundeslandes. In der Stadt gibt es vier große Gewerbegebiete. In Pforzheim wird vor allem Schmuck produziert, aber auch Metallverarbeitung, Elektronik und Elektrotechnik und der Versandhandel spielen eine Rolle. Nördlich der Stadt verläuft die Autobahn A8. Im Schienenverkehr der Deutschen Bahn ist die Stadt an das IC/EC-Netz angebunden und Haltepunkt vieler regionaler Verbindungen. Der internationale Flughafen Stuttgart liegt ca. 50 km entfernt. Pforzheim ist Sitz einer staatlichen Hochschule.

12.1 Hochschule Pforzheim – Gestaltung, Technik, Wirtschaft und Recht

Die Hochschule Pforzheim geht zurück auf die 1877 gegründete Kunstgewerbeschule und die 1963 entstandene Höhere Wirtschaftsfachschule. Die Hochschule belegt in zahlreichen Rankings Spitzenplätze. Die Hochschule verteilt sich auf vier Standorte in Pforzheim und ist in vier Fakultäten gegliedert. An der Hochschule sind ca. 4 600 Studierende eingeschrieben.

> **Homepage der Hochschule**
> http://www.hs-pforzheim.de/
> **Allgemeine Studienberatung**
> Tel.: (07231) 28-6940
> Fax: (07231) 28-6666
> E-Mail: studicenter@hs-pforzheim.de
> **Hochschule Pforzheim**
> Tiefenbronner Straße 65, 75175 Pforzheim
> http://www.hs-pforzheim.de/De-de/Hochschule/Verwaltung/Studentensekretariat/
> Interessenten/Seiten/Ihre-Bewerbung.aspx

12.1.1 Fakultät für Wirtschaft und Recht

Die Fakultät blickt auf eine über 40-jährige Tradition zurück mit insgesamt mehr als 12 000 Absolventinnen und Absolventen. Die Fakultät bietet betriebswirtschaftliche Studiengänge mit verschiedenen Schwerpunkten an. Alle Bachelorstudiengänge bauen auf einer breiten betriebswirtschaftlichen Basisausbildung auf. Die Kombination von akademischer Fundierung und Praxisbezug bereitet auf alle Funktionen im Berufsalltag vor. Zurzeit sind ca. 2 800 Studierende an der Fakultät eingeschrieben.

Die Fakultät bietet einen freiwilligen Studierfähigkeitstest für die wirtschaftswissenschaftlichen Studiengänge an, der die Chancen im Aufnahmeverfahren verbessern kann.

Studierfähigkeitstest
http://www.hs-pforzheim.de/de-de/hochschule/verwaltung/studentensekretariat/interessenten/stuftest/seiten/inhaltseite.aspx
Homepage des Fachbereichs
http://www.hs-pforzheim.de/de-de/Wirtschaft-und-Recht/Seiten/Bereich.aspx
Hochschule Pforzheim / Fakultät für Wirtschaft und Recht
Tiefenbronner Straße 65, 75175 Pforzheim

CHE-Hochschulranking

BWL: Im CHE-Ranking 2011 liegt BWL an der Fakultät für Wirtschaft und Recht in der Beurteilung der Studiensituation insgesamt in der Spitzengruppe. Überdurchschnittlich gut werden die Kriterien Praxisbezug, Berufsbezug und E-Learning beurteilt.

Betriebswirtschaft / Controlling, Finanz- und Rechnungswesen

Inhaltlich	Sie werden zu betriebswirtschaftlichen Begleitern des Managements ausgebildet. Qualitativ hochwertige Ausbildung, das gute Betreuungsverhältnis und der starke Praxisbezug sind die Vorteile des Studiengangs.
Abschluss	Bachelor of Science (B.Sc.), akkreditiert durch AQAS
Regelstudienzeit	7 Semester
Studienbeginn	Sommersemester und Wintersemester
Studiengebühren	Keine
Besonderes	Praxissemester im 5. Studiensemester
Zulassungsbeschränkungen	Ja, hochschulinterner NC
Bewerbung	Online über http://www.hs-pforzheim.de/De-de/Hochschule/Verwaltung/Studentensekretariat/Interessenten/Seiten/Ihre-Bewerbung.aspx
Bewerbungsfrist	15. Januar und 15. Juli
Mögliche Studienschwerpunkte	Bilanzierung inkl. Konzern- und int. Rechnungslegung, Kostenrechnung einschließlich moderner Verfahren, Planungsrechnung

Weiterführende Informationen zum Studienverlauf und zur Studienberatung

Studienberatung
- Brita Kroslid
Tel.: (07231) 28-6306
Fax: (07231) 28-6100
E-Mail: brita.kroslid@hs-pforzheim.de
http://www.hs-pforzheim.de/De-de/Wirtschaft-und-Recht/Bachelor/Controlling/Seiten/Inhaltseite.aspx

Betriebswirtschaft/Einkauf und Logistik

Inhaltlich	Konzentration auf Kernkompetenzen, Produktionsverlagerungen über nationale Grenzen hinweg, Beschaffung über den weltweiten Lieferantenmarkt, Distribution mit international operierenden Logistikdienstleistern – diese Strategien bieten Potenziale zur Erreichung von Kosteneffizienz in Einkauf, Produktion und Absatz. Die Erschließung dieser Potenziale ist das Ziel des Studiengangs.
Abschluss	Bachelor of Science (B.Sc.), akkreditiert durch AQAS
Regelstudienzeit	7 Semester
Studienbeginn	Sommersemester und Wintersemester
Studiengebühren	Keine
Besonderes	Inklusive Praxissemester
Zulassungsbeschränkungen	• Ja, hochschulinterner NC • 37 Studienplätze im Wintersemester • 23 Studienplätze im Sommersemester
Bewerbung	Online über http://www.hs-pforzheim.de/De-de/Hochschule/Verwaltung/Studentensekretariat/Interessenten/Seiten/Ihre-Bewerbung.aspx
Bewerbungsfrist	15. Januar und 15. Juli
Mögliche Studienschwerpunkte	Beschaffungsmanagement, Distributionslogistik, Logistisches Prozessmanagement

Weiterführende Informationen zum Studienverlauf und zur Studienberatung

Studienberatung
- Sabine Lipinski
Tel.: (07231) 28-6096
Fax: (07231) 28-6190
E-Mail: sabine.lipinski@hs-pforzheim.de
http://www.hs-pforzheim.de/DE-DE/WIRTSCHAFT-UND-RECHT/BACHELOR/EINKAUF-LOGISTIK/Seiten/Inhaltseite.aspx

Betriebswirtschaft/International Marketing

Inhaltlich	Der Studiengang bietet Ihnen eine kompakte berufsqualifizierende und kaufmännische Hochschulausbildung mit einer starken Spezialisierung im Bereich des Internationalen Marketing.
Abschluss	Bachelor of Science (B.Sc.), akkreditiert durch AQAS
Regelstudienzeit	7 Semester
Studienbeginn	Wintersemester
Studiengebühren	Keine

Besonderes	• Sie studieren 3 Semester an einer der Partneruniversitäten in Mexiko, Frankreich, Indonesien oder Peru und erlangen einen Doppelabschluss • Inklusive Praxissemester
Zulassungsbeschränkungen	Ja, hochschulinterner NC
Bewerbung	Online *über http://www.hs-pforzheim.de/De-de/Hochschule/Verwaltung/Studentensekretariat/Interessenten/Seiten/Ihre-Bewerbung.aspx*
Bewerbungsfrist	15. Juli
Mögliche Studienschwerpunkte	Marketinginstrumente, Marketingmanagement, Marktforschung

Weiterführende Informationen zum Studienverlauf und zur Studienberatung

Studienberatung
- Verena Eisemann

Tel.: (07231) 28-6364
Fax: (07231) 28-6666
E-Mail: verena.eisemann@hs-pforzheim.de
http://www.hs-pforzheim.de/De-de/Wirtschaft-und-Recht/Bachelor/International-Marketing/Seiten/Inhaltseite.aspx

Betriebswirtschaft / Marketing

Inhaltlich	Marketing ist die systematische Ausrichtung aller Unternehmensfunktionen an den Bedürfnissen der Abnehmer (Kundenorientierung). Sie erwerben eine fundierte wirtschaftswissenschaftliche Ausbildung mit einer breiten, praxisnahen Vertiefung im Bereich Marketing.
Abschluss	Bachelor of Science (B.Sc.), akkreditiert durch AQAS
Regelstudienzeit	7 Semester
Studienbeginn	Sommersemester und Wintersemester
Studiengebühren	Keine
Besonderes	Inklusive Praxissemester
Zulassungsbeschränkungen	Ja, hochschulinterner NC
Bewerbung	Online über *http://www.hs-pforzheim.de/De-de/Hochschule/Verwaltung/Studentensekretariat/Interessenten/Seiten/Ihre-Bewerbung.aspx*
Bewerbungsfrist	15. Januar und 15. Juli
Mögliche Studienschwerpunkte	Informations- und Kommunikationstechnologien im Marketing, Marketinginstrumentarium, Marketing-Management

Weiterführende Informationen zum Studienverlauf und zur Studienberatung

Studienberatung
- Gudrun Hesselschwerdt

Tel.: (07231) 28-6075
Fax: (07231) 28-6070
E-Mail: gudrun.hesselschwerdt@hs-pforzheim.de
http://www.hs-pforzheim.de/De-de/Wirtschaft-und-Recht/Bachelor/Marketing/Seiten/Inhaltseite.aspx

Betriebswirtschaft/Markt- und Kommunikationsforschung (Marktforschnung)

Inhaltlich	Strategisches Marketing setzt psychologisches Verständnis der Verbraucher voraus. Produkte, Dienstleistungen oder Kommunikationsangebote können nur erfolgreich sein, wenn sie Verbraucherbedürfnisse erfüllen. Sie werden systematisch und praxisnah dafür ausgebildet.
Abschluss	Bachelor of Science (B.Sc.), akkreditiert durch AQAS
Regelstudienzeit	7 Semester
Studienbeginn	Sommersemester und Wintersemester
Studiengebühren	Keine
Besonderes	Gute Englischkenntnisse sind unbedingt erforderlich.
Zulassungsbeschränkungen	Ja, hochschulinterner NC
Bewerbung	Online über http://www.hs-pforzheim.de/De-de/Hochschule/Verwaltung/Studentensekretariat/Interessenten/Seiten/Ihre-Bewerbung.aspx
Bewerbungsfrist	15. Januar und 15. Juli
Mögliche Studienschwerpunkte	Auswertungsmethoden, Erhebungsmethoden, Kommunikationsforschung, Konsumentenverhalten, Marktforschung, Markt- und Werbepsychologie

Weiterführende Informationen zum Studienverlauf und zur Studienberatung

Studienberatung
- Gudrun Hesselschwerdt

Tel.: (07231) 28-6075
Fax: (07231) 28-6070
E-Mail: gudrun.hesselschwerdt@hs-pforzheim.de
http://www.hs-pforzheim.de/De-de/Wirtschaft-und-Recht/Bachelor/Marktforschung/Seiten/Inhaltseite.aspx

Betriebswirtschaft/Personalmanagement

Inhaltlich	Neben ausführlichen Grundlagenveranstaltungen zu allen Themen des Personalmanagements und des Arbeitsrechts werden zahlreiche Vertiefungsseminare angeboten.
Abschluss	Bachelor of Science (B.Sc.), akkreditiert durch AQAS
Regelstudienzeit	7 Semester
Studienbeginn	Sommersemester und Wintersemester
Studiengebühren	Keine
Besonderes	Inklusive Praxissemester im 5. Studiensemester
Zulassungsbeschränkungen	Ja, hochschulinterner NC
Bewerbung	Online über http://www.hs-pforzheim.de/De-de/Hochschule/Verwaltung/Studentensekretariat/Interessenten/Seiten/Ihre-Bewerbung.aspx
Bewerbungsfrist	15. Januar und 15. Juli
Mögliche Studienschwerpunkte	Arbeitsrecht, Grundlagen des Personalmanagements, Personalbeschaffung, -einsatz und -freisetzung, Personal- und Organisationsentwicklung, Trainingsseminare und Projekte, Vertiefungsseminare

Weiterführende Informationen zum Studienverlauf und zur Studienberatung

Studienberatung
- Tanja Kirschler
Tel.: (07231) 28-6105
Fax: (07231) 28-7105
E-Mail: personalmanagement@hs-pforzheim.de
http://www.hs-pforzheim.de/De-de/Wirtschaft-und-Recht/Bachelor/Personalmanagement/Seiten/StudiengangPersonalmanagement.aspx

Betriebswirtschaft/Steuer- und Revisionswesen

Inhaltlich	Sie erwerben eine fundierte wirtschaftswissenschaftliche Ausbildung mit einer breiten, praxisnahen Vertiefung im Bereich Steuer- und Revisionswesen.
Abschluss	Bachelor of Science (B.Sc.), akkreditiert durch AQAS
Regelstudienzeit	7 Semester
Studienbeginn	Sommersemester und Wintersemester
Studiengebühren	Keine
Besonderes	Inklusive Praxissemester
Zulassungsbeschränkungen	Ja, hochschulinterner NC

Bewerbung	Online über *http://www.hs-pforzheim.de/De-de/Hochschule/Verwaltung/Studentensekretariat/Interessenten/Seiten/Ihre-Bewerbung.aspx*
Bewerbungsfrist	15. Januar und 15. Juli
Mögliche Studienschwerpunkte	Steuerberatung, Wirtschaftsprüfung

Weiterführende Informationen zum Studienverlauf und zur Studienberatung

Studienberatung
- **Jutta Forstnig**
Tel.: (07231) 28-6076
Fax: (07231) 28-6080
E-Mail: jutta.forstnig@hs-pforzheim.de
http://www.hs-pforzheim.de/De-de/Wirtschaft-und-Recht/Bachelor/Steuer-Revision/Seiten/Aktuelles.aspx

◢ Betriebswirtschaft/Werbung

Inhaltlich	Nach einer betriebswirtschaftlichen Grundausbildung stehen im Mittelpunkt des Vertiefungsstudiums die Entwicklung von Marketing- und Kommunikationskonzepten. Diese beinhalten auch die integrierte Planung, den Einsatz und die Kontrolle der traditionellen und neuen Instrumente der Kommunikationspolitik sowie anderer Marketinginstrumente (Produkt-, Preis-, Distributionspolitik). Verwandte Fachgebiete wie Marktforschung, Wettbewerbsrecht, Produktion und Gestaltung von Werbemitteln werden ebenso einbezogen wie kreative Partnerdisziplinen (Textgestaltung, fotografische Gestaltung, Desktop Publishing, Film/Funk/Fernsehen).
Abschluss	Bachelor of Science (B.Sc.), akkreditiert durch AQAS
Regelstudienzeit	7 Semester
Studienbeginn	Sommersemester und Wintersemester
Studiengebühren	Keine
Besonderes	Inklusive Praxissemester
Zulassungsbeschränkungen	Ja, hochschulinterner NC
Bewerbung	Online über *http://www.hs-pforzheim.de/De-de/Hochschule/Verwaltung/Studentensekretariat/Interessenten/Seiten/Ihre-Bewerbung.aspx*
Bewerbungsfrist	15. Januar und 15. Juli
Mögliche Studienschwerpunkte	Klassische und neue Instrumente der Kommunikation, Marken- und Marketing-Konzeptionen, Strategisches Kommunikationsmanagement

Weiterführende Informationen zum Studienverlauf und zur Studienberatung

Studienberatung
- Gudrun Hesselschwerdt

Tel.: (07231) 28-6075
Fax: (07231) 28-6070
E-Mail: gudrun.hesselschwerdt@hs-pforzheim.de
http://www.hs-pforzheim.de/De-de/Wirtschaft-und-Recht/Bachelor/Werbung/Seiten/Inhaltseite.aspx

Betriebswirtschaft/Wirtschaftsinformatik

Inhaltlich	Unternehmen verbessern kontinuierlich ihre Geschäftsabläufe und nutzen Möglichkeiten der modernen IT. Dazu brauchen sie Menschen, die durchblicken, die Strukturen verstehen, Abläufe organisieren und Modelle entwickeln. Mit einer Mischung aus BWL und Informatik wird aus Ihnen der Profi, der genau diese Kompetenzen hat.
Abschluss	Bachelor of Science (B.Sc.), akkreditiert durch AQAS
Regelstudienzeit	7 Semester
Studienbeginn	Sommersemester und Wintersemester
Studiengebühren	Keine
Besonderes	Inklusive Praxissemester
Zulassungsbeschränkungen	Ja, hochschulinterner NC
Bewerbung	Online über *http://www.hs-pforzheim.de/De-de/Hochschule/Verwaltung/Studentensekretariat/Interessenten/Seiten/Ihre-Bewerbung.aspx*
Bewerbungsfrist	15. Januar und 15. Juli
Mögliche Studienschwerpunkte	Multimedia und Kommunikation ,Organisation und Informationssysteme

Weiterführende Informationen zum Studienverlauf und zur Studienberatung

Studienberatung
- Iraida Janzen

Tel.: (07231) 28-6095
Fax: (07231) 28-6090
E-Mail: iraida.janzen@hs-pforzheim.de
http://www.hs-pforzheim.de/De-de/Wirtschaft-und-Recht/Bachelor/Wirtschaftsinformatik/Seiten/Inhaltseite.aspx

International Business

Inhaltlich	Der Studiengang bietet ein komplettes betriebswirtschaftliches Studium an einer der größten und leistungsfähigsten Wirtschaftsfakultäten in Deutschland.
Abschluss	Bachelor of Science (B.Sc.), akkreditiert durch AQAS
Regelstudienzeit	7 Semester
Studienbeginn	Sommersemester und Wintersemester
Studiengebühren	Keine
Besonderes	Deutsch und Englisch sind die Grundsprachen, dazu kommen Französisch oder Spanisch. Sie hören Vorlesungen in allen drei Sprachen und lernen, in diesen Sprachräumen beruflich tätig zu sein. Eine weitere Fremdsprache kann erlernt werden.
Zulassungsbeschränkungen	Ja, hochschulinterner NC
Bewerbung	Online über *http://www.hs-pforzheim.de/De-de/Hochschule/Verwaltung/Studentensekretariat/Interessenten/Seiten/Ihre-Bewerbung.aspx*
Bewerbungsfrist	15. Januar und 15. Juli
Mögliche Studienschwerpunkte	Außenhandel, Frankophone Welt, Hispanische Welt, Management international tätiger Unternehmen

Weiterführende Informationen zum Studienverlauf und zur Studienberatung

Studienberatung
- Prof. Dr. Joachim Paul
Tel.: (07231) 28- 6085
Fax: (07231) 28-6090
E-Mail: joachim.paul@hs-pforzheim.de
http://www.hs-pforzheim.de/De-de/Wirtschaft-und-Recht/Bachelor/International-Business/Seiten/Inhaltseite.aspx

12.1.2 Fakultät für Technik

Die Fakultät für Technik gibt es seit 1995. An ihr sind ca. 1 000 Studierende eingeschrieben. Die Fakultät bietet mehrere Bachelor- und Masterstudiengänge an.

Homepage des Fachbereichs
http://www.hs-pforzheim.de/de-de/Technik/Seiten/Bereich.aspx
Hochschule Pforzheim / Fakultät für Technik
Tiefenbronner Straße 66, 75175 Pforzheim

CHE-Hochschulranking

Wirtschaftsingenieurwesen: Das Fach Wirtschaftsingenieurwesen an der Fakultät Technik liegt im CHE-Ranking 2011 in der Beurteilung der Studiensituation insgesamt in der Spitzengruppe. Besonders gut werden die Kriterien Lehrangebot, Berufsbezug, Laborausstattung und IT-Infrastruktur beurteilt.

Wirtschaftsingenieurwesen

Inhaltlich	Ziel des Studiums ist die Vermittlung eines fundierten Verständnisses für technische und wirtschaftliche Zusammenhänge im Rahmen eines interdisziplinär ausgerichteten Studiums sowie die Schaffung von Problemlösungskompetenz durch Methodenlehre.
Abschluss	Bachelor of Science (B.Sc.), akkreditiert durch AQAS
Regelstudienzeit	7 Semester
Studienbeginn	Sommersemester und Wintersemester
Studiengebühren	Keine
Besonderes	Ein 8-wöchiges Vorpraktikum wird vorausgesetzt.
Zulassungsbeschränkungen	Ja, hochschulinterner NC
Bewerbung	Online über http://www.hs-pforzheim.de/De-de/Hochschule/Verwaltung/Studentensekretariat/Interessenten/Online-Bewerbung/Seiten/Inhaltseite.aspx
Bewerbungsfrist	15. Januar und 15. Juli
Mögliche Studienschwerpunkte	Studienrichtungen General Management, Global Process Management, International Management

Weiterführende Informationen zum Studienverlauf und zur Studienberatung

Studienberatung
- Yvonne Knaus

Tel.: (07231) 28-6056
Fax: (07231) 28-6057
E-Mail: yvonne.knauss@hs-pforzheim.de
http://www.hs-pforzheim.de/DE-DE/TECHNIK/WIRTSCHAFTSINGENIEURWESEN/WIRTSCHAFTSINGENIEURWESEN/Seiten/Inhaltseite.aspx

13 Reutlingen

Reutlingen hat ca. 102 000 Einwohner und liegt am Rand der Schwäbischen Alb ca. 30 km südlich von Stuttgart. Die Stadt ist über Zubringerbundesstraßen von den Autobahnen A8 und A81 zu erreichen. Im Schienenverkehr der Deutschen Bahn ist Reutlingen gut in den Regionalverkehr eingebunden.

13.1 Hochschule Reutlingen – Reutlingen University

Die Hochschule Reutlingen wurde 1971 gegründet, Vorgängereinrichtungen gab es seit Mitte des 19. Jahrhunderts. Die Hochschule ist in fünf Fakultäten unterteilt. Die Gebäude der Hochschule liegen auf einem Campus im Westen der Stadt mit Sport- und Wohnanlagen für die Studierenden. An der international ausgerichteten Hochschule sind ca. 4 300 Studierende eingeschrieben.

| Homepage der Hochschule
Hochschule: http://www.reutlingen-university.de/
Allgemeine Studienberatung
Tel.: (07121) 271-1060
Fax: (07121) 271-90-1060
E-Mail: info.studium@reutlingen-university.de
Hochschule Reutlingen – Reutlingen University
Alteburgstraße 150, 72762 Reutlingen
http://www.reutlingen-university.de/de/bewerber/studierendenbuero.html

13.1.1 ESB Business School

Die ESB Business School ist mit ca. 2 200 Studierenden eine der größten betriebswirtschaftlichen Fakultäten in Deutschland. Die Business School gehört zu den ersten staatlichen Hochschulen, die integrierte internationale Abschlüsse anboten. Die ESB Business School belegt Spitzenplätze in verschiedenen Hochschulrankings. Sie bietet vier Bachelorstudiengänge in den Bereichen internationale BWL und Wirtschaftsingenieurwesen an.

| Homepage des Fachbereichs
http://www.esb.reutlingen-university.de/
Hochschule Reutlingen – Reutlingen University
Alteburgstraße 150, 72762 Reutlingen
http://www.esb-business-school.de/?id=449&tx_ttnews[tt_news]=717&tx_ttnews[backPid]=6&cHash=b56e34d48e

CHE-Hochschulranking
BWL: Im CHE-Ranking 2011 liegt BWL an der ESB Business School in der Beurteilung der Studiensituation insgesamt in der Spitzengruppe. Überdurchschnittlich gut werden die Kriterien Betreuung durch Lehrende, Lehrangebot, Studierbarkeit, Praxisbezug, Berufsbezug, Einbeziehung in Lehrevaluation, E-Learning, Bibliotheksausstattung und Unterstützung für Auslandsstudium bewertet.

Wirtschaftsingenieurwesen: Für eine Bewertung liegen im Ranking 2011 zu wenige Antworten vor.

International Business

Inhaltlich	Ziel des Studiengangs ist die qualifizierte Vorbereitung auf eine spätere internationale Karriere in Wirtschaftsunternehmen oder auf eine weiterführende wissenschaftliche Qualifizierung. Angestrebt wird die Entwicklung überdurchschnittlicher Kompetenzen und Qualifikationen in möglichst effizienter Form. Zentrale Elemente sind Fachkompetenzen, Praxiserfahrung und -verständnis, Internationalität und Persönlichkeit.
Abschluss	Bachelor of Science (B.Sc.), akkreditiert durch FIBAA
Regelstudienzeit	7–9 Semester
Studienbeginn	Sommersemester und Wintersemester
Studiengebühren	10 000–35 000 Euro bei Abschluss an der Partnerhochschule
Besonderes	• Unterrichtssprache Englisch • 2 Praxissemester, 2 Auslandssemester • Internationaler Doppelabschluss ist möglich
Zulassungsbeschränkungen	• Ja, hochschulinterner NC • 70 Studienplätze pro Semester, davon 35 für deutsche und 35 für ausländische Bewerber
Bewerbung	Infos unter *http://www.esb-business-school.de/studiengaenge/bachelor/bsc-international-business/application.html*
Bewerbungsfrist	15. Juni und 15. November
Mögliche Studienschwerpunkte	Verschiedene Schwerpunkte sind möglich.

Weiterführende Informationen zum Studienverlauf und zur Studienberatung

Studienberatung
- Ingrid Hoch
Tel.: (07121) 271-6036
E-Mail: bsc.ib@reutlingen-university.de
http://www.esb-business-school.de/studiengaenge/bachelor/bsc-international-business.html

International Logistics Management – Wirtschaftsingenieur

Inhaltlich	Der interdisziplinäre Studiengang verbindet durch die Vermittlung von Sozial- und Methodenkompetenz an der Schnittstelle von Ökonomie und Technik betriebswirtschaftliche Managementkompetenz mit der systematischen Denkweise eines Ingenieurs.
Abschluss	Bachelor of Science (B.Sc.), akkreditiert durch FIBAA

Regelstudienzeit	7 Semester
Studienbeginn	Sommersemester und Wintersemester
Studiengebühren	Keine
Besonderes	1 Auslandssemester oder 1 englischsprachiges Semester in Reutlingen
Zulassungsbeschränkungen	Ja, hochschulinterner NC
Bewerbung	Infos unter *http://www.esb-business-school.de/ studiengaenge/bachelor/bsc-international- logistics-management-wirtschaftsingenieur/ bewerbung.html*
Bewerbungsfrist	15. Januar und 15. Juli
Mögliche Studienschwerpunkte	Verschiedene Schwerpunkte sind möglich.

Weiterführende Informationen zum Studienverlauf und zur Studienberatung

Studienberatung
- Sabine Kaufmann-Nell

Tel.: (07121) 271-5001
E-Mail: bsc.ilm@reutlingen-university.de
http://www.esb-business-school.de/studiengaenge/bachelor/bsc-international-logistics-management-wirtschaftsingenieur.html

International Management – Double Degree

Inhaltlich	Neben dem theoretisch fundierten ökonomischen sowie interkulturellen Studium steht der Praxisbezug im Vordergrund: Zwei integrierte Praxissemester sorgen für einen frühen Einblick in das spätere Berufsleben.
Abschluss	Bachelor of Science (B.Sc.), akkreditiert durch FIBAA
Regelstudienzeit	8 Semester
Studienbeginn	Wintersemester
Studiengebühren	Keine
Besonderes	• Aufnahmeprüfung mit schriftlichem Test, Sprachprüfung und Interview • 2 Praxissemester • 4 Auslandssemester in England, Frankreich, Italien, Irland, Mexiko, Niederlande, Polen, Spanien oder den USA mit Doppelabschluss
Zulassungsbeschränkungen	• Ja, hochschulinterner NC • 150 Plätze pro Semester
Bewerbung	Infos unter *http://www.esb-business-school.de/studiengaenge/bachelor/bsc-international-management-double-degree-ipbs/bewerbung.html*

Bewerbungsfrist	1. Juni
Mögliche Studienschwerpunkte	Doppelabschlüsse: Deutsch-Amerikanisch, Deutsch-Englisch, Deutsch-Französisch, Deutsch-Irisch, Deutsch-Italienisch, Deutsch-Mexikanisch, Deutsch-Niederländisch, Deutsch-Polnisch, Deutsch-Spanisch

Weiterführende Informationen zum Studienverlauf und zur Studienberatung

Studienberatung
Tel.: (07121) 271-3021
E-Mail: bsc.im@reutlingen-university.de
http://www.esb-business-school.de/studiengaenge/bachelor/bsc-international-management-double-degree-ipbs.html

Produktionsmanagement – Wirtschaftsingenieur

Inhaltlich	Der Studiengang qualifiziert Sie interdisziplinär sowohl im betriebswirtschaftlichen als auch im technischen Bereich. Lehrveranstaltungen aus dem Bereich der Methoden-, Sozial- und Sprachkompetenz runden die Ausbildung ab.
Abschluss	Bachelor of Science (B.Sc.), akkreditiert durch FIBAA
Regelstudienzeit	7 Semester
Studienbeginn	Sommersemester und Wintersemester
Studiengebühren	Keine
Besonderes	Inklusive Praxissemester und Auslandssemester
Zulassungsbeschränkungen	• Ja, hochschulinterner NC • 42 Studienplätze pro Semester
Bewerbung	Infos unter *http://www.esb-reutlingen.de/studiengaenge/bachelor/bsc-produktionsmanagement-wirtschaftsingenieur/bewerbung.html*
Bewerbungsfrist	15. Januar und 15. Juli
Mögliche Studienschwerpunkte	Operations Management, Production Management

Weiterführende Informationen zum Studienverlauf und zur Studienberatung

Studienberatung
- Sabine Kaufmann-Nell

Tel.: (07121) 271-5001
E-Mail: bsc.ilm@reutlingen-university.de
http://www.esb-business-school.de/studiengaenge/bachelor/bsc-produktionsmanagement-wirtschaftsingenieur.html

14 Riedlingen

Riedlingen hat ca. 10 000 Einwohner und liegt an der Donau am Südrand der Schwäbischen Alb, ca. 50 km südwestlich von Ulm. In Riedlingen kreuzen sich die Bundesstraßen B311 und B312. Die Stadt gehört zum Nahverkehrsverbund Donau-Iller.

14.1 SRH Fernhochschule Riedlingen

Die private SRH Fernhochschule wurde 1996 gegründet. Sie bietet berufs- und ausbildungsbegleitende Fernstudiengänge an. Weitere SRH Hochschulen gibt es in Berlin, Heidelberg, Hamm, Calw und Gera.

An der SRH Fernhochschule sind ca. 1 400 Studierende eingeschrieben.

| Homepage der Fernhochschule
| http://www.fh-riedlingen.de/de/
| Allgemeine Studienberatung
| Tel.: (07371) 9315-0
| E-Mail: info@fh-riedlingen.srh.de
| SRH FernHochschule Riedlingen
| Lange Str. 19, 88499 Riedlingen
| http://www.fh-riedlingen.de/de/fernstudium/

14.1.1 Fachbereich

An der SRH Hochschule gibt es keine separaten Fachbereiche.

CHE-Hochschulranking
BWL: Im Ranking 2011 liegen keine Angaben vor.

Betriebswirtschaft

Inhaltlich	Der Bachelorstudiengang ist interdisziplinär konzipiert und vermittelt ein breit angelegtes Wissen. Die große Auswahl an Spezialisierungen ermöglicht Ihnen, das für Sie passende Profil zu finden.
Abschluss	Bachelor of Arts (B.A.), akkreditiert durch FIBAA
Regelstudienzeit	6 Semester
Studienbeginn	1. März und 1. September
Studiengebühren	378 Euro pro Monat im Vollzeitstudium (Gesamtkosten: 13 608 Euro)

Besonderes	Gute Englischkenntnisse werden vorausgesetzt.
Zulassungsbeschränkungen	Keine
Bewerbung	Online über *http://fhsr.srhOnline.de/*
Bewerbungsfrist	Keine
Mögliche Studienschwerpunkte	• Schwerpunktbereich I: Accounting & Controlling, Banking & Finance, Project Management • Schwerpunktbereich II: International Management, Retail & Distribution, Hotel & Tourism

Weiterführende Informationen zum Studienverlauf und zur Studienberatung

Studienberatung
- Prof. Dr. Stephan Kühnel
E-Mail: stephan.kuehnel@fh-riedlingen.srh.de

- Dominik Schärmer
Tel.: (07371) 9315-58
E-Mail: dominik.schaermer@fh-riedlingen.srh.de
http://www.fh-riedlingen.de/de/fernstudium/betriebswirtschaft/

15 Sigmaringen

Sigmaringen liegt am Südrand der Schwäbischen Alb im Donautal, rund 40 km nördlich des Bodensees. Die Stadt hat ca. 16 000 Einwohner. Der Tourismus ist der wichtigste Wirtschaftszweig der Stadt. Bei Sigmaringen kreuzen sich die Bundesstraßen 32 und 313, im Schienenverkehr kreuzen sich drei regionale Bahnlinien. Sigmaringen ist Sitz einer staatlichen Hochschule.

15.1 Hochschule Albstadt-Sigmaringen

Die Hochschule Albstadt-Sigmaringen für Ingenieur- und Wirtschaftswissenschaften wurde 1971 gegründet. Die Hochschule hat drei Fakultäten, die sich auf die beiden Standorte Albstadt und Sigmaringen verteilen. Albstadt liegt ca. 25 km nordwestlich von Sigmaringen, dort ist der Studiengang Wirtschaftsingenieurwesen angesiedelt. An der Hochschule sind ca. 2 700 Studierende eingeschrieben.

Homepage der Hochschule
http://www.fh-albsig.de/
Allgemeine Studienberatung
- Sabine Leu
Villa Weiß, Raum 101
Tel.: (07571) 732-9208
E-Mail: leu@hs-albsig.de
Erreichbarkeit: nach Vereinbarung
Hochschule Albstadt-Sigmaringen / Studentische Abteilung
Anton-Günther-Straße 51, 72488 Sigmaringen
http://www.hs-albsig.de/hochschule/Organisation/verwaltung/Seiten/StudentischeAbteilung.aspx

15.1.1 Fakultät 2 – Business and Computer Science

Die Bachelor- und Masterstudiengänge der Wirtschaftsinformatik und Betriebswirtschaftslehre an der Fakultät 2 der Hochschule Albstadt-Sigmaringen bereiten motivierte und qualifizierte Studenten auf die Übernahme verantwortlicher Berufspositionen bei attraktiven Arbeitgebern vor.

Homepage des Fachbereichs
http://www.hs-albsig.de/hochschule/business/Seiten/Homepage.aspx
Hochschule Albstadt-Sigmaringen / Fakultät 2
Anton-Günther-Straße 51, 72488 Sigmaringen

CHE-Hochschulranking
BWL: Im CHE-Ranking 2011 liegt BWL an der Fakultät 2 in der Beurteilung der Studiensituation insgesamt in der Spitzengruppe. Überdurchschnittlich gut werden alle Kriterien beurteilt, nämlich Betreuung durch Lehrende, Lehrangebot, Studierbarkeit, Praxisbezug, Berufsbezug, Einbeziehung in Lehrevaluation, E-Learning, Bibliotheksausstattung, Räume, IT-Infrastruktur und Unterstützung für Auslandsstudium.

Betriebswirtschaft

Inhaltlich	Sie werden in die Lage versetzt, auf analytischem Weg Lösungen für betriebswirtschaftliche Problemstellungen zu erarbeiten, im Sinne einer Entscheidungsvorbereitung zu diskutieren und zu vertreten und deren Umsetzung voranzutreiben und zu verantworten. Sie arbeiten zielorientiert und verstehen sich als Teil eines Teams.
Abschluss	Bachelor of Science (B.Sc.), akkreditiert durch FIBAA
Regelstudienzeit	7 Semester
Studienbeginn	Sommersemester und Wintersemester
Studiengebühren	Keine
Besonderes	Inklusive Praxissemester

Zulassungsbeschränkungen	Ja, hochschulinterner NC
Bewerbung	Online über *http://www.fh-albsig.de/studium/bewerbung/Seiten/Online-bewerbung.aspx*
Bewerbungsfrist	15. Januar und 15. Juli
Mögliche Studienschwerpunkte	Controlling, Informations- und Kommunikationstechnik, Marketing

Weiterführende Informationen zum Studienverlauf und zur Studienberatung

Studienberatung
- Prof. Dr. Matthias Premer
Tel.: (07571) 732-8327
Fax: (07571) 732-8302
E-Mail: premer@hs-albsig.de

- Elisabeth Horn
Tel.: (07571) 732-8301
Fax: (07571) 732-8302
http://www.hs-albsig.de/studium/betriebswirtschaft/seiten/homepage.aspx

15.1.2 Fakultät 1 – Engineering

An der Fakultät Engineering werden mehrere Bachelor- und Masterstudiengänge angeboten.

Homepage des Fachbereichs
http://www.fh-albsig.de/hochschule/engineering/Seiten/Homepage.aspx
Hochschule Albstadt-Sigmaringen / Fakultät 1
Jakobstraße 6, 72458 Albstadt-Ebingen

CHE-Hochschulranking

Wirtschaftsingenieurwesen: Das Fach Wirtschaftsingenieurwesen liegt im CHE-Ranking 2011 in der Beurteilung der Studiensituation insgesamt in der Spitzengruppe. Überwiegend positiv beurteilt werden die Kriterien Betreuung durch Lehrende, Praxisbezug, Berufsbezug und Räume.

Wirtschaftsingenieurwesen

Inhaltlich	Ihnen werden in diesem Studiengang Kenntnisse aus allen relevanten Gebieten der BWL und der Technik vermittelt, die von einem Absolventen der Ingenieurwissenschaften erwartet werden (z. B. Mathematik, technische Anwendungen, BWL, IT und Umwelt).
Abschluss	Bachelor of Science (B.Sc.), akkreditiert durch ACQUIN
Regelstudienzeit	7 Semester
Studienbeginn	Sommersemester und Wintersemester
Studiengebühren	Keine
Besonderes	Inklusive Praxissemester

Zulassungsbeschränkungen	Ja, hochschulinterner NC
Bewerbung	Online über *http://www.fh-albsig.de/studium/ bewerbung/Seiten/Online-bewerbung.aspx*
Bewerbungsfrist	15. Januar und 15. Juli
Mögliche Studienschwerpunkte	Internationales Marketing, Internationales Produktmanagement

Weiterführende Informationen zum Studienverlauf und zur Studienberatung

Studienberatung
- Beate Siebert-Rabenstein
Tel.: (07571) 732-9252
Fax: (07571) 732-9184
E-Mail: siebert@hs-albsig.de
http://www.hs-albsig.de/studium/wirtschaftsingenieurwesen/Seiten/Homepage.aspx

16 Stuttgart

Stuttgart ist die Hauptstadt des Bundeslandes Baden-Württemberg und mit ca. 600 000 Einwohnern die sechstgrößte Stadt Deutschlands. Die Innenstadt liegt von Hügeln und Weinbergen umgeben im sogenannten Stuttgarter Kessel, Stuttgart gehört zu den großen Weinbaugemeinden in Deutschland. In der Metropolregion Stuttgart leben ca. 5,3 Millionen Menschen. Stuttgart gehört zu den einkommensstärksten Städten in Deutschland und Europa. Die Region Stuttgart gilt als Zentrum des deutschen Mittelstandes. Viele kleinere und mittlere Unternehmen dienen als Zulieferer für globale Automobil- und Maschinenbauunternehmen. Stuttgart ist auch ein wichtiger Börsenplatz und Sitz mehrerer Banken und Versicherungen. In Stuttgart liegt der zweitgrößte Binnenhafen des Neckars.

Stuttgart ist durch die Autobahnen A8, A81 und A831 mit dem Fernstraßennetz verbunden. Der Hauptbahnhof Stuttgart ist der zentrale Knotenpunkt im Schienenverkehr von Baden-Württemberg. Der internationale Flughafen Stuttgart ist der größte Flughafen des Bundeslandes.

In Stuttgart gibt es zwei Universitäten, mehrere staatliche und private Hochschulen und zahlreiche Forschungseinrichtungen.

16.1 Hochschule für Technik Stuttgart

Die Hochschule für Technik ging hervor aus einer 1832 gegründeten Baugewerkeschule. Der Campus der Hochschule liegt im Stadtzentrum. An den sieben Studienbereichen der Hochschule sind ca. 3 000 Studierende eingeschrieben.

Homepage der Hochschule
http://www.hft-stuttgart.de/
Allgemeine Studienberatung
- Christiane Herb M.A.
Tel.: (0711) 8926-2777
E-Mail: christiane.herb@hft-stuttgart.de
Hochschule für Technik Stuttgart / Studentische Abteilung
Schellingstr. 24, Raum 1/122, 70174 Stuttgart
http://www.hft-stuttgart.de/Studium/Studienorganisation/index.html/de

16.1.1 Studienbereich Wirtschaft

Der Studienbereich Wirtschaft bietet einen Bachelor- und einen Masterstudiengang an.

Homepage des Fachbereichs
http://www.hft-stuttgart.de/Studienbereiche/Wirtschaft/index.html/de
Hochschule für Technik Stuttgart / Studienbereich Wirtschaft
Schellingstr. 24, 70174 Stuttgart

CHE-Hochschulranking

BWL: Im CHE-Ranking 2011 liegt das Fach BWL in der Beurteilung der Studiensituation insgesamt in der Schlussgruppe.

Betriebswirtschaft

Inhaltlich	Der Studiengang ist praxisnah konzipiert. Während des Studiums ist ein Betreutes Praktisches Studienprojekt (BPS) in einem Unternehmen vorgesehen. Hier bietet der Wirtschaftsstandort Stuttgart eine Vielzahl von Auswahlmöglichkeiten oder aber Sie verlegen Ihr BPS in ein Unternehmen im Ausland. Während des BPS werden Sie durch die Professoren der Hochschule für Technik weiterhin betreut.
Abschluss	Bachelor of Arts (B.A.), akkreditiert durch FIBAA
Regelstudienzeit	6 Semester
Studienbeginn	Sommersemester und Wintersemester
Studiengebühren	Keine

Besonderes	Vor Studienbeginn ist ein kaufmännisches Vorpraktikum von mindestens sechs Wochen Dauer erforderlich.
Zulassungsbeschränkungen	• Ja, hochschulinterner NC • 50 Studienplätze pro Semester
Bewerbung	Online über *http://www.hft-stuttgart.de/Studium/Bewerbung/index.html/de/document_view*
Bewerbungsfrist	15. Januar und 15. Juli
Mögliche Studienschwerpunkte	Civil Engineering (Bauwirtschaftsingenieurwesen), General Management (Unternehmensführung)

Weiterführende Informationen zum Studienverlauf und zur Studienberatung

Studienberatung
- Dipl.-Kfm. (FH) Dirk Müller
Tel.: (0711) 8926-2678
Fax: (0711) 8926-2666
E-Mail: info.bwl@hft-stuttgart.de
http://www.hft-stuttgart.de/Studienbereiche/Wirtschaft/Bachelor-Betriebswirtschaft/

16.2 AKAD Hochschule Stuttgart

Die AKAD Hochschule ist eine private Fernhochschule und verleiht staatlich anerkannte Abschlüsse. Das Studienangebot richtet sich vor allem an Berufstätige, die neben ihrem Beruf einen Hochschulabschluss erreichen wollen. Bereits seit 1992 gibt es an der AKAD Hochschule die Möglichkeit für Berufstätige, auch ohne Abitur oder Fachhochschulreife unter bestimmten Bedingungen ein Studium aufzunehmen. AKAD-Hochschulen sind an mehreren Standorten in Deutschland vertreten.

Homepage der Hochschule
http://www.akad.de/Hochschule-Stuttgart.155.0.html
Allgemeine Studienberatung
- Serge Anwander
Tel.: (0711) 81495-210
E-Mail: serge.anwander(@akad.de
AKAD Hochschule Stuttgart
Maybachstraße 18–20, 70469 Stuttgart

16.2.1 Fachbereich

An der AKAD Hochschule gibt es keine separaten Fachbereiche. Das Fernstudium unterteilt sich in das Erarbeiten des Lernstoffs nach eigener Zeiteinteilung (ca. 70 % des Studiums), das Onlinestudium an der Virtuellen Hochschule zur Kommunikation und Vorbereitung auf Seminare und Prüfungen (ca. 15 % des Studiums) und in Präsenzphasen (ca. 15 % des Studiums).

CHE-Hochschulranking

BWL: Für das Fach liegt kein Ranking der Studiensituation insgesamt vor. Absolventen beurteilen die Breite des Lehrangebots, die Vermittlung fachlichen Grundlagenwissens und die Vermittlung von selbstständigem Arbeiten/Lernfähigkeit positiv.

Wirtschaftsingenieurwesen: Im CHE-Ranking 2011 liegen keine Angaben vor.

Betriebswirtschaftslehre

Inhaltlich	Der anwendungsorientierte Studiengang vermittelt Ihnen breites betriebswirtschaftliches Wissen und ist für Berufstätige aus allen Branchen geeignet. Neben der umfassenden Grundlagenausbildung wählen Sie bei der Spezialisierung aus fünf Schwerpunkten der BWL.
Abschluss	Bachelor of Arts (B.A.), akkreditiert durch ACQUIN
Regelstudienzeit	6 Semester
Studienbeginn	Jederzeit
Studiengebühren	• Monatlich ab 228 Euro. Kostenloses Testen für einen Monat ist möglich • Teilzeitstudierende können die Studienzeit um bis zu 2 Jahre ohne zusätzliche Kosten verlängern
Besonderes	• Der Studiengang besteht aus einer Mischung aus Fern-, Online- und Präsenzstudium, der überwiegende Anteil besteht im Fernstudium • An insgesamt ca. 42 Tagen finden Präsenzveranstaltungen statt • Bereits früher erbrachte Studien- und Prüfungsleistungen können angerechnet werden • Grundsätzlich besteht die Möglichkeit, ohne Abitur zu studieren, weitere Informationen dazu unter *http://www.akad.de/Studieren-ohne-Abitur.241.0.html* • Zum Studium gehört ein 9-wöchiges Praktikum, sofern Sie nicht berufstätig sind
Zulassungsbeschränkungen	Keine
Bewerbung	Online über *http://www.akad.de/Anmeldung-Hochschulen.466.0.html*
Bewerbungsfrist	Keine
Mögliche Studienschwerpunkte	Als Schwerpunkt können Sie im 5. Semester wählen zwischen Bilanzmanagement und Controlling, E-Commerce, Logistik, Marketing, Personalmanagement.

Weiterführende Informationen zum Studienverlauf und zur Studienberatung

Studienberatung
Tel.: (0800) 2255888
- Serge Anwander
Tel.: (0711) 81495-210
E-Mail: serge.anwander(@akad.de
http://www.akad.de/Bachelor.1073.0.html

Wirtschaftsingenieurwesen

Inhaltlich	Das Studium vermittelt Ihnen fundierte technische und betriebswirtschaftliche Kenntnisse und Fähigkeiten. Als Wirtschaftsingenieur fungieren Sie an Schnittstellen, an denen sowohl technische als auch betriebswirtschaftliche Kompetenz gefordert ist, da Ihnen beide Sichtweisen vertraut sind.
Abschluss	Bachelor of Engineering (B.Eng.), akkreditiert durch ACQUIN
Regelstudienzeit	7 Semester (210 CP)
Studienbeginn	1. Juli
Studiengebühren	• Monatlich ab 231 Euro • Kostenloses Testen für einen Monat ist möglich • Teilzeitstudierende können die Studienzeit um bis zu 2 Jahre ohne zusätzliche Kosten verlängern
Besonderes	• Der Studiengang besteht aus einer Mischung aus Fern-, Online- und Präsenzstudium, der überwiegende Anteil besteht im Fernstudium • An insgesamt ca. 42 Tagen finden Präsenzveranstaltungen statt • Bereits früher erbrachte Studien- und Prüfungsleistungen können angerechnet werden • Grundsätzlich besteht die Möglichkeit, ohne Abitur zu studieren, weitere Informationen dazu unter *http://www.akad.de/Studieren-ohne-Abitur.241.0.html* • Zum Studium gehört ein 9-wöchiges Praktikum, sofern Sie nicht berufstätig sind
Zulassungsbeschränkungen	Keine
Bewerbung	Online über *http://www.akad.de/Anmeldung-Hochschulen.466.0.html*
Bewerbungsfrist	Keine
Mögliche Studienschwerpunkte	Im 7. Semester wählen Sie eine von vier Vertiefungsrichtungen: Produktentwicklung, Produktion, Supply Chain Management und Logistik, Technischer Vertrieb und Marketing.

Weiterführende Informationen zum Studienverlauf und zur Studienberatung
Studienberatung
Tel.: (0800) 2255888
▪ Serge Anwander
Tel.: (0711) 81495-210
E-Mail: serge.anwander(@akad.de
http://www.akad.de/Wirtschaftsingenieurwesen-Bachelo.469%2BM5c21fd1a8ed.0.html

16.3 Duale Hochschule Baden-Württemberg (DHBW) Stuttgart

Die Duale Hochschule Baden-Württemberg Stuttgart wurde 1974 auf Betreiben einiger Unternehmen als Vorläufer der späteren Berufsakademien gegründet. Alle Studierenden der Hochschule müssen einen Ausbildungsvertrag bei einem der dualen Partnerunternehmen haben. Die Auswahl der Studierenden liegt bei den Unternehmen. Unter bestimmten Voraussetzungen ist ein Studium auch ohne Hochschulzugangsberechtigung möglich. Die Hochschule hat drei Hauptstandorte in Stuttgart. Der Campus in Horb am Neckar bietet technische Studiengänge an. Ein weiterer Standort in Backnang entsteht. An der Hochschule gibt es vier Fakultäten, ca. 6 000 Studierende sind eingeschrieben.

Homepage der Hochschule
http://dhbw-stuttgart.de/
Allgemeine Studienberatung
▪ Sandra Eulenberg
Tel.: (0711) 1849-72
E-Mail: eulenberg@dhbw-stuttgart.de
Duale Hochschule Baden-Württemberg Stuttgart
Herdweg 29–31, 70174 Stuttgart
http://www.dhbw-stuttgart.de/themen/studium/zentrale-studienberatung.html

16.3.1 Fakultät Wirtschaft

An der Fakultät werden mehrere Bachelor- und Masterstudiengänge angeboten.
Homepage des Fachbereichs
http://www.dhbw-stuttgart.de/themen/bachelor/fakultaet-wirtschaft.html
Duale Hochschule Baden-Württemberg Stuttgart
Herdweg 18, 21, 23, 70174 Stuttgart

CHE-Hochschulranking

BWL: Im CHE-Ranking 2011 liegen keine Angaben vor.

BWL

Inhaltlich	Sie absolvieren ein betriebswirtschaftliches Studium mit Spezialisierung auf eine Fachrichtung.
Abschluss	Bachelor of Arts (B.A.), akkreditiert durch ZEvA
Regelstudienzeit	6 Semester (180 CP)
Studienbeginn	Wintersemester
Studiengebühren	Keine
Besonderes	• Dualer Studiengang • Das Studium ist nur mit einem Ausbildungsvertrag eines kooperierenden Unternehmens möglich
Zulassungsbeschränkungen	Nur mit Ausbildungsvertrag
Bewerbung	Infos unter http://www.dhbw-stuttgart.de/themen/studium/bewerbung-zulassung/bewerbungsverfahren.html
Bewerbungsfrist	Auf Anfrage
Mögliche Studienschwerpunkte	Verschiedene Fachrichtungen sind möglich: Bank, Consulting, Dienstleistungsmanagement/-marketing, Gesundheitsmanagement, Immobilienwirtschaft, Industrie, Medien- und Kommunikationswirtschaft, Messe-, Kongress- und Eventmanagement, Spedition, Transport und Logistik, Tourismus, Hotellerie und Gastronomie

Weiterführende Informationen zum Studienverlauf und zur Studienberatung

Studienberatung
- Sandra Eulenberg
Tel.: (0711) 1849-72
E-Mail: eulenberg@dhbw-stuttgart.de
http://www.dhbw-stuttgart.de/zielgruppen/studieninteressierte/studienangebot-bachelor/fakultaet-wirtschaft.html

17 Ulm

Ulm liegt an der Donau und hat ca. 122 000 Einwohner. Die bekannteste Sehenswürdigkeit der Stadt ist das Ulmer Münster, das mit 161,53 Metern den höchsten Kirchturm der Welt hat. In Ulm sind vor allem Unternehmen der elektronischen Industrie, der Nutzfahrzeigindustrie und der Waffenherstellung angesiedelt. Ulm ist durch die Autobahnen A7 und A8 gut an das Fernstraßennetz angebunden. Im Schienenverkehr der Deutschen Bahn liegt Ulm an der ICE-Strecke Stuttgart–München und an der europäischen Fernstrecke Paris–Budapest. Auch im Regionalverkehr ist

Ulm gut erreichbar. Der nächste internationale Flughafen ist der ca. 80 km entfernte Flughafen Stuttgart. In Ulm gibt es eine Universität und eine weitere Hochschule.

17.1 Universität Ulm

Die 1967 gegründete Universität Ulm ist die jüngste Universität in Baden-Württemberg. Sie wurde als Medizinisch-Naturwissenschaftliche Universität gegründet. Heute unterteilt sie sich in die vier Fakultäten Naturwissenschaften, Mathematik und Wirtschaftswissenschaften, Medizin, Ingenieurwissenschaften und Informatik. An der Universität Ulm sind ca. 7 700 Studierende eingeschrieben.

Homepage der Universität
http://www.uni-ulm.de/
Allgemeine Studienberatung
Tel.: (0731) 50-22053
Fax: (0731) 50-22074
E-Mail: zentralestudienberatung@uni-ulm.de
Universität Ulm / Zentrale Studienberatung
Albert-Einstein-Allee 5, 89081 Ulm
http://www.uni-ulm.de/studium/studienberatung/zentrale-studienberatung.html

17.1.1 Fakultät für Mathematik und Wirtschaftswissenschaften

An der Fakultät für Mathematik und Wirtschaftswissenschaften werden mehrere Bachelor- und Masterstudiengänge angeboten.

Homepage des Fachbereichs
http://www.uni-ulm.de/mawi/fakultaet.html
Universität Ulm / Fakultät für Mathematik und Wirtschaftswissenschaften
Helmholtzstraße 18, 89081 Ulm

CHE-Hochschulranking

Wirtschaftswissenschaften: Im CHE-Ranking 2011 liegen die Wirtschaftswissenschaften an der Universität Ulm in der Beurteilung der Studiensituation insgesamt in der Spitzengruppe. Überdurchschnittlich gut werden die Kategorien Betreuung durch Lehrende, Lehrangebot, Wissenschaftsbezug, Studierbarkeit, Berufsbezug, Einbeziehung in Lehrevaluation und Räume beurteilt.

Wirtschaftswissenschaften

Inhaltlich	Der Bachelorstudiengang ist überwiegend quantitativ ausgerichtet. Sie erhalten eine fundierte Ausbildung in den Kernfächern Betriebs- und Volkswirtschaftslehre sowie in den angrenzenden Disziplinen Mathematik, Informatik, Wirtschaftsrecht und Sprachen.
Abschluss	Bachelor of Science (B.Sc.), akkreditiert durch ACQUIN
Regelstudienzeit	6 Semester
Studienbeginn	Wintersemester
Studiengebühren	Keine
Zulassungsbeschränkungen	• Ja, hochschulinternes Auswahlverfahren • 100 Studienanfänger pro Jahr
Bewerbung	Online über *http://www.mathematik.uni-ulm.de/fak/sul/bachelor-wiwi/bewerber.html*
Bewerbungsfrist	1. Juni bis 15. Juli
Mögliche Studienschwerpunkte	Economics, Finanzwirtschaft, Rechnungswesen und Wirtschaftsprüfung, Technologie und Prozessmanagement, Unternehmensführung und Controlling, Versicherungswirtschaft, Informatik

Weiterführende Informationen zum Studienverlauf und zur Studienberatung

Studienberatung
- **Dr. Karin Stadtmüller**

Tel.: (0731) 50-23594
Fax: (0731) 50-23507
E-Mail: karin.stadtmueller@uni-ulm.de
http://www.uni-ulm.de/mawi/fakultaet/studium-und-lehre/studiengaenge/wirtschaftswissenschaften-bsc.html

17.2 Hochschule Ulm

Die 1961 gegründete Hochschule Ulm bietet vor allem technische Studiengänge an. Sie verteilt sich auf drei Standorte in der Stadt. An den fünf Fakultäten der Hochschule sind ca. 3 700 Studierende eingeschrieben.

Homepage der Hochschule
http://www.hs-ulm.de/
Allgemeine Studienberatung
Tel.: (0731) 50-208
Fax: (0731) 50-28270
E-Mail: info@hs-ulm.de
Hochschule Ulm / Zentrale Studienberatung / Career Center
Prittwitzstraße 10, 89075 Ulm
http://www.hs-ulm.de/org/CareerCenter/

17.2.1 Fakultät Produktionstechnik und Produktionswirtschaft

Das Studium auf den Gebieten Produktionstechnik und Produktionswirtschaft beschäftigt sich mit der Herstellung von technischen Produkten aller Art. Der Produktentstehungsprozess technischer Produkte kann eingeteilt werden in: Produktplanung, Produktentwicklung und Produktfertigung. Es wird versucht, alle drei Bereiche abzudecken. Die Hochschule Ulm führt den Studiengang Wirtschaftsingenieurwesen in Kooperation mit der Hochschule Neu-Ulm durch. Die Hochschule Ulm ist für die Lehrinhalte der ingenieurwissenschaftlichen Fächer verantwortlich, die Hochschule Neu-Ulm für die Fachgebiete Betriebswirtschaftslehre, Recht und Sprachen. Die beiden Hochschulen sind nur wenige Kilometer voneinander entfernt und mit öffentlichen Verkehrsmitteln gut zu erreichen.

Homepage des Fachbereichs
https://www.hs-ulm.de/produktionstechnik
Hochschule Ulm / Fakultät Produktionstechnik und Produktionswirtschaft
Prittwitzstraße 10, 89075 Ulm

CHE-Hochschulranking

Wirtschaftsingenieurwesen: Das Fach Wirtschaftsingenieurwesen liegt im CHE-Ranking 2011 in der Beurteilung der Studiensituation insgesamt im Mittelfeld. Besonders gut werden Bibliotheksausstattung und Laborausstattung bewertet.

Wirtschaftsingenieurwesen

Inhaltlich	Der Studiengang integriert die Bereiche Ingenieurwissenschaften und Wirtschaftswissenschaften sowie rechtliches Wissen und Fremdsprachenkenntnisse und vermittelt damit eine breite berufliche Basis. Wirtschaftsingenieure finden überall an den Schnittstellen zwischen Technik und Wirtschaft attraktive Berufsfelder, sei es in Einkauf, Vertrieb, Projektierung, Logistik- und Materialwirtschaft oder DV-Organisation.
Abschluss	Bachelor of Eng. (B.Eng.), akkreditiert durch ACQUIN
Regelstudienzeit	7 Semester

Studienbeginn	Sommersemester und Wintersemester
Studiengebühren	Keine
Besonderes	• 6 Wochen Vorpraktikum müssen nachgewiesen werden • Inklusive Praxissemester
Zulassungsbeschränkungen	Ja, hochschulinterner NC
Bewerbung	Online über *http://www.hs-ulm.de/Studium/Informationen/Bewerbung/*
Bewerbungsfrist	15. Januar und 15. Juli
Mögliche Studienschwerpunkte	Produktionswirtschaft, Energietechnik und Energiewirtschaft

Weiterführende Informationen zum Studienverlauf und zur Studienberatung

Studienberatung
Tel.: (0731) 50-28466
Fax: (0731) 50-28458
E-Mail: produktionstechnik@hs-ulm.de
http://www.hs-ulm.de/WI

18 Villingen-Schwenningen

Villingen-Schwenningen hat ca. 81 000 Einwohner und liegt am Ostrand des Schwarzwalds. Die Stadt ist bekannt als eine der Hochburgen der schwäbisch-alemannischen Fastnacht. In der Stadt gibt es vor allem Elektro-, Messgeräte- und Uhrenindustrie. Villingen-Schwenningen liegt an der Autobahn A81. Der Bahnhof Villingen ist Haltepunkt von IC-Verbindungen, die bis Norddeutschland führen. Die Bahnhöfe beider Stadtteile sind gut in den regionalen Schienenverkehr eingebunden. Villingen-Schwenningen ist einer der drei Standorte der Hochschule Furtwangen.

18.1 Hochschule Furtwangen – Informatik, Technik, Wirtschaft, Medien

Die Hochschule Furtwangen entwickelte sich aus der 1850 gegründeten ersten deutschen Uhrmacherschule. Die Hochschule hat Standorte in Furtwangen, Villingen-Schwenningen und Tuttlingen und gehört zum Verbund Internationale Bodensee-Hochschule. Die Hochschule ist in sieben Kompetenzfelder unterteilt. An ihr sind ca. 4 300 Studierende eingeschrieben.

Homepage der Hochschule
http://www.hs-furtwangen.de/
Allgemeine Studienberatung
▪ Prof. Dr. Helmut Debus
Tel.: (07723) 920 2230
Fax: (07723) 920 2618
E-Mail: studienberatung@hs-furtwangen.de
Hochschule Furtwangen / Zentrale Studienberatung
Robert-Gerwig-Platz 1, 78120 Furtwangen
http://www.hs-furtwangen.de/deutsch/studienangebote/studienberatung/studienberatung/?tg=0

18.1.1 Fakultät Wirtschaft

Die Fakultät Wirtschaft ist am Campus Villingen-Schwenningen angesiedelt, ca. 30 km östlich von Furtwangen. Die Fakultät Wirtschaft bietet betriebswirtschaftliche Studiengänge mit stark ausgeprägter internationaler Orientierung an.

Homepage des Fachbereichs
http://www.hs-furtwangen.de/deutsch/fachbereiche/w/?tg=0
Hochschule Furtwangen / Fakultät Wirtschaft / Campus Villingen-Schwenningen
Jakob-Kienzle-Str. 17, 78054 Villingen-Schwenningen

CHE-Hochschulranking

BWL: Im CHE-Ranking 2011 liegen keine Angaben vor.

Internationale Betriebswirtschaft (IBW)

Inhaltlich	Der Studiengang bietet Ihnen ein zukunftsorientiertes, generalistisches und praxisnahes Wirtschaftsstudium mit internationaler Ausrichtung. Mit seiner Synthese aus klassischer Betriebswirtschaft, Fremdsprachen und internationalem Fokus orientiert er sich an den Anforderungen, die sich aus der zunehmenden Globalisierung von Wirtschaft und Unternehmen ergeben.
Abschluss	Bachelor of Arts (B.A.), akkreditiert durch FIBAA
Regelstudienzeit	7 Semester
Studienbeginn	Sommersemester und Wintersemester
Studiengebühren	Keine
Besonderes	• Unterrichtssprachen sind Deutsch und Englisch, gute Englischkenntnisse werden vorausgesetzt

	• Zweite Pflichtfremdsprache: Mandarin-Chinesisch (ohne Vorkenntnisse), Wirtschaftsfranzösisch (Vorkenntnisse 4–5 Schuljahre), Wirtschaftsspanisch (Vorkenntnisse 4–5 Schuljahre) • Inklusive Praxissemester
Zulassungsbeschränkungen	Ja, hochschulinterner NC
Bewerbung	Online über *http://www.hs-furtwangen.de/ deutsch/studienangebote/bewerbung_ zulassung/bachelor/?tg=0*
Bewerbungsfrist	15. Januar und 15. Juli
Mögliche Studienschwerpunkte	International Finance and Controlling, International Marketing, International Organization and Human Resource Management

Weiterführende Informationen zum Studienverlauf und zur Studienberatung

Studienberatung
- Natascha Steffens

Tel.: (07720) 307 4303
Fax: (07720) 307 4307
E-Mail: stef@hs-furtwangen.de
http://www.hs-furtwangen.de/deutsch/studienangebote/studiengaenge/bachelor/bachelor/w_ibw.html

International Business Management

Inhaltlich	Der englischsprachige Bachelorstudiengang vermittelt Ihnen Kenntnisse, Fähigkeiten und Kompetenzen im Bereich des internationalen Managements. Neben der Vermittlung klassischer Inhalte der BWL wird eine zweite Fremdsprache vertieft (Französisch, Spanisch) bzw. erlernt (Chinesisch bzw. Deutsch für Nicht-Deutschsprachige).
Abschluss	Bachelor of Arts (B.A.), akkreditiert durch FIBAA
Regelstudienzeit	7 Semester
Studienbeginn	Wintersemester
Studiengebühren	Keine
Besonderes	Inklusive Praktikum im Ausland und Auslandssemester
Zulassungsbeschränkungen	Ja, hochschulinterner NC
Bewerbung	Online über *http://www.hs-furtwangen.de/ deutsch/studienangebote/bewerbung_ zulassung/bachelor/?tg=0*
Bewerbungsfrist	15. Juli
Mögliche Studienschwerpunkte	Verschiedene Schwerpunkte sind möglich.

Weiterführende Informationen zum Studienverlauf und zur Studienberatung
Studienberatung
- Silke Jäckle
Tel.: (07720) 307-4357
E-Mail: stg-ibm@hs-furtwangen.de
http://www.hs-furtwangen.de/deutsch/studienangebote/studiengaenge/
bachelor/bachelor/w_ibm.html

19 Weingarten

Weingarten hat ca. 23 000 Einwohner und liegt unmittelbar nördlich von Ravensburg in ca. 30 km Entfernung vom Bodensee. Die Basilika der Stadt gehört zu den größten Kirchenbauten im Barockstil. In der Stadt sind verschiedene Unternehmen angesiedelt. Weingarten liegt an den Bundesstraßen B30 und B32. Der Bahnhof Weingarten wird anders als der Ravensburger Bahnhof nur mit regionalen Schienenverbindungen bedient. Weingarten ist Sitz der Hochschule für Technik, Wirtschaft und Sozialwesen und Sitz einer Pädagogischen Hochschule.

19.1 Hochschule Ravensburg-Weingarten

Die Hochschule Ravensburg-Weingarten wurde 1964 als staatliche Ingenieurschule für Maschinenbau in Ravensburg gegründet. An den vier Fakultäten der Hochschule sind ca. 2 900 Studierende eingeschrieben.

Homepage der Hochschule
http://www.hs-weingarten.de/
Allgemeine Studienberatung
Tel.: (0751) 501-9344
Fax: (0751) 501-9876
E-Mail: info@hs-weingarten.de
Hochschule Ravensburg-Weingarten
Doggenriedstr., 88250 Weingarten
http://www.hs-weingarten.de/web/zulassungsamt/zentrale-studienberatung

19.1.1 Fakultät Technologie und Management

Die Fakultät vereint technologische und betriebswirtschaftliche Disziplinen und bildet ein Technologie-Unternehmen in allen Funktionen von der Technikentwicklung bis hin zum Controlling ab.

Homepage des Fachbereichs
http://www.hs-weingarten.de/web/fakultaet-technologie-und-management
Hochschule Ravensburg-Weingarten / Fakultät Technologie und Management
Doggenriedstr., 88250 Weingarten

CHE-Hochschulranking
BWL: Im Ranking 2011 ist dem Fach keine eindeutige Ranggruppe zuweisbar. Besonders gut beurteilt werden die Kriterien Lehrangebot, Räume und Unterstützung für Auslandsstudium.

Betriebswirtschaft / Management

Inhaltlich	Ziel des Studiengangs ist es, den Bedarf an internationalen Betriebswirten für die Region Bodensee-Oberschwaben zu decken. Hierzu erwerben Sie wirtschaftliches Hintergrundwissen, sozial- und interkulturelle Kompetenzen sowie Spezialwissen zu internationalen Besonderheiten.
Abschluss	Bachelor of Arts (B.A.), akkreditiert durch AQAS
Regelstudienzeit	7 Semester
Studienbeginn	Wintersemester
Studiengebühren	Keine
Besonderes	Inklusive Praxissemester
Zulassungsbeschränkungen	Ja, hochschulinterner NC
Bewerbung	Online über *http://www.hs-weingarten.de/web/bachelorstudiengang-betriebswirtschaft-management/bewerbung*
Bewerbungsfrist	15. Juli
Mögliche Studienschwerpunkte	Controlling, Personalmanagement und Organisation, Management in Public- & Nonprofit-Organisationen, Vertriebsmanagement und Marketing

Weiterführende Informationen zum Studienverlauf und zur Studienberatung
Studienberatung
- Dr. rer. nat. Professor Thomas Bayer

Tel.: (0751) 501-9260
Fax: (0751) 501-9306
E-Mail: thomas.bayer@hs-weingarten.de
http://www.hs-weingarten.de/web/bachelorstudiengang-betriebswirtschaft-management

Freistaat Bayern

Bayern ist flächenmäßig das größte deutsche Bundesland, bezogen auf die Einwohnerzahl das zweitgrößte. Es grenzt im Süden und Südosten an Österreich und im Osten an Tschechien. Mit der Zugspitze liegt der höchste Berg Deutschlands im Freistaat Bayern. Neben den Alpen machen viele kulturelle Sehenswürdigkeiten wie das weltbekannte Schloss Neuschwanstein und die Wieskirche oder die UNESCO-Weltkulturerbestätten in Bamberg, Regensburg und Würzburg das Bundesland zu einem attraktiven Reiseziel für Touristen aus aller Welt.

In Bayern gibt es neun staatliche Universitäten und 17 Hochschulen für angewandte Wissenschaften. Dazu kommen sechs staatliche Kunsthochschulen und zahlreiche weitere private oder kirchliche Hochschulen. An den bayerischen Hochschulen sind insgesamt ca. 288 000 Studierende eingeschrieben. In Bayern erheben auch die staatlichen Hochschulen Studiengebühren.

1 Aschaffenburg

Aschaffenburg hat fast 70 000 Einwohner und liegt am Main. Die Stadt gehört zur Metropolregion Frankfurt Rhein-Main. Die Stadt liegt am Rand des Spessarts und ist bekannt für ihr mildes Klima. Viele sehenswerte historische Gebäude erinnern an die reiche Geschichte der Stadt. Traditionell war Aschaffenburg vor allem ein Zentrum der Textil- und Papierindustrie. Heute gibt es auch Automobilzulieferer und Unternehmen für Mess- und Regeltechnik. Der IT-Bereich gewinnt zunehmend an wirtschaftlicher Bedeutung für die Stadt. Aschaffenburg liegt an der Autobahn A3. Im Schienenverkehr der Deutschen Bahn gibt es zahlreiche Regional- und Fernverbindungen, der Bahnhof Hochschule kam in den letzten Jahren als Haltestelle hinzu. Seit 1995 ist Aschaffenburg Hochschulstandort. Der Flughafen Rhein-Main ist ca. 45 km entfernt. Aschaffenburg hat einen Binnenhafen.

1.1 Hochschule Aschaffenburg

Im Jahr 1991 wurde die Fachhochschule Würzburg-Schweinfurt-Aschaffenburg gegründet, aus der 2007 die Hochschule Aschaffenburg hervorging. Sitz der Hochschule ist eine ehemalige Kaserne. Der Schwerpunkt der Hochschule liegt im betriebswirtschaftlichen und technischen Bereich. An den zwei Fakultäten der Hochschule werden Studiengänge in neun Bereichen angeboten. An der Hochschule Aschaffenburg sind ca. 2 000 Studierende eingeschrieben.

Homepage der Hochschule
http://www.h-ab.de/
Allgemeine Studienberatung
- Sabine Euler
Tel.: (06021) 314-623
E-Mail: sabine.euler@h-ab.de
Hochschule Aschaffenburg / Studienbüro
Würzburger Straße 45, Gebäude 1, Raum E12/E13, 63743 Aschaffenburg
http://www.h-ab.de/studierende/bachelor-studiengaenge/betriebswirtschaft/services/studienbuero/

1.1.1 Fakultät Wirtschaft und Recht

An der Fakultät Wirtschaft und Recht werden die betriebswirtschaftlichen Studiengänge der Hochschule angeboten.

Homepage des Fachbereichs
http://www.h-ab.de/ueber-die-hochschule/organisation/fakultaeten/wirtschaft-und-recht/
Hochschule Aschaffenburg / Fakultät Wirtschaft und Recht
Würzburger Straße 45, 63743 Aschaffenburg

CHE-Hochschulranking

BWL: Im CHE-Ranking 2011 liegt das Fach in der Beurteilung der Studiensituation insgesamt in der Spitzengruppe. Überdurchschnittlich gut werden die Kriterien Betreuung durch Lehrende, Lehrangebot, Studierbarkeit, Praxisbezug, Berufsbezug, Einbeziehung in Lehrevaluation, E-Learning, Bibliotheksausstattung, Räume und IT-Infrastruktur beurteilt.

Betriebswirtschaft

Inhaltlich	Sie erlangen in diesem Studiengang die Fach-, Methoden- und Sozialkompetenzen, die Sie für den späteren Eintritt in das Berufsleben oder den Beginn eines Masterstudiums benötigen. Der Studiengang bietet eine Kombination aus theoretischen, betriebswirtschaftlichen Grundlagen und praxisnaher Ausbildung an der Hochschule und in Unternehmen.
Abschluss	Bachelor of Arts (B.A.), akkreditiert durch ACQUIN
Regelstudienzeit	7 Semester
Studienbeginn	Wintersemester
Studiengebühren	372 Euro pro Semester
Besonderes	Praxissemester im 5. oder 6. Studiensemester, auch als Auslandspraktikum möglich
Zulassungsbeschränkungen	Ja, hochschulinterner NC
Bewerbung	Online über http://www.h-ab.de/schueler-studieninteressenten/bewerbung/
Bewerbungsfrist	2. Mai bis 15. Juli
Mögliche Studienschwerpunkte	Controlling, Finance, International Sales, Human Resources Management, Immobilienmanagement, Internationales Management, Internationales Recht und internationale Finanzierung, Marketingkonzeptionen, Marketing Intelligence, Rechnungs- und Prüfungswesen, Sanierungs- und Insolvenzmanagement, Steuern, Unternehmensführung, Wirtschaftsinformatik – Process Management und Service Management

Weiterführende Informationen zum Studienverlauf und zur Studienberatung

Studienberatung
- **Jutta Arbes**
Tel.: (06021) 314-620
E-Mail: jutta.arbes@h-ab.de
- **Bärbel Hares**
Tel.: (06021) 314-624
E-Mail: baerbel.hares@h-ab.de
http://www.h-ab.de/schueler-studieninteressenten/studienangebot/bachelor-studiengaenge/betriebswirtschaft/

Betriebswirtschaft und Recht

Inhaltlich	Der Studiengang Betriebswirtschaft und Recht bietet eine Kombination aus betriebswirtschaftlichem Wissen und praxisrelevanten juristischen Kenntnissen, die in zwei Teilstudiengängen intensiviert werden können. • Die Studieninhalte im Teilstudiengang Wirtschaft (Bachelor of Arts) setzen sich zu 60 % aus betriebswirtschaftlichem und zu 40 % aus juristischem Lehrstoff, • im Teilstudiengang Recht (Bachelor of Laws) je nach Fächerwahl zwischen 24 % und 43 % aus betriebswirtschaftlichem und zwischen 57 % und 76 % aus juristischem Lehrstoff zusammen.
Abschluss	Bachelor of Arts (B.A.) oder Bachelor of Laws, akkreditiert durch ACQUIN
Regelstudienzeit	7 Semester
Studienbeginn	Wintersemester
Studiengebühren	372 Euro pro Semester
Besonderes	Praxissemester im 5. oder 6. Studiensemester
Zulassungsbeschränkungen	Ja, hochschulinterner NC
Bewerbung	Online über *http://www.h-ab.de/schueler-studieninteressenten/bewerbung/*
Bewerbungsfrist	2. Mai bis 15. Juni
Mögliche Studienschwerpunkte	Controlling, Finance, International Sales, Immobilienmanagement, Internationales Management, Internationales Recht und internationale Finanzierung, Markenmanagement und Recht, Markteting Intelligence, Rechnungs- und Prüfungswesen, Recht des Personalmanagements, Sanierungs- und Insolvenzmanagement, Steuern, Unternehmensführung, Wirtschaftsinformatik – Process Management und Service Management

Weiterführende Informationen zum Studienverlauf und zur Studienberatung

Studienberatung
- **Jutta Arbes**
Tel.: (06021) 314-620
E-Mail: jutta.arbes@h-ab.de

- **Bärbel Hares**
Tel.: (06021) 314-624
E-Mail: baerbel.hares@h-ab.de
http://www.h-ab.de/schueler-studieninteressenten/studienangebot/bachelor-studiengaenge/betriebswirtschaft-und-recht/

1.1.2 Fakultät Ingenieurwissenschaften

An der Fakultät Ingenieurwissenschaften werden die technischen Studiengänge der Hochschule angeboten.

| Homepage des Fachbereichs
| http://www.h-ab.de/ueber-die-hochschule/organisation/fakultaeten/wirtschaft-und-recht/
| Hochschule Aschaffenburg / Fakultät Ingenieurwissenschaften
| Würzburger Straße 45, 63743 Aschaffenburg

CHE-Hochschulranking

Wirtschaftsingenieurwesen: Das Fach Wirtschaftsingenieurwesen liegt im CHE-Ranking 2011 in der Beurteilung der Studiensituation insgesamt in der Spitzengruppe. Besonders gut werden die Kriterien Betreuung durch Lehrende, Räume, Laborausstattung und IT-Infrastruktur bewertet.

Wirtschaftsingenieurwesen

Inhaltlich	Sie lernen, technische und betriebswirtschaftliche Themen zu verbinden, um anstehende Fragen in Unternehmen eigenständig bearbeiten zu können oder um als Bindeglied zwischen den verschiedenen Experten zu wirken. Das weit gefächerte Ausbildungsprogramm eröffnet Ihnen ein breites Einsatzspektrum, das von Logistik über Materialwirtschaft/Einkauf, Fertigung/Produktion, Controlling/Rechnungswesen bis hin zu Marketing/Vertrieb und Organisation/Datenverarbeitung reicht.
Abschluss	Bachelor of Engineering (B.Eng.), akkreditiert durch ASIIN
Regelstudienzeit	7 Semester
Studienbeginn	Wintersemester
Studiengebühren	372 Euro pro Semester
Besonderes	Der Studiengang umfasst ein Praxissemester.
Zulassungsbeschränkungen	Ja, hochschulinterner NC
Bewerbung	Online über *http://www.h-ab.de/schueler-studieninteressenten/bewerbung/*
Bewerbungsfrist	2. Mai bis 15. Juni
Mögliche Studienschwerpunkte	Antriebstechnik und Robotik, Informations- und Automatisierungstechnik, Konstruktion und Entwicklung, Logistik, Mikrosystemtechnik, Produktionstechnik

Weiterführende Informationen zum Studienverlauf und zur Studienberatung
Studienberatung
- Elke Stais
Tel.: (06021) 314-626
E-Mail: elke.stais@h-ab.de

- Beate Windisch
Tel.: (06021) 314-621
E-Mail: beate.windisch@h-ab.de
http://www.h-ab.de/schueler-studieninteressenten/studienangebot/bachelor-studiengaenge/wirtschaftsingenieurwesen/

2 Augsburg

Augsburg ist mit ca. 263 000 Einwohnern die drittgrößte Stadt in Bayern. Sie liegt ca. 65 km nordwestlich von München. Zu den bekanntesten Söhnen der Stadt gehört der Schriftsteller Bert Brecht, dessen Geburtshaus heute Museum ist. Die Augsburger Puppenkiste ist dank zahlreicher Fernsehverfilmungen das wohl berühmteste Marionettentheater Deutschlands.

Augsburg ist traditionell ein bedeutender Industriestandort. Einige dort angesiedelte Unternehmen blicken auf eine jahrhundertealte Tradition zurück, darunter die Maschinenfabrik MAN. An Augsburg führt die Autobahn A8 vorbei. Mit zahlreichen ICE- und IC/EC-Verbindungen ist die Stadt sehr gut an das Schienennetz der Deutschen Bahn angebunden. Der internationale Flughafen München ist ca. 90 km entfernt.

2.1 Hochschule Augsburg

Die Hochschule Augsburg wurde 1971 gegründet. Ihr Studienangebot konzentriert sich auf die Bereiche Wirtschaft, Gestaltung, Technik und Informatik. Die Hochschule verteilt sich auf drei Standorte in der Stadt. An den sechs Fakultäten der Hochschule sind ca. 4 500 Studierende eingeschrieben.

Homepage der Hochschule
http://www.hs-augsburg.de/
Allgemeine Studienberatung
- Daniela Laxy
Tel.: (0821) 5586-3278
E-Mail: daniela.laxy@hs-augsburg.de

- Dr. Ulrike Fink-Heuberger
Tel.: (0821) 5586-3273
E-Mail: ulrike.fink-heuberger@hs-augsburg.de
Hochschule Augsburg
An der Hochschule 1, Raum B 2.06, 86161 Augsburg
http://www.hs-augsburg.de/einrichtung/zentrale_stdb/index.html

2.1.1 Fakultät für Wirtschaft

An der Fakultät für Wirtschaft werden mehrere Bachelor- und Masterstudiengänge angeboten. Die Fakultät hat ihren Standort im Campus an der Schillstraße.

> Homepage des Fachbereichs
> http://www.hs-augsburg.de/fakultaet/wirtschaft/index.html
> Hochschule Augsburg / Fakultät für Wirtschaft
> Schillstr. 100, 86169 Augsburg

CHE-Hochschulranking

BWL: Im CHE-Ranking 2011 liegt das Fach BWL in der Beurteilung der Studiensituation insgesamt im Mittelfeld. Überdurchschnittlich gut wird das Lehrangebot beurteilt.

Betriebswirtschaft

Inhaltlich	Der Bachelorstudiengang bereitet Sie auf die Anforderungen vor, die der Arbeitsmarkt an Absolventen der Betriebswirtschaftslehre stellt. Sie sind nach Studienabschluss fachlich und persönlich qualifiziert, das Management in allen betriebswirtschaftlichen Fragen zu unterstützen und selbst Führungsaufgaben in Wirtschaft und Verwaltung zu übernehmen. Dabei stehen Ihnen alle Branchen und Wirtschaftszweige offen.
Abschluss	Bachelor of Arts (B.A.), akkreditiert durch ACQUIN
Regelstudienzeit	7 Semester
Studienbeginn	Wintersemester
Studiengebühren	450 Euro pro Semester
Besonderes	Inklusive Praxissemester
Zulassungsbeschränkungen	Ja, hochschulinterner NC
Bewerbung	Online über *http://www.hs-augsburg.de/fakultaet/wirtschaft/faqbachelor/bewerbung_und_zulassung/index.html*
Bewerbungsfrist	2. Mai bis 15. Juli
Mögliche Studienschwerpunkte	Verschiedene Schwerpunkte sind möglich.

Weiterführende Informationen zum Studienverlauf und zur Studienberatung

> Studienberatung
> ▪ Prof. Dr. Wolfgang Wirth
> Tel.: (0821) 598-2911
> E-Mail: wolfgang.wirth@hs-augsburg.de
> http://www.hs-augsburg.de/fakultaet/wirtschaft/studium/studiengang/bw_bac/index.html

International Management

Inhaltlich	Der Bachelorstudiengang vermittelt Kenntnisse über komplexe wirtschaftliche Zusammenhänge im internationalen und interkulturellen Kontext. In der Orientierungs- und Aufbauphase erlernen und vertiefen Sie neben analytischen Fähigkeiten auch wirtschaftliche und rechtliche Grund- und Fachkenntnisse. Dazu kommen Wirtschaftsenglisch und eine weitere Wirtschaftsfremdsprache (Französisch, Italienisch, Spanisch). Sie werden qualifiziert, das Management in allen betriebswirtschaftlichen Fragen zu unterstützen und selbst Führungsaufgaben in Wirtschaft und Verwaltung zu übernehmen. Durch die erworbene Sprachkompetenz auf hohem Niveau sind sie besonders in multinationalen Unternehmen äußerst gefragt.
Abschluss	Bachelor of Arts (B.A.), akkreditiert durch ACQUIN
Regelstudienzeit	7 Semester
Studienbeginn	Wintersemester
Studiengebühren	450 Euro pro Semester
Besonderes	Inklusive Praxissemester, möglichst im Ausland
Zulassungsbeschränkungen	Ja, hochschulinterner NC
Bewerbung	Online über *http://www.hs-augsburg.de/fakultaet/wirtschaft/faqbachelor/bewerbung_und_zulassung/index.html*
Bewerbungsfrist	2. Mai bis 15. Juli
Mögliche Studienschwerpunkte	Verschiedene Schwerpunkte sind möglich.

Weiterführende Informationen zum Studienverlauf und zur Studienberatung
Studienberatung
- Prof. Dr. Wolfgang Wirth

Tel.: (0821) 598-2911
E-Mail: wolfgang.wirth@hs-augsburg.de
http://www.hs-augsburg.de/fakultaet/wirtschaft/studium/studiengang/im_bac/index.html

3 Bamberg

Bamberg hat ca. 70 000 Einwohner und liegt in Oberfranken an der Regnitz. Die Stadt gehört zur Metropolregion Nürnberg. Die komplette Altstadt Bambergs mit zahlreichen bis ins frühe Mittelalter zurückreichenden historischen Bauten gehört zum UNESCO-Weltkulturerbe und macht die Stadt zu einem beliebten touristischen Reiseziel. Traditionell waren die Gemüsegärtner wichtig für die Wirtschaft der Stadt, noch immer spielt das Ernährungsgewerbe eine Rolle. Wichtig sind außerdem die Kraftfahrzeugzulieferindustrie mit der Robert Bosch GmbH an der Spitze und die Elektrotechnik. Bamberg ist auch bekannt als Bierstadt mit der höchsten Brauereidichte der Welt. Bamberg liegt an den Autobahnen A7, A70, A71 und A73. Mit einer ICE-Verbindung Richtung Nürnberg und Leipzig ist die Stadt gut an das Schienennetz der Deutschen Bahn angebunden. Der nächstgelegene Flughafen Nürnberg liegt ca. 60 km entfernt. Neben der Otto-Friedrich-Universität Bamberg gibt es eine staatliche Hochschule in der Stadt.

3.1 Otto-Friedrich-Universität Bamberg

Die Otto-Friedrich-Universität Bamberg wurde bereits 1647 gegründet, im Jahr 1803 aber aufgelöst. 1972 wurde sie neu eröffnet. Die Universitätsgebäude befinden sich zum Teil in historischen Gebäuden im Stadtzentrum. An den vier Fakultäten der Universität sind ca. 10 500 Studierende eingeschrieben.

| Homepage der Universität
http://www.uni-bamberg.de/
| Allgemeine Studienberatung
- Iris Negrini
Tel.: (0951) 863-1050
E-Mail: studienberatung@uni-bamberg.de
| Otto-Friedrich-Universität Bamberg / Zentrale Studienberatung
Kapuzinerstraße 25, 96047 Bamberg
http://www.uni-bamberg.de/abt-studium/studienberatung/

3.1.1 Sozial- und Wirtschaftswissenschaften (SoWi)

Die Fakultät wurde 1977 gegründet. Ihr Schwerpunkt ist der multiperspektivische Blick auf die Gesellschaft und ihre wirtschaftlichen, sozialen und politischen Zusammenhänge. Die Fakultät ist in einem Neubau im Osten Bambergs untergebracht.

| Homepage des Fachbereichs
http://www.uni-bamberg.de/sowi/
| Otto-Friedrich-Universität Bamberg / Sozial- und Wirtschaftswissenschaften
Kapuzinerstraße 16, 96047 Bamberg

CHE-Hochschulranking

VWL: Im CHE-Ranking 2011 liegt das Fach BWL in der Beurteilung der Studiensituation insgesamt im Mittelfeld. Überdurchschnittlich gut werden die Kriterien Betreuung durch Lehrende, Kontakt zu Studierenden, Lehrangebot, Wissenschaftsbezug und Unterstützung für Auslandsstudium bewertet.

European Economic Studies

Inhaltlich	Das Studienprogramm beginnt mit einem 2-jährigen Studium in Bamberg, in dem konzentriert volkswirtschaftliche Inhalte und Methoden vermittelt werden. Anschließend absolvieren Sie ein 1-jähriges Auslandsstudium, das auch für erste spezielle Berufsfeldorientierungen im sozial- und wirtschaftswissenschaftlichen Bereich sorgt und die interkulturelle Kompetenz stärkt. Darüber hinaus ist ein obligatorisches sechswöchiges Praktikum Teil des Curriculums.
Abschluss	Bachelor of Science (B.Sc.), akkreditiert durch ACQUIN
Regelstudienzeit	6 Semester
Studienbeginn	Wintersemester
Studiengebühren	450 Euro pro Semester
Besonderes	• 2 Auslandssemester sind Pflicht • Ein 6-wöchiges Praktikum gehört zum Studiengang
Zulassungsbeschränkungen	Keine
Bewerbung	Online über *http://www.uni-bamberg.de/index.php?id=2683*
Bewerbungsfrist	16. August bis 7. Oktober
Mögliche Studienschwerpunkte	Verschiedene Schwerpunkte sind möglich.

Weiterführende Informationen zum Studienverlauf und zur Studienberatung

Studienberatung
- Dr. Felix Stübben

Tel.: (0951) 863-2687
E-Mail: ees@uni-bamberg.de
http://www.uni-bamberg.de/studium/studienangebot/ueberblick-nach-abschluessen/bachelor/european-economic-studies/

4 Bayreuth

Bayreuth hat ca. 72 000 Einwohner und liegt am Roten Main zwischen dem Fichtelgebirge und der Fränkischen Schweiz, ca. 70 km von der Grenze zu Tschechien entfernt. International bekannt ist die Stadt vor allem durch die Bayreuther Festspiele, die jährlich im Sommer Opernfreunde aus alle Welt anlocken. Im Bayreuther Festspielhaus werden ausschließlich Werke Richard Wagners aufgeführt, der die Festspiele im Jahr 1876 begründete. Bayreuth ist über die Autobahnen A9 und A70 an das Fernstraßennetz angebunden. Im Schienenverkehr ist die Stadt mit Regionalverbindungen gut erreichbar. Der Flughafen Nürnberg liegt ca. 90 km entfernt.

4.1 Universität Bayreuth

Die Universität wurde 1975 gegründet. Schon früher gab es eine Universität in der Stadt: Sie entstand 1742 in Bayreuth, wurde aber nur ein Jahr später nach Erlangen verlegt.

Der größte Teil der heutigen Universitätseinrichtungen ist auf einem Campus-Gelände im Süden der Stadt angesiedelt. An den sechs Fakultäten der Universität sind ca. 10 000 Studierende eingeschrieben.

> **Homepage der Universität**
> http://www.uni-bayreuth.de/
> **Allgemeine Studienberatung**
> - Iris Schneider-Burr
> Tel.: (0921) 55-5245
> - Gisela Gerstberger
> Tel.: (0921) 55-5249
> E-Mail: studienberatung@uni-bayreuth.de
> **Universität Bayreuth / Zentrale Studienberatung**
> Universitätsstraße 30, 95447 Bayreuth
> http://www.uni-bayreuth.de/studieninteressierte/studienberatung/index.html

4.1.1 Rechts- und Wirtschaftswissenschaftliche Fakultät

Die Fakultät kombiniert Rechtswissenschaften, Betriebs- und Volkswirtschaftslehre und Gesundheitsökonomie. Hinzu kommen Sportökonomie und Philosophy & Economics. Die Fakultät betreibt interdisziplinäre Forschung über zentrale Bereiche des Wirtschaftslebens, der Gesellschaft und des Staates. Unter dem Forschungsprofil Dynamik und Ordnung werden die Wechselwirkungen in der Dynamik gesellschaftlicher und betrieblicher Entwicklungsprozesse und der Herausbildung geordneter Strukturen in komplexen Gesellschafts- und Wirtschaftssystemen untersucht.

Homepage des Fachbereichs
http://www.rw.uni-bayreuth.de/de/index.html
Universität Bayreuth / Rechts- und Wirtschaftswissenschaftliche Fakultät
Universitätsstraße 30, 95447 Bayreuth

CHE-Hochschulranking

BWL: Im CHE-Ranking 2011 liegt das Fach BWL in der Beurteilung der Studiensituation insgesamt in der Spitzengruppe. Besonders gut werden die Kriterien Betreuung durch Lehrende, Kontakt zu Studierenden, Lehrangebot, Wissenschaftsbezug, Studierbarkeit, Berufsbezug, Einbeziehung in Lehrevaluation, E-Learning, Bibliotheksausstattung und Räume beurteilt.

VWL: Im CHE-Ranking 2011 liegt das Fach BWL in der Beurteilung der Studiensituation insgesamt in der Spitzengruppe. Besonders gut werden die Kriterien Betreuung durch Lehrende, Kontakt zu Studierenden, Lehrangebot, Wissenschaftsbezug, Studierbarkeit, Berufsbezug, Einbeziehung in Lehrevaluation, E-Learning und Räume beurteilt.

Betriebswirtschaftslehre (BWL)

Inhaltlich	Der Studiengang ist von einer engen Verzahnung mit der Volkswirtschaftslehre und der Rechtswissenschaft geprägt. Sie haben schon frühzeitig die Gelegenheit, aktuelle Fragen der wirtschaftswissenschaftlichen Forschung kennenzulernen. Sie erwerben die Fähigkeit, ökonomische Probleme sowohl in Unternehmen als auch im Wirtschaftssystem zu erkennen. Sie lernen, diese Probleme selbständig zu analysieren und einer Lösung näher zu bringen.
Abschluss	Bachelor of Science (B.Sc.), akkreditiert durch ACQUIN
Regelstudienzeit	6 Semester
Studienbeginn	Sommersemester und Wintersemester
Studiengebühren	450 Euro pro Semester
Zulassungsbeschränkungen	Ja, hochschulinterner NC
Bewerbung	Online über http://www.uni-bayreuth.de/studieninteressierte/studentenkanzlei/bewerbung_und_einschreibung/index.html
Bewerbungsfrist	15. Januar und 15. Juli
Mögliche Studienschwerpunkte	Verschiedene Schwerpunkte sind möglich.

Weiterführende Informationen zum Studienverlauf und zur Studienberatung

Studienberatung
Tel.: (0921) 55-4444
Fax: (0921) 55-844444
E-Mail: bwl@uni-bayreuth.de
http://www.uni-bayreuth.de/studium/bachelor/bwl/index.html

Economics (VWL)

Inhaltlich	Die betriebs-, volkswirtschaftliche und rechtswissenschaftliche Ausbildung im Studium ist eng verzahnt. Sie lernen, adäquate Lösungskonzepte zu entwickeln, um bestimmte gesellschaftliche, unternehmerische oder andere Ziele zu erreichen. Volkswirtschaftlich relevante Probleme finden sich z. B. auf Güter-, Dienstleistungs-, Arbeits- und Umweltmärkten, aber auch bei der Umstrukturierung oder Schaffung neuer Märkte, etwa im Bereich neuer Medien, Telekommunikation, Verkehr, Gesundheit. Volkswirte werden überall dort gebraucht, wo es um die Lösung struktureller Probleme geht. Die praxisnahe Lehre mit Bezug zu aktuellen ökonomischen Problemen bereitet Sie auf Ihr späteres Berufsleben vor.
Abschluss	Bachelor of Science (B.Sc.), akkreditiert durch ACQUIN
Regelstudienzeit	6 Semester
Studienbeginn	Sommersemester und Wintersemester
Studiengebühren	450 Euro pro Semester
Besonderes	Vor der Einschreibung erfolgt ein Eignungsfeststellungsverfahren.
Zulassungsbeschränkungen	Keine
Bewerbung	Online über *http://www.vwl.uni-bayreuth.de/de/002_Studieninteressierte/01_Bachelor-Studiengang/index.html*
Bewerbungsfrist	15. Januar und 15. Juli
Mögliche Studienschwerpunkte	Empirische Wirtschaftsforschung, Geld und Internationale Wirtschaftsbeziehungen, Institutionen und Wettbewerb, Staatstätigkeit und Sozialpolitik

Weiterführende Informationen zum Studienverlauf und zur Studienberatung

Studienberatung
- Prof. Dr. Martin Leschke

Tel.: (0921) 55-4321
Fax: (0921) 55-4325
E-Mail: vwl@uni-bayreuth.de
http://www.vwl.uni-bayreuth.de/de/index.html

5 Deggendorf

Deggendorf hat ca. 31 500 Einwohner und liegt in Niederbayern im Donautal. In Deggendorf sind zahlreiche Unternehmen aus verschiedenen Branchen angesiedelt, darunter ein international tätiges Tiefbauunternehmen. Die Stadt liegt am Autobahnkreuz der A3 und A92 und ist damit im Fernverkehr sehr gut erreichbar. Im Schienenverkehr ist Deggendorf ebenfalls mit dem Fernverkehr verbunden, außerdem verläuft dort die landschaftlich schöne Strecke der Bayerischen Waldbahn.

5.1 Hochschule Deggendorf

Die Hochschule Deggendorf wurde 1994 gegründet. Der erste angebotene Studiengang war Betriebswirtschaft. Alle Studiengänge sind praxisorientiert und international ausgerichtet und an einem zentralen Campus angesiedelt. An den vier Fakultäten sind ca. 3 700 Studierende eingeschrieben.

Homepage der Hochschule
http://www.fh-deggendorf.de
Allgemeine Studienberatung
- Maria Gretzinger, M.A.
Tel.: (0991) 3615-229
Fax: (0991) 3615-292
E-Mail: maria.gretzinger@fh-deggendorf.de
- Friedrich Münch, Dipl.-Ing. Medientechnik (FH)
Tel.: (0991) 3615-217
E-Mail: friedrich.muench@fh-deggendorf.de
- Iris Reul
Tel.: (0991) 3615-209
E-Mail: iris.reul@fh-deggendorf.de
Hochschule Deggendorf
Edlmairstr. 6 + 8, Zimmer B 214, 94469 Deggendorf
http://www.fh-deggendorf.de/auslandsamt/studienberatung/index.html

5.1.1 Fakultät für Betriebswirtschaft und Wirtschaftsinformatik

An der Fakultät für Betriebswirtschaft und Wirtschaftsinformatik werden mehrere Bachelor- und Masterstudiengänge angeboten.

Homepage des Fachbereichs
http://www.fh-deggendorf.de/bwl/index.html
Hochschule Deggendorf / Fakultät für Betriebswirtschaft und Wirtschaftsinformatik
Edlmairstr. 6 + 8, 94469 Deggendorf

CHE-Hochschulranking
BWL: Im CHE-Ranking 2011 liegt das Fach BWL in der Beurteilung der Studiensituation insgesamt in der Spitzengruppe. Besonders gut werden alle Bereiche bewertet, nämlich Betreuung durch Lehrende, Lehrangebot, Studierbarkeit, Praxisbezug, Berufsbezug, Einbeziehung in Lehrevaluation, E-Learning, Bibliotheksausstattung, Räume, IT-Infrastruktur und Unterstützung für Auslandsstudium.

Betriebswirtschaft

Inhaltlich	Sie werden sowohl fachlich als auch in den sogenannten Methodenkompetenzen ausgebildet. Das heißt, dass Sie neben den klassischen betriebswirtschaftlichen Fächern auch lernen, wie Sie zum Beispiel mit anderen im Team umgehen, wie Sie (sich) gekonnt präsentieren, Vorträge halten und anderes mehr.
Abschluss	Bachelor of Arts (B.A.), akkreditiert durch FIBAA
Regelstudienzeit	7 Semester (210 CP)
Studienbeginn	Wintersemester
Studiengebühren	370 Euro pro Semester
Zulassungsbeschränkungen	Ja, hochschulinterner NC
Bewerbung	Online über http://www.fh-deggendorf.de/service/stud/Online-bewerbung.html
Bewerbungsfrist	19. April bis 15. Juli
Mögliche Studienschwerpunkte	Controlling und Rechnungswesen, Dienstleistungsmanagement, Einkauf und Logistik, Internationales Vertriebs- und Marketingmanagement, Steuern und Wirtschaftsprüfung

Weiterführende Informationen zum Studienverlauf und zur Studienberatung

Studienberatung
- Prof. Dr. Henning Schulze
Tel.: (0991) 3615-122
Fax: (0991) 3615-199
E-Mail: henning.schulze@fh-deggendorf.de
http://www.fh-deggendorf.de/bwl/bachelor/index.html

5.1.2 Fakultät für Maschinenbau und Mechatronik

An der Fakultät für Maschinenbau und Mechatronik werden mehrere Bachelor- und Masterstudiengänge angeboten.

Homepage des Fachbereichs
http://www.hs-deggendorf.de/mb/index.html
Hochschule Deggendorf / Fakultät für Maschinenbau und Mechatronik
Edlmairstr. 6 + 8, 94469 Deggendorf

CHE-Hochschulranking

Wirtschaftsingenieurwesen: Das Fach Wirtschaftsingenieurwesen liegt im CHE-Ranking 2011 in der Beurteilung der Studiensituation insgesamt im Mittelfeld. Besonders gut werden Studierbarkeit, Berufsbezug, Laborausstattung und IT-Infrastruktur bewertet.

Wirtschaftsingenieurwesen

Inhaltlich	Sie erhalten eine wissensbasierte Generalistenausbildung mit sehr guten Arbeitsmarktchancen. Der Studiengang liefert eine Verbindung der wissens- und technologieintensiven Wissenschaften mit praxisbezogenem betriebswirtschaftlichem und rechtlichem Know-how sowie mit persönlichen Schlüsselqualifikationen.
Abschluss	Bachelor of Engineering (B.Eng.), akkreditiert durch ASIIN
Regelstudienzeit	7 Semester
Studienbeginn	Wintersemester
Studiengebühren	370 Euro pro Semester
Besonderes	Ein 6-wöchiges Vorpraktikum wird verlangt; es muss spätestens bis Ende des des 2. Studiensemesters geleistet werden.
Zulassungsbeschränkungen	Ja, hochschulinterner NC
Bewerbung	Online über http://www.fh-deggendorf.de/service/stud/Online-bewerbung.html
Bewerbungsfrist	19. April bis 15. Juli
Mögliche Studienschwerpunkte	Verschiedene Schwerpunkte sind möglich.

Weiterführende Informationen zum Studienverlauf und zur Studienberatung

Studienberatung
- Dr. rer. Pol. Jutta Hübscher
Tel.: (0991) 3615-330
Fax: (0991) 3615-399
E-Mail: jutta.huebscher@fh-deggendorf.de
http://www.fh-deggendorf.de/mb/studium_wgb/index.html

6 Erding

Erding hat ca. 34 500 Einwohner und liegt 36 km nordöstlich von München. Der nur ca. 14 km entfernte internationale Flughafen München im Erdinger Moos spielt eine sehr wichtige Rolle für die wirtschaftliche Entwicklung der Stadt. Erding liegt sehr verkehrsgünstig im Münchener Umland und ist im Straßen- und Schienenverkehr sehr gut zu erreichen.

6.1 Fachhochschule für angewandtes Management (FHAM)

Die 2004 gegründete Fachhochschule für angewandtes Management ist die größte private Fachhochschule in Bayern. Sie bietet ein semivirtuelles Studium an, d. h. Fernstudiengänge mit Präsenzphasen. Die Hochschule kooperiert mit der Ludwig-Maximilians-Universität München und der Friedrich-Alexander-Universität Erlangen-Nürnberg. Sie hat weitere Standorte in Neumarkt i. d. Oberpfalz, Günzburg, Bad Tölz, Berlin und Treuchtlingen. An der Hochschule sind ca. 1 500 Studierende eingeschrieben.

Homepage der Fachhochschule
http://www.myfham.de/
Allgemeine Studienberatung
Tel.: (08122) 955948-0
Fax: (08122) 955948-49
E-Mail: info(@myfham.de
Fachhochschule für angewandtes Management / Staatlich anerkannte private Hochschule
Am Bahnhof 2, 85435 Erding
http://www.myfham.de/Kontakt.1209.0.html

6.1.1 Fachbereich

An der FHAM gibt es keine separaten Fachbereiche. Die Hochschule hat weitere Standorte in Oberpfalz, Günzburg, Bad Tölz, Berlin und Treuchtlingen. Der Studiengang Betriebswirtschaftslehre wird neben Erding auch in Bad Tölz, Berlin und Neumarkt i. d. Oberpfalz angeboten.

CHE-Hochschulranking

BWL: Im CHE-Ranking 2011 liegen keine Angaben vor.

Betriebswirtschaftslehre

Inhaltlich	Sie erlangen die erforderlichen betriebswirtschaftlichen Fachkenntnisse und Fähigkeiten, um in der betrieblichen Praxis Problemstellungen zu überblicken und zu verstehen, passende Lösungskonzepte zu entwickeln und diese anschließend erfolgreich umzusetzen. Ein anschließendes Masterstudium ist möglich.
Abschluss	Bachelor of Arts (B.A.), akkreditiert durch FIBAA
Regelstudienzeit	7 Semester (210 CP)
Studienbeginn	Sommersemester und Wintersemester
Studiengebühren	365 Euro pro Monat

Besonderes	• Beim semivirtuellen Studium nach dem dualen System wechseln Präsenzphasen und virtuellen Anteile • Der Studiengang umfasst ein Praxissemester
Zulassungsbeschränkungen	Keine
Bewerbung	Anmeldeformular über *http://www.myfham.de/Anmeldung.1922.0.html*
Bewerbungsfrist	10. Februar und 10. September
Mögliche Studienschwerpunkte	Branchenfokussierung Baumanagement, Branchenfokussierung Gesundheitsmanagement, Branchenfokussierung Medienmanagement, Handelsmanagement, Informatik und Neue Medien, Internationales und interkulturelles Management, Musik- und Kulturmanagement, Public Management, Rechnungslegung und Steuern, Wirtschaft und Technik

Weiterführende Informationen zum Studienverlauf und zur Studienberatung

Studienberatung
Tel.: (08122) 955948-0
Fax: (08122) 955948-49
E-Mail: info(@myfham.de
http://www.myfham.de/Betriebswirtschaftslehre_Bachelor.1899.0.html

7 Ingolstadt

Ingolstadt liegt an der Donau und hat ca. 125 000 Einwohner. Sehenswert ist die weitgehend erhaltene historische Altstadt. Ingolstadt gehört zu den Regionen mit dem stärksten Wirtschaftswachstum, wobei die Wirtschaft der Stadt vor allem durch produzierende Industrie geprägt ist. Ingolstadt ist ein wichtiger Verkehrsknotenpunkt und durch die A9 mit dem Autobahnnetz verbunden. Zahlreiche ICE-Züge der Deutschen Bahn halten hier, auch die regionale Anbindung im Schienenverkehr ist gut. Der nächstgelegene internationale Flughafen München ist ca. 70 km entfernt.

Ingolstadt wurde 1472 Sitz der ersten bayerischen Universität, die jedoch im Jahr 1800 verlegt wurde. Heute ist Ingolstadt Sitz der Wirtschaftswissenschaftlichen Fakultät der Katholischen Universität Eichstätt-Ingolstadt, außerdem gibt es eine Fachhochschule.

7.1 Katholische Universität Eichstätt-Ingolstadt (KU)

Die Katholische Universität Eichstätt-Ingolstadt ist eine der beiden katholischen Universitäten in Deutschland. Sie wurde 1980 gegründet und gehört mit rund 4 500 Studierenden zu den kleinsten Universitäten Deutschlands. An der Universität gibt es acht Fakultäten. Hauptsitz der Universität ist die kleine Stadt Eichstätt, die ca. 30 km von Ingolstadt entfernt liegt.

> Homepage der Universität
> http://www.ku-eichstaett.de/
> Allgemeine Studienberatung
> ▪ Dr. Georg-Matthias Mojse
> Tel.: (08421) 93-1283
> Fax: (08421) 93-1796
> E-Mail: georg.mojse@ku-eichstaett.de
> Katholische Universität Eichstätt-Ingolstadt / Zentrale Studienberatung
> Kapuzinerkloster
> Kapuzinergasse 2, Raum 132, 85072 Eichstätt
> http://www.ku-eichstaett.de/studieninteressenten/ku_studienberatung/zentrale_studienberatung/

7.1.1 Wirtschaftswissenschaftliche Fakultät (WFI)

Die Wirtschaftswissenschaftliche Fakultät wurde 1989 eingerichtet. Sie tritt auch unter dem Namen WFI – Ingolstadt School of Management auf. Sie bereitet durch die Lehre von innovativem, wirtschaftswissenschaftlich fundiertem Wissen sowie Praxisorientierung auf die Herausforderungen des späteren Berufslebens vor. Die Fakultät schließt an die gewachsene katholische Bildungstradition an und entwickelt sie zeitgemäß weiter.

> Homepage des Fachbereichs
> http://www.ku-eichstaett.de/Fakultaeten/WWF.de
> Katholische Universität Eichstätt-Ingolstadt / Wirtschaftswissenschaftliche Fakultät
> Auf der Schanz 49, 85049 Ingolstadt

CHE-Hochschulranking

BWL: Im CHE-Ranking 2011 liegt das Fach BWL in der Beurteilung der Studiensituation insgesamt in der Spitzengruppe. Besonders gut werden die Kriterien Betreuung durch Lehrende, Lehrangebot, Studierbarkeit, Berufsbezug, Räume und Unterstützung für Auslandsstudium bewertet.

Katholische Universität Eichstätt-Ingolstadt (KU) 123

Betriebswirtschaftslehre

Inhaltlich	In den ersten 3 Semestern erwerben Sie die Grundlagen in der Betriebs- sowie Volkswirtschaftslehre, den Quantitativen Methoden (Mathematik und Statistik) und in Jura. Daneben erfolgt eine Ausbildung in mindestens einer Wirtschaftssprache. Im fortgeschrittenen Studium werden die Kenntnisse vertieft.
Abschluss	Bachelor of Science (B.Sc.), akkreditiert durch ACQUIN
Regelstudienzeit	6 Semester (180 CP)
Studienbeginn	Sommersemester und Wintersemester
Studiengebühren	450 Euro pro Semester
Zulassungsbeschränkungen	• Ja, hochschulinterner NC • 35 Studienplätze pro Semester
Bewerbung	Online über *http://www.ku-eichstaett.de/ Fakultaeten/WWF/studium/bachelor/ bewerbung.de*
Bewerbungsfrist	15. Januar und 15. Juli
Mögliche Studienschwerpunkte	Accounting und Controlling, Arbeit und Personal, Finanzierung und Banken/Kapitalmärkte, Informationsmanagement, Internationales Management, Marketing und Dienstleistungsmanagement, Steuern, Supply Chain Management

Weiterführende Informationen zum Studienverlauf und zur Studienberatung

Studienberatung
- **Dipl.-Kfm. Jakob Schäuble**
Tel.: (0841) 937-1863
Fax: (0841) 937-2939
E-Mail: studienberatung-wfi@ku-eichstaett.de
http://www.ku-eichstaett.de/studieninteressenten/studienmoeglichkeiten/studiengaenge_nach_abschluss/bachelor/bwl/allgemeine_informationen/

Finanzdienstleistungsmanagement (berufsintegriert)

Inhaltlich	Durch die berufsintegrierte Konzeption sind Studium und Beruf optimal aufeinander abgestimmt. Die Inhalte sind auf die fachliche Karriere im Vertrieb von Finanz- und Finanzdienstleistungsunternehmen ausgerichtet und befähigen zur Übernahme von Führungsverantwortung im Vertriebsbereich. Das Studium vermittelt auf hohem universitären Niveau anwendungs- und prozessorientierte Kompetenzen.
Abschluss	Bachelor of Arts (B.A.), akkreditiert durch ACQUIN
Regelstudienzeit	6 Semester
Studienbeginn	Sommersemester
Studiengebühren	450 Euro pro Semester
Besonderes	Für den berufsintegrierten Studiengang ist eine Berufsausbildung erforderlich. Der Studiengang wurde in Zusammenarbeit mit der Bayerischen Hypo- und Vereinsbank AG entwickelt.
Zulassungsbeschränkungen	Ja, hochschulinterner NC
Bewerbung	Online über http://www.ku-eichstaett.de/Fakultaeten/WWF/studium/bachelor/bewerbung.de
Bewerbungsfrist	15. Januar
Mögliche Studienschwerpunkte	Bankbetriebslehre, Dienstleistungsmanagement, Marketing, Unternehmensführung

Weiterführende Informationen zum Studienverlauf und zur Studienberatung

Studienberatung
- Sebastian Krimm
Tel.: (0841) 937-1865
E-Mail: sebastian.krimm@kuei.de

- Martin Rohleder
Tel.: (0841) 937-1991
E-Mail: martin.rohleder@kuei.de
http://www.wfi-management.de/index.php?id=132

7.2 Hochschule Ingolstadt

Die Hochschule Ingolstadt wurde 1994 gegründet. An der Campus-Hochschule gibt es drei Fakultäten. An der Hochschule sind ca. 3 100 Studierende eingeschrieben.

Homepage der Hochschule
http://www.haw-ingolstadt.de/
Allgemeine Studienberatung
- **Sabine Dörr**
Tel.: (0841) 9348-121
Fax: (0841) 9348-474
E-Mail: studienberatung@haw-ingolstadt.de
Hochschule Ingolstadt / Career Service / Studienberatung & International Office
Esplanade 10, Gebäude Z: Kavalier Heydeck, 85049 Ingolstadt
http://www.haw-ingolstadt.de/studium/studienberatung.html

7.2.1 Fakultät Wirtschaftswissenschaften

Homepage des Fachbereichs
http://www.haw-ingolstadt.de/hochschule/fakultaet-wirtschaftswissenschaften.html

CHE-Hochschulranking
BWL: Im CHE-Ranking 2011 liegt das Fach BWL in der Beurteilung der Studiensituation insgesamt in der Spitzengruppe. Besonders gut werden die Kriterien Betreuung durch Lehrende, Lehrangebot, Studierbarkeit, Berufsbezug, Räume und Unterstützung für Auslandsstudium bewertet.

Betriebswirtschaft

Inhaltlich	Der Studiengang ist praxisorientiert. Professor/-innen mit Praxis- und Managementerfahrung vermitteln aktuelles Wissen, das in Projektarbeiten und Praktika angewandt wird. Teamorientiertes Lernen und Arbeiten wird bereits während des Studiums trainiert. Internationale Studieninhalte und optionale Auslandsaufenthalte runden das Ausbildungsprofil ab. Mit der so erworbenen Qualifikation schaffen Sie den Übergang von der Hochschule in attraktive Fach- und Führungsfunktionen von Industrie, Mittelstand und Dienstleistung.
Abschluss	Bachelor of Arts (B.A.), akkreditiert durch ACQUIN
Regelstudienzeit	7 Semester
Studienbeginn	Sommersemester und Wintersemester
Studiengebühren	450 Euro pro Semester

Besonderes	• Inklusive Praxissemester • Auch als berufsintegrierender Studiengang möglich
Zulassungsbeschränkungen	Ja, hochschulinterner NC
Bewerbung	Online über *http://www.haw-ingolstadt.de/studium/studienangebote/bewerbung.html*
Bewerbungsfrist	• 16.November bis 15. Januar und • 2. Mai bis 15. Juli
Mögliche Studienschwerpunkte	Controlling, Finanzmanagement, Logistik, Marketing, Personalmanagement, Unternehmensbesteuerung, Informationsmanagement

Weiterführende Informationen zum Studienverlauf und zur Studienberatung
Studienberatung
▪ Prof. Dr. Jörg Clostermann
Tel.: (0841) 9348-122
E-Mail: joereg.clostermann@haw-ingolstadt.de
http://www.haw-ingolstadt.de/studium/studienangebote/betriebswirtschaft.html

8 Kempten

Kempten im Allgäu liegt an der Iller und hat ca. 62 000 Einwohner. Die wichtigste wirtschaftliche Rolle spielt die Dienstleistungsbranche. Die Milchwirtschaft ist von überregionaler Bedeutung. Schon vor der Industrialisierung wurde das Wasser als Energiequelle genutzt, damals mit Wassermühlen, später durch Turbinen. Heute gibt es mehrere Wasserkraftwerke an der Iller. Kempten liegt an der Autobahn A7 und der Verbindungsautobahn A980. Im Schienennetz der Deutschen Bahn ist Kempten gut zu erreichen. Der nächste Flughafen ist der ca. 40 km entfernte Flughafen Memmingen.

8.1 Hochschule Kempten

Die Hochschule wurde 1977 gegründet. Die Hochschulgebäude befinden sich überwiegend auf einem Campus in der Bahnhofstraße. An den vier Fachbereichen der Hochschule sind ca. 4 000 Studierende eingeschrieben.

Homepage der Hochschule
http://www.hochschule-kempten.de/
Allgemeine Studienberatung
Tel.: (0831) 2523-308
E-Mail: studienberatung@fh-kempten.de
Hochschule Kempten / Kommunikation und Studienberatung
Bahnhofstr. 61, Gebäude V, 87435 Kempten
http://www.hochschule-kempten.de/studium/studienberatung/

8.1.1 Fachbereich Betriebswirtschaft

Am Fachbereich Betriebswirtschaft werden mehrere Bachelor- und Masterstudiengänge angeboten.

| Homepage des Fachbereichs
| http://www.hochschule-kempten.de/hochschule/fakultaeten/betriebswirtschaft.html
| Hochschule Kempten / Fachbereich Betriebswirtschaft
| Bahnhofstraße 61, 87435 Kempten

CHE-Hochschulranking
BWL: Im CHE-Ranking 2011 liegt das Fach BWL in der Beurteilung der Studiensituation insgesamt in der Spitzengruppe. Überdurchschnittlich gut werden die Bereiche Betreuung durch Lehrende, Lehrangebot, Studierbarkeit, Praxisbezug, Berufsbezug, Einbeziehung in Lehrevaluation, Bibliotheksausstattung, Räume, IT-Infrastruktur und Unterstützung für Auslandsstudium beurteilt.

Betriebswirtschaft

Inhaltlich	Sie erwerben fundierte betriebswirtschaftliche Kenntnisse. Nicht nur der enge Bezug zur Berufspraxis, sondern auch die im Studium vermittelten wissenschaftlichen Erkenntnisse und Methoden ermöglichen es Ihnen, Probleme im späteren Berufsleben zu erkennen und zu lösen. Während des Studiums wählen Sie individuelle Schwerpunkte.
Abschluss	Bachelor of Arts (B.A.), akkreditiert durch ACQUIN
Regelstudienzeit	7 Semester
Studienbeginn	Wintersemester
Studiengebühren	400 Euro pro Semester
Besonderes	• Der Studiengang umfasst ein Praxissemester • Ein 6-wöchiges Vorpraktikum wird empfohlen • Ein Auslandssemester ist möglich
Zulassungsbeschränkungen	Ja, hochschulinterner NC
Bewerbung	Online über *http://www.hochschule-kempten.de/studium-organisation/bewerbung-um-einen-studienplatz.html*
Bewerbungsfrist	15. Januar und 15. Juli
Mögliche Studienschwerpunkte	Bank-, Finanz- und Versicherungswirtschaft, International Management, Logistik, Marketing, Personal-Management, Rechnungswesen und Controlling, Steuern, Unternehmensentwicklung und -beratung, Unternehmensplanung und Business Intelligence, Wirtschaftsinformatik, Wirtschaftsrecht

Weiterführende Informationen zum Studienverlauf und zur Studienberatung

Studienberatung
- Prof. Dr. rer. pol. Lienhard Hopfmann

Tel.: (0831) 2523-160
Fax: (0831) 2523-162
E-Mail: lienhard.hopfmann@fh-kempten.de
http://www.hochschule-kempten.de/studium/studienangebot/betriebswirtschaft-tourismus/betriebswirtschaft-bachelor-of-arts/allgemeines.html

9 München

Die bayerische Landeshauptstadt München ist mit ca. 1,4 Millionen Einwohnern die drittgrößte Stadt in Deutschland. Sie liegt an der Isar im Voralpenland und ist weltweit u. a. als Veranstaltungsort für das jährlich stattfindende Oktoberfest bekannt. Die Bayerische Staatsbibliothek ist eine der wichtigsten Zentralbibliotheken in Europa und birgt zahlreiche Buchschätze.

München gehört zu den deutschen Städten mit hoher Wirtschaftskraft. Die Stadt ist durch ihre Sehenswürdigkeiten, Einkaufsmöglichkeiten, Messen und Kongresse ein beliebtes touristisches Ziel. Mit ca. 180 ansässigen Verlagen ist München die größte Verlagsstadt in Europa. München ist einer der wichtigsten Verkehrsknotenpunkte in Deutschland im Straßen-, Schienen- und Luftverkehr. Der Flughafen München ist der zweitgrößte in Deutschland.

Von den neun im Rahmen der Exzellenzinitiative des Bundesministeriums für Wissenschaft und Forschung und der Deutschen Forschungsgemeinschaft ausgezeichneten Eliteuniversitäten liegen zwei in München: die Technische Universität und die Ludwig-Maximilians-Universität. Neben den beiden Universitäten gibt es eine Universität der Bundeswehr und mehrere Hochschulen und Akademien in München.

9.1 Universität der Bundeswehr München (UniBwM)

Die 1973 gegründete Universität der Bundewehr München ist eine der beiden Universitäten der Bundeswehr. Sie liegt nicht in München direkt, sondern im ca. 10 km südöstlich gelegenen Neubiberg. Sie dient der Ausbildung des Offiziersnachwuchses für die Bundeswehr, seit 2002 sind jedoch auch einige zivile Studierende an der Hochschule eingeschrieben. Für sie ist ein Wirtschaftsstipendium Voraussetzung zur Zulassung.

An der Universität gibt es sieben Fakultäten mit ca. 3 410 Studierenden.

Homepage der Universität
http://www.unibw.de/
Allgemeine Studienberatung
- Stephanie Linsinger
Tel.: (089) 6004-3244
E-Mail: stephanie.linsinger@unibw.de
Universität der Bundeswehr München
Werner-Heisenberg-Weg 39, 85577 Neubiberg
http://www.unibw.de/praes/studium/studienberatung

9.1.1 Fakultät für Wirtschafts- und Organisationswissenschaften (WOW)

Die Fakultät WOW ist eine der größten Fakultäten der Universität der Bundeswehr. An ihr werden mehrere Bachelor- und Masterstudiengänge angeboten.

Homepage des Fachbereichs
http://wow.w3.rz.unibw-muenchen.de/
Universität der Bundeswehr München / Fakultät für Wirtschafts- und Organisationswissenschaften
Werner-Heisenberg-Weg 39, 85577 Neubiberg

CHE-Hochschulranking
BWL: Im CHE-Ranking 2011 liegt das Fach BWL in der Beurteilung der Studiensituation insgesamt in der Schlussgruppe. Überdurchschnittlich gut werden die Räume bewertet.

Wirtschafts- und Organisationswissenschaften

Inhaltlich	Sie werden auf zukünftige anwendungs-, lehr- und forschungsbezogene Tätigkeitsfelder vorbereitet. Das sind u. a.: • Planung des Personalbedarfs • Planung und Durchführung von Maßnahmen der Personalbeschaffung, der Gestaltung des Anreizsystems sowie des Personaleinsatzes, Personalführung und Personalentwicklung • Planung und Durchführung finanz- und haushaltswirtschaftlicher Tätigkeiten, Analyse und Beeinflussung von Produktions- und Marktprozessen • Planung, Durchführung und Erfolgskontrolle von Infrastrukturmaßnahmen, Analyse und Durchführung des Wandels organisatorischer Strukturen und Prozesse.
Abschluss	Bachelor of Science (B.Sc.), akkreditiert durch ACQUIN
Regelstudienzeit	9 Trisemester
Studienbeginn	Herbsttrimester

Studiengebühren	8 000 Euro pro Studienjahr
Besonderes	Nur für Offiziere bzw. Offiziersanwärter der Bundeswehr mit bestandener Offiziersprüfung
Zulassungsbeschränkungen	Ja, hochschulinterner NC
Bewerbung	Infos unter *http://www.unibw.de/praes/ studium/studienberatung/der-weg-zum-studium*
Bewerbungsfrist	Auf Anfrage
Mögliche Studienschwerpunkte	Betriebliches Rechnungswesen, Betriebswirtschaftslehre, Privates und Öffentliches Recht, Statistik, Verwaltungslehre, Volkswirtschaftslehre

Weiterführende Informationen zum Studienverlauf und zur Studienberatung

Studienberatung
- Stephanie Linsinger
Tel.: (089) 6004-3244
E-Mail: stephanie.linsinger@unibw.de
http://wow.w3.rz.unibw-muenchen.de/studium/index.html

9.2 Hochschule München

Die Hochschule München wurde 1971 gegründet. Vorläuferorganisationen wie die Münchener Baugewerbeschule entstanden bereits im frühen 19. Jahrhundert. Mit fast 15 000 Studierenden ist die Hochschule München heute die größte Hochschule für angewandte Wissenschaften in Bayern und nach der Hochschule Köln die zweitgrößte in Deutschland. Die 14 Fakultäten der Hochschule verteilen sich auf die drei Standorte Lothstraße, Pasing und Karlstraße.

Homepage der Hochschule
http://www.hm.edu/
Allgemeine Studienberatung
Tel.: (089) 1265-1121
E-Mail: beratung@hm.edu
Hochschule München
Lothstr. 34, D-80335 München
http://www.hm.edu/studieninteressiert/studienberatung_1/uebersicht_11/

9.2.1 Fakultät für Betriebswirtschaft (FK 10)

Die Fakultät für Betriebswirtschaft liegt auf dem Campus Pasing. Sie bietet zwei Bachelorstudiengänge und zwei Masterstudiengänge an, davon zwei Studiengänge in enger Zusammenarbeit mit der Fakultät für Informatik und Mathematik.

| Homepage des Fachbereichs
http://www.bwl.hm.edu/
Hochschule München / Fakultät für Betriebswirtschaft
Am Stadtpark 20, 81243 München

CHE-Hochschulranking

BWL: Im CHE-Ranking 2011 liegt das Fach BWL in der Beurteilung der Studiensituation insgesamt in der Schlussgruppe. Die Reputation in Studium und Lehre ist überdurchschnittlich gut.

Betriebswirtschaft

Inhaltlich	Sie werden durch eine auf der Vermittlung wissenschaftlicher Grundlagen beruhende, fachlich geprägte Basisausbildung zu selbstständigem Handeln in dem Berufsfeld Betriebswirtschaft befähigt. Neben der Vermittlung eines umfassenden betriebswirtschaftlichen Fachwissens und der Erarbeitung von Führungs- und Entscheidungskompetenzen fördert der Studiengang die für die berufliche Praxis wichtige Fähigkeit zur Kommunikation und kooperativen Teamarbeit.
Abschluss	Bachelor of Arts (B.A.), akkreditiert durch FIBAA
Regelstudienzeit	7 Semester
Studienbeginn	Sommersemester und Wintersemester
Studiengebühren	430 Euro pro Semester
Besonderes	Inklusive Praxissemester
Zulassungsbeschränkungen	Ja, hochschulinterner NC
Bewerbung	Online über *http://www.hm.edu/ studieninteressiert/bewerbung/uebersicht _17/index.de.html*
Bewerbungsfrist	• 15. November bis 15. Januar • 2. Mai bis 15. Juli
Mögliche Studienschwerpunkte	Bank-, Finanz- und Risikomanagement, Human Resource Management, Logistikmanagement und Produktionsmanagement, Marketingmanagement, Projektberatung und Projektmanagement, Rechnungswesen/ Controlling, Steuern

Weiterführende Informationen zum Studienverlauf und zur Studienberatung
Studienberatung
- Prof. Dr. Franz-Joseph Busse
Tel.: (089) 1265-2721
Fax: (089) 1265-2714
E-Mail: franz-joseph.busse@hm.edu
http://www.bwl.hm.edu/studienangebote/bachelor_studiengaenge/informationsseite.de.html

9.3 Munich Business School

Die private Munich Business School wurde 1991 gegründet. Sie wurde 1999 als erste private Hochschule in Bayern staatlich anerkannt. An der Hochschule sind ca. 430 Studierende eingeschrieben.

Homepage der Hochschule
http://www.munich-business-school.de/
Allgemeine Studienberatung
- Jennifer Engels
Tel.: (089) 547678-0
E-Mail: info@munich-business-school.de
Munich Business School
Elsenheimerstraße 61, 80687 München
http://www.munich-business-school.de/mbs-erleben/kontakt/ansprechpartner.html

9.3.1 Fachbereich

An der Munich Business School gibt es keine separaten Fachbereiche.

CHE-Hochschulranking

BWL: Im CHE-Ranking 2011 liegt das Fach BWL in der Beurteilung der Studiensituation insgesamt in der Spitzengruppe. Besonders gut beurteilt werden die Kriterien Betreuung durch Lehrende, Lehrangebot, Studierbarkeit, Praxisbezug, Berufsbezug, Einbeziehung in Lehrevaluation, Räume und Unterstützung für Auslandsstudium.

International Business

Inhaltlich	Der Studiengang bereitet Sie auf Managementaufgaben im internationalen Kontext von Wirtschaft und Verwaltung vor und vermittelt Ihnen die dafür erforderlichen fachlichen, persönlichen und professionellen Kenntnisse, Fähigkeiten und Fertigkeiten so, dass Sie in der Lage sind, die beruflichen Anforderungen zu erfüllen und verantwortlich handeln zu können. Sie erwerben einen anwendungsbezogenen, wissenschaftlich fundierten, berufsqualifizierenden Abschluss.

Abschluss	Bachelor of Arts (B.A.), akkreditiert durch FIBAA
Regelstudienzeit	6 Semester (210 CP)
Studienbeginn	September
Studiengebühren	• 850 Euro pro Monat • Zzgl. Gebühren für die Bachelor-Arbeit von 1 700 Euro
Besonderes	Sprachkenntnisse müssen vor Studienbeginn nachgewiesen werden.
Zulassungsbeschränkungen	Ja, hochschulinternes Auswahlverfahren
Bewerbung	Online über *http://www.munich-business-school.de/nc/programme/bachelor-international-business/bewerbung.html*
Bewerbungsfrist	Auf Anfrage
Mögliche Studienschwerpunkte	Verschiedene internationale Vertiefungen sind möglich.

Weiterführende Informationen zum Studienverlauf und zur Studienberatung

Studienberatung
- Christine Heber, M.A.
Tel.: (089) 547678-272
E-Mail: bachelor@munich-business-school.de
http://www.munich-business-school.de/programme/bachelor-international-business.html

10 Nürnberg

Nürnberg liegt an der Pegnitz und ist mit mehr als 500 000 Einwohnern die zweitgrößte Stadt in Bayern. In der Metropolregion Nürnberg, zu der auch die Nachbarstädte Fürth und Erlangen gehören, leben ca. 1,2 Millionen Menschen. Nürnberg ist das wirtschaftliche und kulturelle Zentrum der Region. In der sehenswerten Nürnberger Altstadt sind viele historische Bauwerke bewahrt, u. a. das Dürer-Haus, das Wohnhaus des berühmten spätmittelalterlichen Malers Albrecht Dürer.

Zu den wichtigsten Branchen der Stadt gehören Kommunikationstechnik, Marktforschung, Energie und Leistungselektronik. Nürnberg ist ein wichtiger Messestandort, weltweite Bedeutung hat die Nürnberger Spielwarenmesse. Nürnberg ist ein wichtiger Verkehrsknotenpunkt. Hier kreuzen sich mehrere Autobahnen, der Bahnhof ist ein Drehkreuz für den Schienenfernverkehrmit zahlreichen ICE- und IC/EC-Verbindungen. Der internationale Flughafen Nürnberg liegt im Norden der Stadt. Nürnberg ist ein Standort der Universität Erlangen-Nürnberg. Die Fernuniversität Hagen unterhält hier ein Regionalzentrum. Daneben gibt es eine staatlich Hochschule, eine Kunstakademie, eine Musikhochschule und eine Theologische Hochschule in der Stadt.

10.1 Friedrich-Alexander-Universität Erlangen-Nürnberg (FAU)

Die Friedrich-Alexander-Universität Erlangen-Nürnberg wurde 1742 in Bayreuth gegründet, aber bereits ein Jahr später nach Erlangen verlegt. In den 1960er- und 1970er-Jahren wurde die Universität auf Nürnberg erweitert, als die dortige Hochschule für Wirtschafts- und Sozialwissenshaften einbezogen wurde. Neben den beiden Standorten Erlangen und Nürnberg gibt es weitere Außenstellen der Universität in der Region. Der Name der Universität geht zurück auf ihren Gründer Markgraf Friedrich von Bayreuth und ihren frühen Förderer Markgraf Alexander von Ansbach und Bayreuth. An der Hochschule gibt es fünf Fakultäten, an den ca. 29 000 Studierende eingeschrieben sind. Die Friedrich-Alexander-Universität ist damit die zweitgrößte Universität in Bayern.

| Homepage der Universität
http://www.uni-erlangen.de/
Allgemeine Studienberatung
Tel.: (09131) 85-23333, -24444
Fax: (09131) 85-24803
E-Mail: ibz@zuv.uni-erlangen.de
Universität Erlangen-Nürnberg / IBZ
Schlossplatz 4, 91054 Erlangen
http://www.uni-erlangen.de/studium/service-beratung/studienberatung.shtml

10.1.1 Rechts- und Wirtschaftswissenschaftliche Fakultät

Der Fachbereich Wirtschaftswissenschaften der Rechts- und Wirtschaftswissenschaftlichen Fakultät der Universität befindet sich an zwei Standorten in Nürnberg. Am Fachbereich sind ca. 5 000 Studierende eingeschrieben.

| Homepage des Fachbereichs
http://www.rw.uni-erlangen.de/
Universität Erlangen-Nürnberg / Fachbereich Rechts- und Wirtschaftswissenschaften
Fakultätsgebäude: Lange Gasse 20, 90403 Nürnberg
Ludwig-Erhard-Gebäude: Findelgasse 7/9, 90402 Nürnberg

CHE-Hochschulranking

Wirtschaftswissenschaften: Im CHE-Ranking 2011 liegt der Fachbereich Rechts- und Wirtschaftswissenschaften in der Beurteilung der Studiensituation insgesamt im Mittelfeld. Besonders gut werden die Bereiche Lehrangebot, Wissenschaftsbezug, Berufsbezug, Einbeziehung in Lehrevaluation, E-Learning und Unterstützung für Auslandsstudium bewertet.

International Business Studies

Inhaltlich	Die internationale Ausbildung steht im Mittelpunkt des Bachelorstudiengangs. In speziellen Kursen wie Außenwirtschaft, Internationale Unternehmensführung, Intercultural Studies und Internationales Recht bereiten Sie sich auf Ihre internationale Karriere vor. Einen Teil des Studiums verbringen Sie an einer Partneruniversität im Ausland.
Abschluss	Bachelor of Arts (B.A.), akkreditiert durch ACQUIN
Regelstudienzeit	6 Semester
Studienbeginn	Wintersemester
Studiengebühren	500 Euro pro Semester
Besonderes	Auslandsstudium ist Pflichtbestandteil
Zulassungsbeschränkungen	• Ja, hochschulinterner NC • 50 Studienplätze pro Semester
Bewerbung	Online über *http://www.uni-erlangen.de/studium/zulassung/*
Bewerbungsfrist	15. Juli
Mögliche Studienschwerpunkte	Verschiedene Schwerpunkte sind möglich.

Weiterführende Informationen zum Studienverlauf und zur Studienberatung

Studienberatung
- Dipl.-Kffr. Corinna Dögl
Tel.: (0911) 5302-242
E-Mail: corinna.doegl@wiso.uni-erlangen.de
http://www.wiso.uni-erlangen.de/studium/studiengaenge/bachelorstudiengaenge/bachelor__intbus/

10.2 Georg-Simon-Ohm-Hochschule – Fachhochschule Nürnberg

Die Georg-Simon-Ohm-Hochschule wurde 1971 gegründet. Vorläufereinrichtungen gab es schon seit 1823. Benannt ist sie nach dem Physiker Georg Simon Ohm, der im 19. Jahrhundert an der polytechnischen Schule der Stadt Rektor war. Die Hochschule verteilt sich auf acht Standorte in der Stadt. An den zwölf Fakultäten der Hochschule sind ca. 9 000 Studierende eingeschrieben.

Homepage der Fachhochschule
http://www.ohm-hochschule.de/
Allgemeine Studienberatung
- Stefanie Renner
Tel.: (0911) 5880-4114
E-Mail: studienstart@ohm-hochschule.de
Georg-Simon-Ohm-Hochschule / Kontaktstelle für Studieninteressierte / Campus 1
Keßlerplatz 12, 90489 Nürnberg
http://ohm.kh-netzwerk.de/

10.2.1 Fakultät Betriebswirtschaft

Die Fakultät Betriebswirtschaft liegt am Campus 3 in der Bahnhofstraße. Die Studiengänge der Fakultät sind praxisorientiert und international ausgerichtet.

Homepage des Fachbereichs
http://www.ohm-hochschule.de/seitenbaum/fakultaeten/betriebswirtschaft/page.html
Georg-Simon-Ohm-Hochschule / Fakultät Betriebswirtschaft
Bahnhofstraße 87, 90402 Nürnberg

CHE-Hochschulranking

BWL: Im CHE-Ranking 2011 liegt der Studiengang Betriebswirtschaft in der Beurteilung der Studiensituation insgesamt in der Schlussgruppe. In der Spitzengruppe findet sich dagegen der Studiengang International Business. Besonders positiv werden die Kriterien Betreuung durch Lehrende, Lehrangebot, Studierbarkeit, Praxisbezug, Berufsbezug, Einbeziehung in Lehrevaluation, Bibliotheksausstattung, Räume, IT-Infrastruktur und Unterstützung für Auslandsstudium beurteilt.

Betriebswirtschaft

Inhaltlich	Sie werden zum Management auf verschiedenen betriebswirtschaftlichen Gebieten befähigt, sodass Sie im Verlauf Ihrer weiteren beruflichen Karriere selbst Führungsaufgaben in Wirtschaft und Verwaltung übernehmen bzw. unternehmerisch oder freiberuflich tätig sein können.
Abschluss	Bachelor of Arts (B.A.), akkreditiert durch ACQUIN
Regelstudienzeit	7 Semester
Studienbeginn	Wintersemester
Studiengebühren	500 Euro pro Semester
Besonderes	• Duales System • Inklusive Praxissemester
Zulassungsbeschränkungen	Ja, hochschulinterner NC
Bewerbung	Online über *http://www.ohm-hochschule.de/seitenbaum/fuer-studieninteressierte/bewerbungszeitraum/page.html*

Bewerbungsfrist	2. Mai bis 15. Juli
Mögliche Studienschwerpunkte	Außenwirtschaft, Finanzen, Marketing, Logistik, Material- und Produktionswirtschaft, Verkehrswirtschaft, Organisation und Wirtschaftsinformatik, Personalwirtschaft, Rechnungswesen und Controlling, Umweltmanagement, Unternehmensbesteuerung, Betriebswirtschaftliche Steuerlehre, Wirtschaftsrecht

Weiterführende Informationen zum Studienverlauf und zur Studienberatung

Studienberatung
- **Prof. Dr. Alexander Brigola**
Tel.: (0911) 5880-2788
Fax: (0911) 5880-6788
E-Mail: alexander.brigola@ohm-hochschule.de
http://www.ohm-hochschule.de/seitenbaum/fakultaeten/betriebswirtschaft/studienangebot/betriebswirtschaft/bw-bachelor/page.html

International Business (IB)

Inhaltlich	Die Ausbildung bereitet Sie auf das spätere Berufsleben und auf das Übernehmen von Führungsaufgaben in verschiedenen Unternehmensbereichen in einem internationalen Umfeld vor. Deshalb wird großer Wert auf eine zweisprachige Ausbildung und auf den interkulturellen Austausch zwischen den Studierenden gelegt. Die Vorlesungen in den ersten drei Semestern des Studiums sind ausschließlich in englischer Sprache, anschließend wird eine Mischung aus deutsch- und englischsprachigen Vorlesungen angeboten.
Abschluss	Bachelor of Arts (B.A.), akkreditiert durch ACQUIN
Regelstudienzeit	7 Semester
Studienbeginn	Wintersemester
Studiengebühren	500 Euro pro Semester
Besonderes	Ein Semester an einer ausländischen Hochschule und ein Auslandspraktikum von 20 Wochen sind für jeden Studierenden verpflichtend.
Zulassungsbeschränkungen	Ja, hochschulinterner NC
Bewerbung	Online über *http://www.ohm-hochschule.de/seitenbaum/fuer-studieninteressierte/bewerbungszeitraum/page.html*
Bewerbungsfrist	2. Mai bis 15. Juli
Mögliche Studienschwerpunkte	Verschiedene Schwerpunkte sind möglich.

Weiterführende Informationen zum Studienverlauf und zur Studienberatung
Studienberatung
- Prof. Dr. Margo Bienert
Tel.: (0911) 5880-2842
Fax: (0911) 5880-6720
E-Mail: margo.bienert@ohm-hochschule.de
http://www.ohm-hochschule.de/seitenbaum/fakultaeten/betriebswirtschaft/studienangebot/international-business/bachelor-in-international-business/page.html

11 Passau

Passau hat ca. 51 000 Einwohner und liegt am Zusammenfluss von Donau, Inn und Ilz an der Grenze zu Österreich und nahe der tschechischen Grenze. Die Altstadt liegt auf einer schmalen Halbinsel am Zusammenfluss von Inn und Donau. Passau liegt an der Autobahn A3 und ist durch die Innkreis-Autobahn mit Österreich verbunden. Die Lage an der Grenze macht die Stadt zu einem wichtigen Knotenpunkt im Schienenverkehr der Bahn zwischen Linz und Nürnberg bzw. München. Der nächstgelegene Flughafen ist der ca. 100 km entfernte Flughafen Linz.

11.1 Universität Passau

Die 1978 gegründete Universität Passau ist die jüngste Universität in Bayern und eine der kleineren Universitäten. An den vier Fakultäten sind ca. 9 200 Studierende eingeschrieben. Die Universitätsgebäude liegen überwiegend auf dem Campus nahe der Innenstadt am Ufer des Inns.

Homepage der Universität
http://www.uni-passau.de/
Allgemeine Studienberatung
Tel.: (0851) 509-1153
E-Mail: studienberatung@uni-passau.de
Universität Passau / Studienberatung
Innstraße 41, 94032 Passau
http://www.uni-passau.de/zentrale_studienberatung.html

11.1.1 Wirtschaftswissenschaftliche Fakultät

An der Wirtschaftswissenschaftlichen Fakultät sind ca. 1 500 Studierende in zwei Bachelor- und zwei Masterstudiengängen eingeschrieben.

Homepage des Fachbereichs
http://www.wiwi.uni-passau.de/
Universität Passau / Wirtschaftswissenschaftliche Fakultät
Innstraße 27, 94032 Passau

CHE-Hochschulranking

Wirtschaftswissenschaften: Im CHE-Ranking 2011 liegt die Wirtschaftswissenschaftliche Fakultät der Beurteilung der Studiensituation insgesamt in der Spitzengruppe. Besonders gut werden die Bereiche Kontakt zu Studierenden, Lehrangebot, Berufsbezug, Einbeziehung in Lehrevaluation und Räume beurteilt.

Business Administration and Economics

Inhaltlich	Der Bachelorstudiengang bietet eine integrierte Ausbildung. Schlüsselkompetenzen verschiedener akademischer Disziplinen werden mit dem Ziel ihrer praktischen Verwertbarkeit gebündelt. Die erworbene Analysefähigkeit qualifiziert Sie für Berufe in Industrie, Handel, Banken, Versicherungen, Dienstleistungsunternehmen sowie Organisationen auf nationaler und internationaler Ebene.
Abschluss	Bachelor of Science (B.Sc.), akkreditiert durch ACQUIN
Regelstudienzeit	6 Semester
Studienbeginn	Wintersemester
Studiengebühren	485 Euro pro Semester
Besonderes	Ein mindestens 3-monatiges berufsfeldorientiertes Praktikum ergänzt das Studium.
Zulassungsbeschränkungen	Ja, hochschulinterner NC
Bewerbung	Online über *http://www.uni-passau.de/studienstart.html*
Bewerbungsfrist	15. Juli
Mögliche Studienschwerpunkte	Verschiedene Schwerpunkte sind möglich.

Weiterführende Informationen zum Studienverlauf und zur Studienberatung

Studienberatung
- Dr. Achim Dilling
Tel.: (0851) 509-2403
E-Mail: dilling@uni-passau.de
http://www.wiwi.uni-passau.de/bae0.html

12 Regensburg

Regensburg liegt am nördlichsten Punkt der Donau und ist mit ca. 130 000 Einwohnern die viertgrößte Stadt in Bayern. Die Altstadt von Regensburg gehört zum UNESCO-Weltkulturerbe und bietet zahlreiche Sehenswürdigkeiten wie den Dom und die Steinerne Brücke. International bekannt sind die Regensburger Domspatzen, ein renommierter Knabenchor.

Die Stadt fördert die Ansiedlung von Zukunftsbranchen. Unternehmen wie E.ON Bayern, BMW, Siemens Infineon sind u. a. hier angesiedelt. Regensburg ist mit dem Autobahnkreuz Regensburg ein Knotenpunkt im Straßenverkehr. Im Schienennetz der Deutschen Bahn ist die Stadt mit ICE-Verbindungen Richtung Nürnberg, Passau und Wien gut zu erreichen. Der internationale Flughafen München ist ca. 120 km von Regensburg entfernt.

An den beiden staatlichen Hochschulen der Stadt sind ca. 22 000 Studierende eingeschrieben, die meisten von ihnen an der Universität Regensburg.

12.1 Universität Regensburg

Die Universität Regensburg wurde 1962 gegründet. Die ca. 18 000 Studierenden verteilen sich auf elf Fakultäten. Fast alle Universitätsgebäude liegen auf einem Campus am Stadtrand. Einer der bekanntesten Professoren der Universität ist Prof. Dr. Joseph Ratzinger, der jetzige Papst Benedikt XVI., der noch immer Honorarprofessor an der Universität Regensburg ist.

| Homepage der Universität
| http://www.uni-regensburg.de/
| Allgemeine Studienberatung
| Tel.: (0941) 943-2219
| E-Mail: studienberatung@uni-regensburg.de
| Universität Regensburg / Allgemeine Studienberatung / Studentenhaus
| Universitätsstraße 31, 93053 Regensburg
| http://www.uni-regensburg.de/studium/zentrale-studienberatung/

12.1.1 Fakultät für Wirtschaftswissenschaften

Die Fakultät für Wirtschaftswissenschaften nahm 1967 als eine der ersten Fakultäten der Universität den Lehrbetrieb auf. Heute ist sie mit mehr als 2 000 Studierenden eine der größten Fakultäten der Universität.

| Homepage des Fachbereichs
| http://www-wiwi.uni-regensburg.de/Home/index.html.de
| Universität Regensburg / Fakultät für Wirtschaftswissenschaften
| Universitätsstraße 31, 93053 Regensburg

CHE-Hochschulranking

BWL: Im CHE-Ranking 2011 liegt das Fach an der Fakultät für Wirtschaftswissenschaften in der Beurteilung der Studiensituation insgesamt in der Schlussgruppe. Überdurchschnittlich gut wird der Bereich E-Learning beurteilt.

VWL: Im CHE-Ranking 2011 liegt das Fach an der Fakultät für Wirtschaftswissenschaften in der Beurteilung der Studiensituation insgesamt im Mittelfeld.

Betriebswirtschaftslehre

Inhaltlich	Die erste Studienphase besteht aus Pflichtkursen und dient dem Erwerb studiengangspezifischer Grundlagen und Methodenkompetenz. Die zweite Studienphase dient der Vertiefung studiengangspezifischer Inhalte und eröffnet die Wahl fachspezifischer Schwerpunkte sowie interdisziplinärer Studieninhalte.
Abschluss	Bachelor of Science (B.Sc.), akkreditiert durch ACQUIN
Regelstudienzeit	6 Semester
Studienbeginn	Wintersemester
Studiengebühren	500 Euro pro Semester
Besonderes	Nur als 2. Haupt- oder Nebenfach wählbar
Zulassungsbeschränkungen	Ja, hochschulinterner NC
Bewerbung	Online über *http://www.uni-regensburg.de/studium/studentenkanzlei/bewerbung-einschreibung/bewerbung/index.html*
Bewerbungsfrist	15. Juli
Mögliche Studienschwerpunkte	Finanzmanagement und -berichterstattung, Immobilienwirtschaft, Wertschöpfungsmanagement

Weiterführende Informationen zum Studienverlauf und zur Studienberatung

Studienberatung
Tel.: (0941) 943-2747
Fax: (0941) 943-81 2747
E-Mail: studienberatung@wiwi.uni-regensburg.de
http://www-wiwi.uni-regensburg.de/Studium/Bachelor/index.html.de

Internationale Volkswirtschaftslehre

Inhaltlich	Die erste Studienphase besteht ausschließlich aus Pflichtkursen und dient dem Erwerb studiengangspezifischer Grundlagen und Methodenkompetenz. Die zweite Studienphase dient der Vertiefung studiengangspezifischer Inhalte und eröffnet die Wahl fachspezifischer Schwerpunkte sowie interdisziplinärer Studieninhalte.
Abschluss	Bachelor of Science (B.Sc.), akkreditiert durch ACQUIN
Regelstudienzeit	6 Semester
Studienbeginn	Wintersemester
Studiengebühren	500 Euro pro Semester
Zulassungsbeschränkungen	Ja, hochschulinterner NC
Bewerbung	Online über http://www.uni-regensburg.de/studium/studentenkanzlei/bewerbung-einschreibung/bewerbung/index.html
Bewerbungsfrist	15. Juli
Mögliche Studienschwerpunkte	Politikwissenschaften mit Ausrichtung auf Mittel- und Osteuropa (MOE), Rechtswissenschaften mit Ausrichtung auf MOE, Geschichte und Kulturwissenschaft mit Ausrichtung auf MOE

Weiterführende Informationen zum Studienverlauf und zur Studienberatung

Studienberatung
Tel.: (0941) 943-2747
Fax: (0941) 943-81 2747
E-Mail: studienberatung@wiwi.uni-regensburg.de
http://www-wiwi.uni-regensburg.de/Studium/Bachelor/index.html.de

Volkswirtschaftslehre

Inhaltlich	Im Mittelpunkt des Studiums steht der Erwerb methodischer und fachlicher Kompetenzen im Rahmen einer deutlichen wissenschaftlichen Ausrichtung.
Abschluss	Bachelor of Science (B.Sc.), akkreditiert durch ACQUIN
Regelstudienzeit	6 Semester
Studienbeginn	Wintersemester
Studiengebühren	500 Euro pro Semester
Zulassungsbeschränkungen	Ja, hochschulinterner NC

Bewerbung	Online über *http://www.uni-regensburg.de/ studium/studentenkanzlei/bewerbung-einschreibung/bewerbung/index.html*
Bewerbungsfrist	15. Juli
Mögliche Studienschwerpunkte	Verschiedene Schwerpunkte sind möglich.

Weiterführende Informationen zum Studienverlauf und zur Studienberatung
Studienberatung
Tel.: (0941) 943-2747
Fax: (0941) 943-81 2747
E-Mail: studienberatung@wiwi.uni-regensburg.de
http://www-wiwi.uni-regensburg.de/Studium/Bachelor/index.html.de

12.2 Hochschule Regensburg

Die Hochschule Regensburg wurde 1971 gegründet. Vorgängereinrichtungen entstanden bereits Anfang es 19. Jahrhunderts. Die acht Fakultäten der Hochschule verteilen sich auf verschiedene Standorte in der Stadt. Alle Einrichtungen werden nach und nach an den Campus an der Universitätsstraße verlegt. An der Hochschule sind ca. 7 000 Studierende eingeschrieben.

Homepage der Hochschule
http://www.hs-regensburg.de/
Allgemeine Studienberatung
- Andrea März-Bäuml
Tel.: (0941) 943-9710
E-Mail: andrea.maerz-baeuml@hs-regensburg.de
Hochschule Regensburg / Allgemeine Studienberatung
Galgenbergstr. 30, 93053 Regensburg
http://www.hs-regensburg.de/einrichtungen/studienberatung/allgemeine-studienberatung.html

12.2.1 Fakultät Betriebswirtschaft

Die Fakultät gibt es seit mehr als 30 Jahren. Sie bietet mehrere Bachelor- und Masterstudiengänge an, die sich an einer zeitgemäßen, internationalen und praxisorientierten Hochschulausbildung ausrichten.

Homepage des Fachbereichs
http://www.hs-regensburg.de/fakultaeten/betriebswirtschaft.html
Hochschule Regensburg / Fakultät Betriebswirtschaft
Prüfeninger Str. 58, 93049 Regensburg

CHE-Hochschulranking
BWL: Im CHE-Ranking 2011 liegt das Fach an der Fakultät Betriebswirtschaft in der Beurteilung der Studiensituation insgesamt in der Spitzengruppe. Besonders gut werden die Kategorien Lehrangebot, Studierbarkeit, Praxisbezug, Berufsbezug, Einbeziehung in Lehrevaluation, E-Learning, Bibliotheksausstattung, IT-Infrastruktur und Unterstützung für Auslandsstudium beurteilt.

Betriebswirtschaft

Inhaltlich	Sie lernen, das auf der Grundlage wissenschaftlicher Erkenntnisse entwickelte Instrumentarium bei der Lösung praktischer Probleme in wirtschaftlichen und administrativen Funktionsbereichen anzuwenden. Das Studium bereitet auf Managementtätigkeiten in Unternehmen und sonstigen Organisationen vorbereiten.
Abschluss	Bachelor of Arts (B.A.), akkreditiert durch FIBAA
Regelstudienzeit	7 Semester
Studienbeginn	Sommersemester und Wintersemester
Studiengebühren	400 Euro pro Semester
Besonderes	Auch als duales Studium mit integrierter Berufsausbildung möglich
Zulassungsbeschränkungen	Ja, hochschulinterner NC
Bewerbung	Online über *http://www.hs-regensburg.de/studium/studienbewerbung.html*
Bewerbungsfrist	15. Januar und 15. Juli
Mögliche Studienschwerpunkte	Verschiedene Schwerpunkte sind möglich.

Weiterführende Informationen zum Studienverlauf und zur Studienberatung

Studienberatung
- Prof. Dr. Bernd Wolfrum
Tel.: (0941) 943-1405
E-Mail: bernd.wolfrum@hs-regensburg.de
http://www.hs-regensburg.de/index.php?id=2059

13 Rosenheim

Rosenheim hat ca. 61 000 Einwohner und liegt im Alpenvorland. Rosenheim ist von der mittelständischen Wirtschaft in der Holzbranche geprägt. Rosenheim ist gut an das Straßennetz angebunden über die Autobahnen A8 und A9. Der Bahnhof ist als Eisenbahnkontenpunkt auch im Schienenverkehr gut angebunden.

13.1 Hochschule Rosenheim

Die Hochschule Rosenheim wurde 1971 gegründet. Die Hochschule ist in sieben Fakultäten unterteilt. An der Hochschule Rosenheim sind ca. 4 100 Studierende eingeschrieben.

Homepage der Hochschule
http://www.fh-rosenheim.de/
Allgemeine Studienberatung
- Sylvi Laschett
Tel.: (08031) 805-495
E-Mail: studienberatung@fh-rosenheim.de
Hochschule Rosenheim
Hochschulstraße 1, 83024 Rosenheim
http://www.fh-rosenheim.de/studienberatung.html

13.1.1 Fakultät für Betriebswirtschaft

An der Fakultät für Betriebswirtschaft sind ca. 850 Studierende eingeschrieben.

Homepage des Fachbereichs
http://www.fh-rosenheim.de/betriebswirtschaft.html
Hochschule Rosenheim
Hochschulstraße 1, 83024 Rosenheim

CHE-Hochschulranking
BWL: Im CHE-Ranking 2011 liegt das Fach BWL an der Fakultät für Betriebswirtschaft in der Beurteilung der Studiensituation insgesamt in der Schlussgruppe.

Betriebswirtschaft

Inhaltlich	Zum 3. Semester stehen zwei Studienrichtungen zur Wahl: Gesundheitsmanagement und Betriebswirtschaft.
Abschluss	Bachelor of Arts (B.A.), akkreditiert durch FIBAA
Regelstudienzeit	7 Semester
Studienbeginn	Wintersemester
Studiengebühren	330 Euro pro Semester
Besonderes	• Das Studium ist dual als Verbundstudium (mit integrierter Berufsausbildung) oder mit vertiefter Praxis möglich • Inklusive Praxissemester
Zulassungsbeschränkungen	Ja, hochschulinterner NC
Bewerbung	Online über *http://www.fh-rosenheim.de/studienbewerber.html*
Bewerbungsfrist	15. Juli
Mögliche Studienschwerpunkte	Erfolgscontrolling, Finanzcontrolling, Holzwirtschaft I, Holzwirtschaft II, Internat. Economics and Business Law, Marketing I, Marketing II, Personal, Steuern/Wirtschaftsprüfung, Wirtschaftsinformatik

Weiterführende Informationen zum Studienverlauf und zur Studienberatung
Studienberatung
Tel.: (08031) 805-450, -451
Fax: (08031) 805-453
E-Mail: betriebswirtschaft@fh-rosenheim.de
http://www.fh-rosenheim.de/bwbachelor.html

13.1.2 Fakultät für Wirtschaftsingenieurwesen

An der Fakultät sind ca. 450 Studierende eingeschrieben.

Homepage des Fachbereichs
http://www.fh-rosenheim.de/wirtschaftsingenieurwesen.html
Hochschule Rosenheim
Hochschulstraße 1, 83024 Rosenheim

CHE-Hochschulranking

Wirtschaftsingenieurwesen: Im CHE-Ranking 2011 liegt das Fach an der Fakultät für Wirtschaftsingenieurwesen in der Beurteilung der Studiensituation insgesamt in der Spitzengruppe. Besonders gut werden die Kriterien Betreuung durch Lehrende, Lehrangebot, Berufsbezug, E-Learning, Bibliotheksausstattung und IT-Infrastruktur beurteilt.

Wirtschaftsingenieurwesen

Inhaltlich	Um im Wechselwirkungsbereich von Wirtschaft und Technik sinnvolle Entscheidungen treffen zu können, brauchen Betriebe und Verwaltungen Fachleute, die sowohl technische Kenntnisse besitzen als auch betriebs-, sozial- und volkswirtschaftlich geschult sind. Das Berufsfeld ist bestimmt durch die Vernetzung von technischen, wirtschaftlichen und sozialen Aufgaben. Dies erfordert die Fähigkeit, Strukturen und Prozesse in ihrer Gesamtheit zu sehen und auf gemeinsame Ziele hin auszurichten.
Abschluss	Bachelor of Engineering (B.Eng.), akkreditiert durch ASIIN
Regelstudienzeit	7 Semester (210 CP)
Studienbeginn	Wintersemester
Studiengebühren	330 Euro pro Semester
Zulassungsbeschränkungen	Ja, hochschulinterner NC
Bewerbung	Online über *http://www.fh-rosenheim.de/studienbewerber.html*
Bewerbungsfrist	15. Juni
Mögliche Studienschwerpunkte	Industrielle Technik, Informatik, Logistik, Technischer Vertrieb

Weiterführende Informationen zum Studienverlauf und zur Studienberatung
Studienberatung
- Prof. Dr.-Ing. Uwe A. Seidel
Tel.: (08031) 805-602
E-Mail: seidel@fh-rosenheim.de
http://www.fh-rosenheim.de/wibachelor.html

14 Weiden

Weiden in der Oberpfalz hat ca. 42 000 Einwohner und gehört zur Metropolregion Nürnberg. Traditionelle Wirtschaftszweige der Stadt sind die Glas- und Porzellanindustrie. Vor der Wiedervereinigung und der Öffnung der Grenzen zu Tschechien lag die Stadt ein wenig abseits, seither haben sich Infrastruktur und Wirtschaftskraft entwickelt, neue Unternehmen haben sich angesiedelt. Weiden liegt an der Autobahn A93, auch im Schienenverkehr der Deutschen Bahn ist die Stadt gut erreichbar. Der nächstgelegene Flughafen ist der ca. 100 km entfernte Flughafen Nürnberg. Weiden ist einer der beiden Standorte der Hochschule Amberg-Weiden.

14.1 Hochschule für angewandte Wissenschaften, FH Amberg-Weiden

Die Hochschule Weiden wurde 1994 gegründet und gehört damit zu den jüngeren deutschen Hochschulen. Sie hat zwei Standorte in Amberg und Weiden und ist in vier Fakultäten unterteilt. An der Hochschule sind ca. 2 700 Studierende eingeschrieben.

Homepage der Hochschule
http://www.haw-aw.de/
Allgemeine Studienberatung
- Dipl.-Volkswirt Sabine Märtin
Tel.: (0961) 382-1132
Fax: (0961) 382-2132
E-Mail: s.maertin@haw-aw.de
Hochschule Amberg-Weiden / Zentrale Studienberatung
Hetzenrichter Weg 15, 92637 Weiden
http://www.haw-aw.de/studienservice/studienberatung.html

14.1.1 Fakultät für Wirtschaftsingenieurwesen

An der Fakultät für Witschaftswissenschaften werden mehrere Bachelor- und Masterstudiengänge angeboten.

Homepage des Fachbereichs
http://www.haw-aw.de/hochschule/fakultaeten/fakultaet_wirtschaftsingenieurwesen.html
Hochschule Amberg-Weiden / Fakultät Wirtschaftsingenieurwesen
Hetzenrichter Weg 15, 92637 Weiden

CHE-Hochschulranking

Wirtschaftsingenieurwesen: Das Fach Wirtschaftsingenieurwesen liegt im CHE-Ranking 2011 in der Beurteilung der Studiensituation insgesamt im Mittelfeld. Besonders gut werden die Bereiche E-Learning und IT-Infrastruktur bewertet.

Sprachen, Management und Technologie

Inhaltlich	Die Studieninhalte setzen den Schwerpunkt auf die Vermittlung von Sprachkenntnissen in mindestens einer mittelosteuropäischen Sprache, in Business und Technical English und weiteren sprachenbezogenen Wahlfächern. Dabei werden auch Inhalte aus der Betriebswirtschaft und Technik sowie der interkulturellen Kompetenz vermittelt. Der Studiengang ist praxisbezogen konzipiert im Zuge der EU-Erweiterung um mittelosteuropäische Staaten.
Abschluss	Bachelor of Science (B.Sc.), akkreditiert durch AQAS
Regelstudienzeit	7 Semester
Studienbeginn	Wintersemester
Studiengebühren	390 Euro pro Semester
Besonderes	Das Praxissemester soll in dem Land Mittel-/Osteuropas absolviert werden, dessen Sprache als Schwerpunktsprache gewählt wurde.
Zulassungsbeschränkungen	Ja, hochschulinterner NC
Bewerbung	Online über *http://www.haw-aw.de/studienservice/studentenkanzlei/Online_bewerbung.html*
Bewerbungsfrist	1. Mai bis 15. Juli
Mögliche Studienschwerpunkte	Business and Technical English, Chinesisch, Internationales Management, Internationale Unternehmensführung, Marktpotenziale Mittelosteuropas, Sprachen Mittelosteuropas, Technologiemanagement

Weiterführende Informationen zum Studienverlauf und zur Studienberatung
Studienberatung
- M.A. Amy De Vour-Geyer

Tel.: (0961) 382-1604
Fax: (0961) 382-2604
E-Mail: a.devozrgeyer@haw-aw.de
http://www.haw-aw.de/studium/bachelorstudiengaenge/sprachen_management_und_technologie.html

Wirtschaftsingenieurwesen

Inhaltlich	Das Studium vermittelt Ihnen fundierte Kenntnisse und Fähigkeiten in wirtschaftlichen, ingenieurtechnischen und naturwissenschaftlichen Disziplinen sowie interdisziplinäre Kompetenzen. Sie finden Ihr Einsatzgebiet an Schnittstellen in technischen und wirtschaftlichen Bereichen wie z. B. Organisation, Projektmanagement, Unternehmensberatung, Controlling, Marketing, Vertrieb, Logistik, Datenverarbeitung, Fertigungssteuerung, Qualitätsmanagement.
Abschluss	Bachelor of Engineering (B.Eng.), akkreditiert durch AQAS
Regelstudienzeit	7 Semester
Studienbeginn	Wintersemester
Studiengebühren	390 Euro pro Semester
Besonderes	6 Wochen Vorpraktikum mit technischen Inhalten werden vorausgesetzt.
Zulassungsbeschränkungen	Ja, hochschulinterner NC
Bewerbung	Online über *http://www.haw-aw.de/studienservice/studentenkanzlei/Online_bewerbung.html*
Bewerbungsfrist	1. Mai bis 15. Juli
Mögliche Studienschwerpunkte	Automotive Engineering, Energie- und Umwelttechnik, Informations- und Kommunikationstechnik, Integrierte Logistiksysteme, Technologie- und Innovationsmanagement

Weiterführende Informationen zum Studienverlauf und zur Studienberatung
Studienberatung
- Prof. Dr.-Ing Günter Kummetsteiner

Tel.: (0961) 382-1612
Fax: (0961) 382-2612
E-Mail: g.kummetsteiner@haw-aw.de
http://www.haw-aw.de/studium/bachelorstudiengaenge/wirtschaftsingenieurwesen.html

Hessen

Hessen liegt zentral in Deutschland und grenzt an die Bundesländer Nordrhein-Westfalen, Niedersachsen, Thüringen, Bayern, Baden-Württemberg und Rheinland-Pfalz. Landschaftlich ist das Bundesland geprägt von Mittelgebirgen. Das Rhein-Main-Gebiet mit den Städten Frankfurt, Darmstadt und Wiesbaden gehört zu den wirtschaftsstärksten Ballungsräumen in Deutschland mit hoher Industrie- und Bevölkerungsdichte und ist gleichzeitig kulturelles Zentrum des Landes. Frankfurt ist die größte Stadt Hessens, Messe- und Finanzstadt und Sitz der Europäischen Zentralbank.

In der Landeshauptstadt Wiesbaden gibt es einige Hochschulen, aber keine öffentliche Universität. Insgesamt finden sich in Hessen fünf Universitäten, dazu mehrere staatliche und private Fachhochschulen. An den hessischen Hochschulen sind ca. 200 000 Studierende eingeschrieben.

1 Bad Homburg

Bad Homburg hat ca. 52 000 Einwohner und liegt wenige Kilometer nördlich von Frankfurt am Taunus. In der Stadt wohnen viele Pendler, die zur hohen Kaufkraft in der Stadt beitragen, aber auch zu hohen Bodenpreisen. Dennoch sind in Bad Homburg auch viele Unternehmen angesiedelt. Auch der Kurbetrieb ist ein Wirtschaftsfaktor für die Stadt. Bad Homburg ist durch die Autobahnen A5 und A661 mit dem Fernstraßennetz verbunden. Die Stadt ist S-Bahnhaltestelle im Regionalverkehr.

1.1 Accadis Hochschule Bad Homburg

Die private accadis Hochschule Bad Homburg wurde 1990 als eine der ersten International Business Schools in Deutschland gegründet, sie verlieh akademische Grade zunächst in Kooperation mit amerikanischen und britischen Universitäten. Seit 2007 ist sie staatlich erkannt und bietet Wirtschaftsstudiengänge an. An der Hochschule sind ca. 450 Studierende eingeschrieben.

Homepage der Hochschule
Fachhochschule: http://www.accadis.com/
Allgemeine Studienberatung
- Annette Vornhusen
Tel.: (06172) 984235
E-Mail: Kontaktformular unter http://www.accadis.com/contact.aspx
accadis Bildung GmbH
Du Pont-Str. 4, 61352 Bad Homburg
http://www.accadis.com/contact.aspx

1.1.1 Fachbereich

An der accadis Hochschule gibt es keine separaten Fachbereiche.

CHE-Hochschulranking
BWL: Im CHE-Ranking 2011 liegen die betriebswirtschaftlichen Studiengänge in der Beurteilung der Studiensituation insgesamt im Mittelfeld. Besonders gut werden die Kriterien Räume und IT-Infrastruktur bewertet.

International Business

Inhaltlich	Sie werden in diesem Studiengang für betriebswirtschaftliche Generalisten darauf vorbereitet, unternehmerische Entscheidungen mit komplexen Fragestellungen in einem internationalen Kontext zu treffen. Sie lernen, betriebswirtschaftliche Fragestellungen optimal zu lösen sowie Strategien für einen international erfolgreichen Unternehmensauftritt zu entwickeln.
Abschluss	Bachelor of Arts (BA), akkreditiert durch FIBAA
Regelstudienzeit	6 Semester (180 CP)
Studienbeginn	Wintersemester
Studiengebühren	• 695 Euro pro Monat im Vollzeitstudium • 595 Euro pro Monat im Teilzeitstudium • Zzgl. Einschreibe- und Prüfungsgebühren und Kosten für das Auslandsstudium
Besonderes	• Der Studiengang kann auch dual absolviert werden • Das Studium umfasst ein Praxissemester • Das 3. Studienjahr kann an internationalen Partnerhochschulen absolviert werden
Zulassungsbeschränkungen	• Ja, hochschulinternes Auswahlverfahren • Abiturnote mindestens mit einer 2 vor dem Komma
Bewerbung	Online über *http://bewerbung.accadis.com/*
Bewerbungsfrist	Auf Anfrage
Mögliche Studienschwerpunkte	General Management, Logistics Management, Marketing and Event Management, Tourism Management

Weiterführende Informationen zum Studienverlauf und zur Studienberatung

Studienberatung
- Annette Vornhusen

Tel.: (06172) 984235
E-Mail: Kontaktformular unter http://www.accadis.com/contact.aspx
http://business-communication.accadis.com/

International Business Communication

Inhaltlich	In diesem Studiengang verbinden Sie Fremdsprachen und Erfahrung und internationale Unternehmenskommunikation mit einer betriebswirtschaftlichen Ausbildung. Neben Englisch wählen Sie zwei weitere Fremdsprachen: Spanisch, Französisch oder Chinesisch. Durch intensives Sprachtraining im Bereich „Business Englisch" erlangen Sie ein Zusatzdiplom der Londoner Handelskammer. In den Unterrichtsstunden „Englisch Specialists" erarbeiten Sie sich sehr gute Kenntnisse im Übersetzen und Dolmetschen.
Abschluss	Bachelor of Arts (BA), akkreditiert durch FIBAA
Regelstudienzeit	6 Semester (180 CP)
Studienbeginn	Wintersemester
Studiengebühren	• 615 Euro pro Monat • Zzgl. Einschreibe- und Prüfungsgebühren und Kosten für das Auslandsstudium
Besonderes	• Das Studium umfasst ein Praxissemester • Das 3. Studienjahr kann an internationalen Partnerhochschulen absolviert werden
Zulassungsbeschränkungen	• Ja, hochschulinternes Auswahlverfahren • Abiturnote mindestens mit einer 2 vor dem Komma
Bewerbung	Online über *http://bewerbung.accadis.com/*
Bewerbungsfrist	Auf Anfrage
Mögliche Studienschwerpunkte	Verschiedene Schwerpunkte sind möglich.

Weiterführende Informationen zum Studienverlauf und zur Studienberatung

Studienberatung
- Annette Vornhusen
Tel.: (06172) 984235
E-Mail: Kontaktformular unter http://www.accadis.com/contact.aspx
http://business-communication.accadis.com/

International Sports Management

Inhaltlich	Sie erwerben volks- und betriebswirtschaftliche Grundlagen wie Management, Mikroökonomie, Marketing oder Finanzierung. Diese werden durch sportspezifische Vertiefungsthemen wie Vereinsrecht, Lizenzierung, Sponsoring oder Grundlagen der Sportmedizin ergänzt.
Abschluss	Bachelor of Arts (BA), akkreditiert durch FIBAA
Regelstudienzeit	6 Semester (180 CP)
Studienbeginn	Wintersemester

Studiengebühren	• 695 Euro pro Monat • Zzgl. Einschreibe- und Prüfungsgebühren und Kosten für das Auslandsstudium
Besonderes	• Das Studium umfasst ein Praxissemester • Das 3. Studienjahr kann an internationalen Partnerhochschulen absolviert werden • Ein internationaler Doppelabschluss ist möglich
Zulassungsbeschränkungen	• Ja, hochschulinternes Auswahlverfahren • Abiturnote mindestens mit einer 2 vor dem Komma
Bewerbung	Online über *http://bewerbung.accadis.com/*
Bewerbungsfrist	Auf Anfrage
Mögliche Studienschwerpunkte	Verschiedene Schwerpunkte sind möglich.

Weiterführende Informationen zum Studienverlauf und zur Studienberatung
Studienberatung
▪ Peter Kexel
Tel.: (06172) 984235
E-Mail: Kontaktformular unter http://www.accadis.com/contact.aspx
http://sports-management.accadis.com/

2 Bad Sooden-Allendorf

Bad-Sooden-Allendorf hat ca. 8 500 Einwohner und liegt an der Werra an der Grenze zu Thüringen in der Nähe des geografischen Mittelpunkts in Deutschland. Bad Sooden-Allendorf ist über die B27 an die Fernstraßen angebunden und liegt an der Bahnstrecke Göttingen–Fulda. Der Ort ist Sitz einer privaten Hochschule.

2.1 DIPLOMA Fachhochschule Nordhessen

Die private DIPLOMA Fachhochschule Nordhessen wurde 1998 gegründet und bietet mehrere Bachelor- und Masterstudiengänge an, darunter einige auch berufsbegleitend und im Fernstudium. Die Hochschule gehört zur Bernd-Blindow-Gruppe und hat Studienzentren an mehreren Standorten in Deutschland.

Homepage der Fachhochschule
http://diploma.de/
Allgemeine Studienberatung
▪ **Frau Dr. Rösler-Schidlack** und **Frau Umbach**
Tel.: (05652) 5877-70
Fax: (05652) 5877-729
E-Mail: bsa@diploma.de
DIPLOMA Hochschule Studienzentrum Bad Sooden-Allendorf
Am Hegeberg 2, 37242 Bad Sooden-Allendorf
http://diploma.de/bad-sooden-allendorf-diploma

2.1.1 Fachbereich

An der DIPLOMA Hochschule gibt es keine separaten Fachbereiche. Die Hochschule hat Studienzentren an mehreren Standorten.

CHE-Hochschulranking
BWL: Im Ranking 2011 liegen keine Angaben vor.

Betriebswirtschaft

Inhaltlich	Der Bachelor-Studiengang Betriebswirtschaft ist auf die Vermittlung eines wirtschaftswissenschaftlichen Gesamtverständnisses und auf grundlegende Kenntnisse in Business Administration / Unternehmens-Management ausgerichtet. Der Studiengang zielt auf die Übernahme oder eine erfolgreiche Weiterführung einer Fach- oder Führungsaufgabe in einem Unternehmen und vermittelt das dafür fachlich und methodisch notwendige Wissen.
Abschluss	Bachelor of Arts
Regelstudienzeit	6 Semester (180 CP)
Studienbeginn	Sommersemester und Wintersemester (bei ausreichender Teilnehmerzahl)
Studiengebühren	• 36 Raten à 375 Euro • Insgesamt 13 500 Euro
Besonderes	Der Studiengang kann auch berufsbegleitend und als Fernstudium absolviert werden.
Zulassungsbeschränkungen	Keine
Bewerbung	Infos unter *http://diploma.de/node/7141*
Bewerbungsfrist	Auf Anfrage
Mögliche Studienschwerpunkte	Finanzdienstleitungen, Internationale Betriebswirtschaftslehre, Tourismus- und Eventmanagement

Weiterführende Informationen zum Studienverlauf und zur Studienberatung

Studienberatung
- **Frau Dr. Rösler-Schidlack** und **Frau Umbach**
Tel.: (05652) 5877-70
Fax: (05652) 5877-729
E-Mail: bsa@diploma.de
http://diploma.de/ba-betriebswirtschaft

3 Darmstadt

Darmstadt hat ca. 140 000 Einwohner und liegt ca. 40 km südlich von Frankfurt. Sie Stadt gehört zum Ballungsraum Rhein-Main-Gebiet und ist die viertgrößte Stadt in Hessen. Darmstadt war Residenzstadt und im 19. Jahrhundert Hauptstadt des Großherzogtums Hessen. Die an der Wende zum 20. Jahrhundert gegründete Künstlerkolonie Mathildenhöhe ist ein Zentrum des Jugendstils. Darmstadt mit seiner angesehenen Technischen Universität gilt heute vor allem als Wissenschaftsstadt. Wichtige Wirtschaftsbranchen sind der IT-Bereich, Weltraum- und Satellitentechnik, ferner die Chemie- und Pharmaindustrie sowie die Bereiche Maschinenbau und Mechatronik. Durch die Nähe zur Technischen Universität ist die Wirtschaft in Darmstadt technologie- und forschungsorientiert.

Am Darmstädter Kreuz treffen sich die Autobahnen A5 und A67. Die Stadt ist mit IC/EC-Verbindungen Richtung München und Hamburg und Regionalverbindungen Richtung Frankfurt gut an das Schienennetz der Deutschen Bahn angebunden. Der Flughafen Frankfurt liegt nur ca. 25 km entfernt.

An der Technischen Universität Darmstadt und den beiden Fachhochschulen der Stadt sind insgesamt ca. 36 000 Studierende eingeschrieben.

3.1 Technische Universität Darmstadt

Die 1877 gegründete Universität hat ihren Schwerpunkt im natur- und ingenieurwissenschaftlichen Bereich. Die Universitätsgebäude verteilen sich auf vier Standorte im Stadtgebiet. Der älteste und zentrale Standort der Universität liegt in der Darmstädter Innenstadt im sogenannten Hochschulviertel. Die Universität gehört zu den im Rahmen der Exzellenzinitiative geförderten Hochschulen. Das wissenschaftliche Profil der Universität wird durch fünf technische Forschungscluster geprägt. An den 20 Fachbereichen der Universität sind ca. 23 000 Studierende eingeschrieben.

Homepage der Universität/Fachhochschule
http://www.tu-darmstadt.de/
Allgemeine Studienberatung
- Dipl. Soz. Jutta Klause
Tel.: (06151) 16-5268
E-Mail: klause@zsb.tu-darmstadt.de
- Dipl. Päd Michael Kremer
Tel.: (06151) 16-3501
E-Mail: kremer@zsb.tu-darmstadt.de
- Dr. Claudia Breuer
Tel.: (06151) 16-3020
E-Mail: breuer@zsb.tu-darmstadt.de
Technische Universität Darmstadt / Zentrale Studienberatung
Karolinenplatz 5, 64289 Darmstadt
http://www.zsb.tu-darmstadt.de/die_zsb/index.de.jsp

3.1.1 Fachbereich 1: Rechts- und Wirtschaftswissenschaften

Der Fachbereich Rechts- und Wirtschaftswissenschaften ist einer der größten Fachbereiche und ist im Hochschulviertel angesiedelt. Im Zentrum des Fachbereichs steht die interdisziplinäre Forschung und Lehre insbesondere in den beiden Bereichen Wirtschaftsinformatik und Wirtschaftsingenieurwesen. Am Fachbereich sind mehr als 3 000 Studierende eingeschrieben.

> Homepage des Fachbereichs
> http://www.wi.tu-darmstadt.de/rechtsundwirtschaftswissenschaften/einstieg/index.de.jsp
> Technische Universität Darmstadt / Fachbereich Rechts- und Wirtschaftswissenschaften
> Hochschulstr. 1, 64289 Darmstadt

CHE-Hochschulranking

Wirtschaftsingenieurwesen: Das Fach Wirtschaftsingenieurwesen liegt im CHE-Ranking 2011 in der Beurteilung der Studiensituation insgesamt im Mittelfeld. Besonders gut wird der Bereich E-Learning beurteilt.

Wirtschaftsingenieurwesen (Bauingenieurwesen)

Inhaltlich	Der Studiengang bereitet auf ein anschließendes Masterstudium vor. Der Anteil des rechts- und wirtschaftswissenschaftlichen Teils am Studium ist fast genauso groß wie der des natur- und ingenieurwissenschaftlichen Teils. Sie erwerben Kompetenz zur Lösung von Problemen an der Schnittstelle zwischen Ökonomie und Technik. Neben der Vermittlung wirtschaftswissenschaftlicher sowie natur- und ingenieurwissenschaftlicher Grundlagen wird Wert auf die Vermittlung von Methodenwissen gelegt.
Abschluss	Bachelor of Science (B.Sc.), akkreditiert durch ASIIN
Regelstudienzeit	6 Semester (180 CP)
Studienbeginn	Wintersemester
Studiengebühren	Keine
Besonderes	• Ein technisches Praktikum von mindestens 8 Wochen soll möglichst vor Studienbeginn absolviert werden • Zwei Praxisphasen gehören zum Studium
Zulassungsbeschränkungen	Ja, hochschulinterner NC
Bewerbung	Online über *http://www.tu-darmstadt.de/studieren/bewerben/index.de.jsp*
Bewerbungsfrist	15. Juli
Mögliche Studienschwerpunkte	• Mögliche wirtschaftswissenschaftliche Schwerpunkte: Betriebswirtschaftslehre, Volkswirtschaftslehre, Rechtswissenschaften • Mögliche technische Schwerpunkte: Technische Infrastruktur- und Raumplanung, Konstruktion

Weiterführende Informationen zum Studienverlauf und zur Studienberatung

Studienberatung
Tel.: (06151) 16-75001, -75002
Fax: (06151) 16-72200
E-Mail: studienbuero@wi.tu-darmstadt.de
http://www.wi.tu-darmstadt.de/studium_wi/studiengaenge/studiengnge_1.de.jsp

Wirtschaftsingenieurwesen (Elektrotechnik)

Inhaltlich	Der Studiengang bereitet auf ein anschließendes Masterstudium vor. Der Anteil des rechts- und wirtschaftswissenschaftlichen Teils am Studium ist fast genauso groß wie der des natur- und ingenieurwissenschaftlichen Teils. Sie erwerben Kompetenz zur Lösung von Problemen an der Schnittstelle zwischen Ökonomie und Technik. Neben der Vermittlung wirtschaftswissenschaftlicher sowie natur- und ingenieurwissenschaftlicher Grundlagen wird Wert auf die Vermittlung von Methodenwissen gelegt.
Abschluss	Bachelor of Science (B.Sc.), akkreditiert durch ASIIN
Regelstudienzeit	6 Semester (180 CP)
Studienbeginn	Wintersemester
Studiengebühren	Keine
Besonderes	• Ein technisches Praktikum von mindestens 8 Wochen soll möglichst vor Studienbeginn absolviert werden • Zwei Praxisphasen gehören zum Studium
Zulassungsbeschränkungen	Ja, hochschulinterner NC
Bewerbung	Online über *http://www.tu-darmstadt.de/studieren/bewerben/index.de.jsp*
Bewerbungsfrist	15. Juli
Mögliche Studienschwerpunkte	Verschiedene Schwerpunkte sind möglich.

Weiterführende Informationen zum Studienverlauf und zur Studienberatung

Studienberatung
Tel.: (6151) 16-75001, -75002
Fax: (06151) 16-72200
E-Mail: studienbuero@wi.tu-darmstadt.de
http://www.wi.tu-darmstadt.de/studium_wi/studiengaenge/studiengnge_1.de.jsp

Wirtschaftsingenieurwesen (Maschinenbau)

Inhaltlich	Der Studiengang bereitet auf ein anschließendes Masterstudium vor. Der Anteil des rechts- und wirtschaftswissenschaftlichen Teils am Studium ist fast genauso groß wie der des natur- und ingenieurwissenschaftlichen Teils. Sie erwerben Kompetenz zur Lösung von Problemen an der Schnittstelle zwischen Ökonomie und Technik. Neben der Vermittlung wirtschaftswissenschaftlicher sowie natur- und ingenieurwissenschaftlicher Grundlagen wird Wert auf die Vermittlung von Methodenwissen gelegt.
Abschluss	Bachelor of Science (B.Sc.), akkreditiert durch ASIIN
Regelstudienzeit	6 Semester (180 CP)
Studienbeginn	Wintersemester
Studiengebühren	Keine
Besonderes	• Ein technisches Praktikum von mindestens 8 Wochen soll möglichst vor Studienbeginn absolviert werden • Zwei Praxisphasen gehören zum Studium
Zulassungsbeschränkungen	Ja, hochschulinterner NC
Bewerbung	Online über *http://www.tu-darmstadt.de/studieren/bewerben/index.de.jsp*
Bewerbungsfrist	15. Juli
Mögliche Studienschwerpunkte	Verschiedene Schwerpunkte sind möglich.

Weiterführende Informationen zum Studienverlauf und zur Studienberatung

Studienberatung
Tel.: (06151) 16-75001, -75002
Fax: (06151) 16-72200
E-Mail: studienbuero@wi.tu-darmstadt.de
http://www.wi.tu-darmstadt.de/studium_wi/studiengaenge/studiengnge_1.de.jsp

3.2 Hochschule Darmstadt

Die Hochschule Darmstadt wurde 1971 gegründet. Sie gehört zu den größten Hochschulen in Hessen. Die Hochschule verteilt sich auf mehrere Standorte in der Stadt. Die Wirtschafts- und Informationswissenschaften sind am Campus Dieburg angesiedelt. Lehre und Forschung an der Hochschule sind durch eine enge Kooperation mit Unternehmen und Forschungseinrichtungen gekennzeichnet. An den 11 Fachbereichen der Hochschule sind ca. 11 500 Studierende eingeschrieben.

Homepage der Hochschule
http://www.h-da.de/
Allgemeine Studienberatung
- Uli Knoth
Tel.: (06151) 16-8047
E-Mail: uli.knoth@h-da.de

- Florian Gneist
Tel.: (06151) 16-8856
E-Mail: florian.gneist@h-da.de

- Julia-Charlott Jackel
Tel.: (06151) 16-8510
E-Mail: julia.jackel@h-da.de

- Ute Andrea Ladner
Tel.: (06151) 16-8948
E-Mail: ute-andrea.ladner@h-da.deE-Mail:
Hochschule Darmstadt / Allgemeine Studienberatung
Haardtring 100, Gebäude A10, 64295 Darmstadt
http://www.h-da.de/studium/information-und-beratung/studienberatung/

3.2.1 Fachbereich Wirtschaft

Der Fachbereich Wirtschaft verteilt sich auf zwei Standorte: einen in Darmstadt und einen am neuen Mediencampus Dieburg. Neben medialen Studiengängen sind dort auch wirtschafts- und informationswissenschaftliche Studienangebote vertreten. Studienort für Internationale Betriebswirtschaftslehre und Wirtschaftsingenieurwesen ist der Campus Darmstadt, für Betriebswirtschaftslehre der Campus Dieburg. Dieburg liegt ca. 15 km östlich von Darmstadt.

Homepage des Fachbereichs
http://www.fbw.h-da.de/
Hochschule Darmstadt / Fachbereich Wirtschaft / Campus Darmstadt
Schöfferstrasse 10, Gebäude D19, 64295 Darmstadt
Hochschule Darmstadt / Fachbereich Wirtschaft / Campus Dieburg
Max-Planck-Str. 2, Gebäude F 01, 64807 Dieburg

CHE-Hochschulranking

BWL: Für eine Bewertung liegen im Ranking 2011 zu wenige Antworten vor.
Wirtschaftsingenieurwesen: Für eine Bewertung liegen im Ranking 2011 zu wenige Antworten vor.

Betriebswirtschaftslehre

Inhaltlich	Mit dem Abschluss des Studiengangs sollen Sie in der Lage sein, Fach- und Führungsaufgaben in Wirtschaft und Verwaltung zu übernehmen oder unternehmerisch tätig zu werden. Neben den hierfür erforderlichen fachlichen Qualifikationen der Betriebswirtschaftslehre, Wirtschaftswissenschaften im weiteren Sinne sowie der rechtlichen und sozialen Rahmenbedingungen wirtschaftlichen Handelns werden Ihnen auch spezifische Qualifikationen aus dem Bereich des Informationsmanagements vermittelt.
Abschluss	Bachelor of Science (B.Sc.), akkreditiert durch FIBAA
Regelstudienzeit	6 Semester
Studienbeginn	Sommersemester und Wintersemester
Studiengebühren	Keine
Besonderes	Studienort Campus Dieburg: Ein Auslandsaufenthalt ist möglich.
Zulassungsbeschränkungen	Ja, hochschulinterner NC
Bewerbung	Online über *http://www.h-da.de/studium/bewerbung/*
Bewerbungsfrist	15. Januar und 15. Juli
Mögliche Studienschwerpunkte	Controlling und Finanzmanagement, Information Management, Marketing, Personalmanagement, Rechnungslegung, Prüfung und Steuern

Weiterführende Informationen zum Studienverlauf und zur Studienberatung

Studienberatung
- **Prof. Thomas Bauer**

Tel.: (06151) 16-9322
E-Mail: thomas.bauer@h-da.de
http://www.h-da.de/studium/studienangebot/wirtschafts-geistes-und-sozialwissenschaften/bwl-bsc/

Internationale Betriebswirtschaftslehre (IBWL)

Inhaltlich	Neben zwei Wirtschaftsfremdsprachen lernen Sie in diesem Studiengang entscheidungsorientiertes betriebswirtschaftliches Handeln auf wissenschaftlicher Grundlage und werden in die Lage versetzt, selbst Fach- und Führungsaufgaben – auch im internationalen Kontext – zu übernehmen. Ein Masterstudium kann angeschlossen werden. Die zeitliche Struktur ermöglicht es, das Programm parallel zu einer vollen Berufstätigkeit zu absolvieren. Die Veranstaltungen finden in der Regel am Mittwoch- und/oder Freitagabend und an Samstagen statt.
Abschluss	Bachelor of Science (B.Sc.), akkreditiert durch FIBAA
Regelstudienzeit	9 Semester
Studienbeginn	Sommersemester und Wintersemester
Studiengebühren	1 600 Euro pro Semester für maximal 7 Semester
Besonderes	• Das IBWL-Studienprogramm wendet sich vor allem an Berufstätige • Das Studium kann auch ohne Hochschulzugangsberechtigung begonnen werden, sie muss spätestens im 8. Semester nachgewiesen werden
Zulassungsbeschränkungen	Keine
Bewerbung	Online über http://www.h-da.de/studium/bewerbung/
Bewerbungsfrist	1. März und 1. September
Mögliche Studienschwerpunkte	Controlling und Finanzmanagement, Information Management, Marketing, Personalmanagement, Rechnungslegung, Prüfung und Steuern

Weiterführende Informationen zum Studienverlauf und zur Studienberatung

Studienberatung
- Petra Vonhausen
Tel.: (06151) 16-8976
E-Mail: petra.vonhausen@h-da.de
http://www.h-da.de/studium/studienangebot/wirtschafts-geistes-und-sozialwissenschaften/internationale-bwl-bsc/

Wirtschaftsingenieurwesen

Inhaltlich	Der Studiengang Wirtschaftsingenieurwesen wird in Kooperation mit dem Fachbereich Elektrotechnik und Informationstechnik und dem Fachbereich Maschinenbau und Kunststofftechnik angeboten. Sie werden in diesem Studiengang auf fachübergreifende Aufgaben vorbereitet. In der Fertigungsorganisation, Logistik und im Vertrieb sind von Beginn an wirtschaftliche, rechtliche und technische Fragen eng verwoben.
Abschluss	Bachelor of Science (B.Sc), akkreditiert durch ASIIN
Regelstudienzeit	7 Semester
Studienbeginn	Wintersemester
Studiengebühren	Keine
Besonderes	• Bis zum Ende des 3. Semesters müssen Sie 8 Wochen Praktikum nachweisen • Bei Fragen zur Anerkennung des Praktikums wenden Sie sich an den Praktikumsbeauftragten
Zulassungsbeschränkungen	Ja, hochschulinterner NC
Bewerbung	Online über *http://www.h-da.de/studium/bewerbung/*
Bewerbungsfrist	15. Juli
Mögliche Studienschwerpunkte	Nach dem 2. Semester wählen Sie eine der beiden Fachrichtungen: Elektrotechnik, Maschinenbau.

Weiterführende Informationen zum Studienverlauf und zur Studienberatung

Studienberatung
- Carmen Gerhard

Tel.: (06151) 16-8231
E-Mail: carmen.gerhard@h-da.de
http://www.h-da.de/studium/studienangebot/ingenieurwissenschaften/wirtschaftsingenieurwesen-bsc/index.htm

3.3 Wilhelm Büchner Hochschule – Private Fernhochschule Darmstadt

Die private Wilhelm Büchner Hochschule wurde 1997 gegründet. Sie ist mit ca. 5 000 Studierenden die größte private Fernhochschule für technische Studiengänge in Deutschland. Benannt ist sie nach dem Naturwissenschaftler und Unternehmer Wilhelm Büchner, der im 19. Jahrhundert in Pfungstadt bei Darmstadt lebte. Das Studienangebot richtet sich vor allem an Berufstätige.

> **Homepage der Hochschule**
> http://www.wb-fernstudium.de/
> **Allgemeine Studienberatung**
> Tel.: (0800) 9241000 / (06157) 806-404
> E-Mail: info@wb-fernstudium.de
> **Wilhelm Büchner Hochschule**
> Ostendstraße 3, 64319 Pfungstadt bei Darmstadt
> http://www.wb-fernstudium.de/service-studienberatung/

3.3.1 Fachbereich

An der Wilhelm Büchner Hochschule gibt es die Bereiche Informatik, Mechatronik, Wirtschaftsingenieurwesen und Technologiemanagement, Elektro- und Informationstechnik, Maschinenbau. Es gibt keine separaten Fachbereiche.

CHE-Hochschulranking

Im Ranking 2011 liegen keine Angaben vor.

Technische Betriebswirtschaft

Inhaltlich	Sie erwerben in diesem Studiengang die nötigen Kenntnisse und Fähigkeiten, damit Sie sich als Führungskraft sicher an der Schnittstelle zwischen technischen und betriebswirtschaftlichen Prozessen bewegen können. Sie decken die kaufmännischen Funktionsbereiche eines Unternehmens genauso kompetent ab wie technische Anforderungen. Besonders im industriellen Sektor – auch im internationalen Kontext – können Sie Ihre Kenntnisse und Erfahrungen erfolgreich anwenden.
Abschluss	Bachelor of Science (B.Sc.), akkreditiert durch ZEvA
Regelstudienzeit	6 Semester
Studienbeginn	Jederzeit
Studiengebühren	305 Euro pro Monat
Besonderes	Berufsbegleitendes Fernstudium
Zulassungsbeschränkungen	Keine
Bewerbung	Infos unter http://www.wb-fernstudium.de/service-studienberatung/beratung-studieninteressent.php
Bewerbungsfrist	Keine
Mögliche Studienschwerpunkte	Verschiedene Schwerpunkte sind möglich.

Weiterführende Informationen zum Studienverlauf und zur Studienberatung

Studienberatung
Tel.: (0800) 9241000 / (06157) 806-404
E-Mail: info@wb-fernstudium.de
http://www.wb-fernstudium.de/technologie/bachelor-studiengang-technische-betriebswirtschaft/

Wirtschaftsingenieurwesen Logistik

Inhaltlich	In diesem Studiengang erwerben Sie interdisziplinäre Kenntnisse in allgemeinen, technischen und ökonomischen Kompetenzfeldern. Sie lernen, technische Lösungen und ihren Systemeinsatz wirtschaftlich zu bewerten und die wirtschaftliche Nutzung im Unternehmen zu unterstützen. Mit diesem Studiengang schaffen Sie die Voraussetzung für die Entwicklung und Umsetzung von Logistiklösungen, der Systemgestaltung und im Logistikmanagement.
Abschluss	Bachelor of Engineering (B.Eng.), akkreditiert durch ACQUIN
Regelstudienzeit	7 Semester
Studienbeginn	Jederzeit
Studiengebühren	295 Euro pro Monat
Besonderes	Berufsbegleitendes Fernstudium
Zulassungsbeschränkungen	Keine
Bewerbung	Infos unter *http://www.wb-fernstudium.de/service-studienberatung/beratung-studieninteressent.php*
Bewerbungsfrist	Keine
Mögliche Studienschwerpunkte	Verschiedene Schwerpunkte sind möglich.

Weiterführende Informationen zum Studienverlauf und zur Studienberatung

Studienberatung
Tel.: (0800) 9241000 / (06157) 806-404
E-Mail: info@wb-fernstudium.de
http://www.wb-fernstudium.de/wirtschaft/bachelor-studiengang-wirtschaftsingenieur-logistik/

Wirtschaftsingenieurwesen Produktion

Inhaltlich	Sie erlangen in diesem Studiengang umfangreiche Kompetenzen in den Bereichen Wirtschaft und Technik und lernen, wie Sie sie für eine interdisziplinäre Anwendung verknüpfen. Mit dieser Qualifikation bereiten Sie sich auf Tätigkeiten im Spannungsfeld zwischen Wirtschaft und Technik vor. Als Wirtschaftsingenieur mit dem Schwerpunkt Produktion haben Sie Kenntnisse für die technischen wie für die kaufmännischen Aspekte von Unternehmensentscheidungen.
Abschluss	Bachelor of Engineering (B.Eng.), akkreditiert durch ACQUIN
Regelstudienzeit	7 Semester
Studienbeginn	Jederzeit
Studiengebühren	295 Euro pro Monat
Besonderes	Berufsbegleitendes Fernstudium
Zulassungsbeschränkungen	Keine
Bewerbung	Infos unter *http://www.wb-fernstudium.de/service-studienberatung/beratung-studieninteressent.php*
Bewerbungsfrist	Keine
Mögliche Studienschwerpunkte	Verschiedene Schwerpunkte sind möglich.

Weiterführende Informationen zum Studienverlauf und zur Studienberatung

Studienberatung
Tel.: (0800) 9241000 / (06157) 806-404
E-Mail: info@wb-fernstudium.de
http://www.wb-fernstudium.de/wirtschaft/bachelor-studiengang-wirtschaftsingenieur-produktion/

4 Frankfurt am Main

Frankfurt am Main hat ca. 672 000 Einwohner und ist die größte Stadt in Hessen. Seit dem Mittelalter war die Stadt durch ihre zentrale Lage von Bedeutung. 1848/1849 war sie Sitz des ersten gewählten Parlaments in Deutschland. Frankfurt ist Geburtsstadt des wohl berühmtesten deutschen Dichters Johann Wolfgang von Goethe. Bekannt ist die Stadt heute vor allem wegen ihrer in Deutschland einmaligen Skyline, als internationales Finanz- und Dienstleistungszentrum und als Messestadt und Standort für die Frankfurter Buchmesse. Frankfurt ist Sitz der Deutschen Bundesbank, der Frankfurter Börse und der Europäischen Zentralbank. Viele internationale Unternehmen haben dort eine Vertretung. Durch ihre zentrale Lage in Deutschland ist die Stadt einer der wichtigsten Verkehrsknotenpunkte im Straßen-, Schienen- und Luftverkehr. Der Rhein-Main-Flughafen Frankfurt ist der drittgrößte Flughafen in Europa, bezogen auf den Frachtverkehr der größte.

In der Stadt gibt es eine Universität und mehrere Hochschulen.

4.1 Johann-Wolfgang-Goethe-Universität Frankfurt am Main

Die Johann-Wolfgang-Goethe-Universität Frankfurt (Goethe-Universität) wurde 1914 gegründet und gehört damit zu den jüngeren Universitäten in Deutschland. Dennoch ist ihre Gründung wegen der seinerzeit ungewöhnlichen Nähe zur Wirtschaft von wegweisender historischer Bedeutung: Die Goethe-Universität war die erste Stiftungsuniversität Deutschlands, das heißt die erste Universität, die aus privaten Mitteln finanziert wurde. Unternehmer und Privatpersonen, darunter vermögende jüdische Bürger, ermöglichten die Gründung der Universität.

Heute zählt die Goethe-Universität mit rund 37 000 Studierenden zu den größten Universitäten Deutschlands. Die insgesamt 16 Fachbereiche der Universität verteilen sich auf vier verschiedene Standorte in der Stadt.

Homepage der Universität
http://www.uni-frankfurt.de/
Allgemeine Studienberatung
Tel.: (069) 798-7980
E-Mail: ssc@uni-frankfurt.de
Universität Frankfurt / Studien-Service-Center / Campus Bockenheim
Bockenheimer Landstr. 133, 60325 Frankfurt
http://www.uni-frankfurt.de/studium/ssc/zsb/

4.1.1 Fachbereich 2: Wirtschaftswissenschaften

Mit mehr als 4 000 Studierenden gehört der Fachbereich zu den großen wirtschaftswissenschaftlichen Lehr- und Forschungseinrichtungen Deutschlands. 1901 gründete der Unternehmer und Sozialpolitiker Wilhelm Merton die Akademie für Sozial- und Handelswissenschaften, aus der der spätere Universitätsfachbereich hervorging. Reinhard Selter, der bisher einzige deutsche Wirtschaftsnobelpreisträger (1994), promovierte 1961 in Frankfurt im Fach Volkswirtschaft. Seit dem Wintersemester 2008/2009 sind die Wirtschaftswissenschaften auf dem Campus Westend angesiedelt.

Seit dem Jahr 2000 ist der Fachbereich nicht mehr nach dem traditionellen Lehrstuhl-Prinzip, sondern in einer Department-Struktur organisiert. Die Forschungs- und Lehrleistungen der Hochschullehrer/-innen und ihrer Mitarbeiter/-innen werden in sieben Abteilungen gebündelt, Studierende können zwischen zwei Bachelor- und fünf Masterstudiengängen wählen. Mit der Bildung von Schwerpunkten soll eine verstärkte ergänzende Zusammenarbeit und Kooperation zwischen den Wissenschaftlern erfolgen.

> **Homepage des Fachbereichs**
> http://www.wiwi.uni-frankfurt.de
> Goethe-Universität Frankfurt am Main / Fachbereich Wirtschaftswissenschaften / Campus Westend
> Grüneburgplatz 1, 60323 Frankfurt am Main

CHE-Hochschulranking

Wirtschaftswissenschaften: Im CHE-Ranking 2011 liegt der Fachbereich Wirtschaftswissenschaften in der Beurteilung der Studiensituation insgesamt in der Spitzengruppe. Überdurchschnittlich gut werden die Bereiche Lehrangebot, Berufsbezug, Einbeziehung in Lehrevaluation und Räume bewertet.

Wirtschaftswissenschaften

Inhaltlich	Das Bachelorstudium vermittelt Ihnen die allgemeinen methodischen und theoretischen Grundlagen und Zusammenhänge sowohl der BWL als auch der VWL.
Abschluss	Bachelor of Science (B.Sc.), akkreditiert durch AACSB
Regelstudienzeit	6 Semester (180 CP)
Studienbeginn	Sommersemester und Wintersemester
Studiengebühren	Keine
Besonderes	Gute Englischkenntnisse werden vorausgesetzt.
Zulassungsbeschränkungen	Ja, hochschulinterner NC
Bewerbung	Online über *http://www.uni-frankfurt.de/studium/bewerbung/bewerbungsverfahren/index.html*
Bewerbungsfrist	15. Januar und 15. Juli
Mögliche Studienschwerpunkte	• Economics mit volkswirtschaftlichen und ökonometrischen Modulen • Finance & Accounting mit Modulen aus dem Finanzbereich, Rechnungswesen und der Wirtschaftsprüfung • Management mit Modulen aus Organisation, Personal, Marketing, Operations Management und Wirtschaftsinformatik

Weiterführende Informationen zum Studienverlauf und zur Studienberatung

Studienberatung
- Christiane Löbig
Tel.: (069) 798-34602

- Marko-René Susnik
Tel.: (069) 798-34603
E-Mail: studienberatung@wiwi.uni-frankfurt.de
http://www.wiwi.uni-frankfurt.de/studienprogramme/bachelor/bachelor-in-wirtschaftswissenschaften.html

Wirtschaftspädagogik

Inhaltlich	Das Bachelorstudium vermittelt neben den wirtschaftswissenschaftlichen Grundlagen der VWL und der BWL auch wirtschaftspädagogische Grundlagen. Das Studium bereitet Sie darauf vor, in vielfältigen Aufgabenbereichen zu arbeiten. In den wirtschaftspädagogischen Modulen eignen Sie sich die Grundlagen für eine spätere Tätigkeit als Lehrer oder Ausbilder in Schule oder Betrieb an.
Abschluss	Bachelor of Science (B.Sc.), akkreditiert durch ZEvA
Regelstudienzeit	6 Semester (180 CP)
Studienbeginn	Wintersemester
Studiengebühren	Keine
Besonderes	Sie können zwischen zwei Studienrichtungen wählen: • Studienrichtung I ist eng an den Bachelorstudiengang Wirtschaftswissenschaften angelehnt • Studienrichtung II umfasst neben dem wirtschaftswissenschaftlichen Studium ab dem 5. Semester Inhalte eines weiteren Fachs wie Deutsch, Englisch, Französisch, Religion, Mathematik, Spanisch • Anschließendes Masterstudium der Wirtschaftspädagogik ist Voraussetzung für die Übernahme in den Vorbereitungsdienst für das Lehramt an Berufsbildenden Schulen
Zulassungsbeschränkungen	Ja, hochschulinterner NC
Bewerbung	Online über http://www.uni-frankfurt.de/studium/bewerbung/bewerbungsverfahren/index.html
Bewerbungsfrist	15. Juli
Mögliche Studienschwerpunkte	• Economics mit volkswirtschaftlichen und ökonometrischen Modulen • Finance & Accounting mit Modulen aus dem Finanzbereich, Rechnungswesen und der Wirtschaftsprüfung • Management mit Modulen aus Organisation, Personal, Marketing, Operations Management und Wirtschaftsinformatik

Weiterführende Informationen zum Studienverlauf und zur Studienberatung

Studienberatung
- Christiane Löbig
Tel.: (069) 798-34602
- Marko-René Susnik
Tel.: (069) 798-34603
E-Mail: studienberatung@wiwi.uni-frankfurt.de
http://www.wiwi.uni-frankfurt.de/studienprogramme/bachelor/bachelor-in-wirtschaftspaedagogik.html

4.2 Fachhochschule Frankfurt am Main (FH FFM)

Die Fachhochschule Frankfurt bildete sich 1971 aus dem Zusammenschluss verschiedener Fachschulen. Mit ca. 9 500 Studierenden gehört sie zu den großen Fachhochschulen in Deutschland. Sie bietet ein international ausgerichtetes fächerübergreifendes Studienangebot, das wissenschaftlichen Anspruch und Praxisbezug vereinen möchte, um den Studierenden Möglichkeiten auf dem weltweiten Arbeitsmarkt zu öffnen. Ein Sprachenangebot und die Möglichkeit eines Auslandssemesters an einer von über 60 internationalen Partneruniversitäten ergänzen das Studienangebot.

Homepage der Fachhochschule
http://www.fh-frankfurt.de
Allgemeine Studienberatung
- Hubert Melcher
Tel.: (069) 1533-2780
E-Mail: hmelcher@abt-sb.fh-frankfurt.de
Fachhochschule Frankfurt am Main
Nibelungenplatz 1, 60318 Frankfurt am Main
http://www.fh-frankfurt.de/de/studienangebot/beratung/zentrale_studienberatung.html

4.2.1 Fachbereich 3: Wirtschaft und Recht

Der Fachbereich Wirtschaft ist seit 1995 am jetzigen Standort Nibelungenplatz angesiedelt und umfasst die Bereiche Betriebswirtschaft, Wirtschaftsrecht, Wirtschaftsinformatik und Wirtschaftsingenieurwesen. Mit insgesamt ca. 1 800 Studierenden gehört er zu den großen Wirtschaftsfachbereichen an Fachhochschulen.

Homepage des Fachbereichs
http://www.fh-frankfurt.de/de/fachbereiche/fb3.html
Fachhochschule Frankfurt am Main / Fachbereich 3
Nibelungenplatz 1, 60318 Frankfurt am Main

CHE-Hochschulranking

BWL: Im CHE-Ranking 2011 liegt BWL am Fachbereich Wirtschaft und Recht in der Beurteilung der Studiensituation insgesamt im Mittelfeld.

Betriebswirtschaft – Business Administration

Inhaltlich	In den beiden ersten Semestern erwerben Sie in einer Grundausbildung ein umfangreiches Grundwissen in den betriebswirtschaftlich relevanten Disziplinen. Danach können Sie für eine angemessene Profilierung zwei aus sieben Studienschwerpunkten aus einem Katalog von neun Modulen wählen.
Abschluss	Bachelor of Arts (B.A.), akkreditiert durch FIBAA
Regelstudienzeit	6 Semester (180 CP)

Studienbeginn	Sommersemester und Wintersemester
Studiengebühren	Keine
Besonderes	Zwischen dem 4. und 5. Semester muss ein berufspraktisches Modul absolviert werden.
Zulassungsbeschränkungen	Ja, hochschulinterner NC
Bewerbung	Online über *http://www.fh-frankfurt.de/de/ studienangebot/weg_zum_studium/erstes_ semester.html*
Bewerbungsfrist	15. Januar und 15. Juli
Mögliche Studienschwerpunkte	Als Studienschwerpunkte sind Finanzdienstleistung, Marketing, Personalmanagement, Produktionsmanagement und Logistik, Prüfungs- und Revisionswesen, Steuerwesen und Controlling möglich.

Weiterführende Informationen zum Studienverlauf und zur Studienberatung

Studienberatung
- Prof. Dr. Felix Liermann

Tel.: (069) 1533-2956
E-Mail: lieermann@fb3.fh-frankfurt.de
http://www.fh-frankfurt.de/de/fachbereiche/fb3/studiengaenge/betriebswirtschaft.html

✦ Betriebswirtschaft – mit deutsch-französischem Doppelabschluss – Business Administration (Double Degree)

Inhaltlich	Seit 2006 gibt es den deutsch-französischen Studiengang mit Doppelabschluss. Partnerhochschule ist die Groupe École Supérieure de Commerce (ESC) in Troyes. Die Studierenden schließen mit dem deutschen Bachelorabschluss in BWL und mit dem Bachelorabschluss International Network for Business Administration (INBA) ab. Der Studiengang bereitet mit internationalen und globalen Aspekten auf eine Tätigkeit in einem internationalen Umfeld vor. Sie sollen dazu befähigt werden, betriebswirtschaftliche Führungsaufgaben im Management von privaten und öffentlichen Unternehmen, Verwaltungen und sozialen Einrichtungen zu übernehmen.
Abschluss	Bachelor of Arts (B.A.), akkreditiert durch FIBAA
Regelstudienzeit	6 Semester (180 CP)
Studienbeginn	Wintersemester
Studiengebühren	Keine

Besonderes	• 2 Studiensemester in Frankreich an der ESC Troyes • 1 Praxissemester in Frankreich • Studiensprachen: Deutsch, Französisch und Englisch • Gute Französischkenntnisse werden vorausgesetzt
Zulassungsbeschränkungen	Ja, hochschulinterner NC
Bewerbung	Online über http://www.fh-frankfurt.de/de/studienangebot/weg_zum_studium/erstes_semester.html
Bewerbungsfrist	15. Juli
Mögliche Studienschwerpunkte	Verschiedene Schwerpunkte sind möglich.

Weiterführende Informationen zum Studienverlauf und zur Studienberatung

Studienberatung
- Prof. Dr. Susanne Raegle

Tel.: (069) 1533-2926
E-Mail: raegle@fb3.fh-frankfurt.de
http://www.fh-frankfurt.de/de/fachbereiche/fb3/studiengaenge/betriebswirtschaft_doppelabschluss.html

International Business Administration

Inhaltlich	Seit dem Wintersemester 2010/2011 vermittelt dieser Studiengang Grundlagen in den Kernfächern Betriebswirtschaftslehre, Volkswirtschaftslehre und Rechtswissenschaften. Der Fokus liegt auf internationalen Aspekten politischer, rechtlicher und wirtschaftlicher Rahmenbedingungen, außerdem auf Kommunikationsverhalten und Umgang mit Kulturunterschieden.
Abschluss	Bachelor of Arts (B.A.), akkreditiert durch FIBAA
Regelstudienzeit	7 Semester
Studienbeginn	Wintersemester
Studiengebühren	Keine
Besonderes	• 1 obligatorisches internationales Jahr mit Lehrveranstaltungen in englischer Sprache • Internationales Praxismodul • Ausreichende Englischkenntnisse werden vorausgesetzt (Leistungskurs Englisch im Abitur oder IELTS mit mindestens 6.0 oder TOEFL mit mindestens 80 Punkten)
Zulassungsbeschränkungen	• Ja, hochschulinterner NC • Maximal 36 Studierende

Bewerbung	Online über *http://www.fh-frankfurt.de/de/ studienangebot/weg_zum_studium/erstes_ semester.html*
Bewerbungsfrist	15. Juli
Mögliche Studienschwerpunkte	Als Studienschwerpunkte sind Finanzdienstleistungen, Marketing, Personal- und Organisationsmanagement, Produktionsmanagement und Logistik, Betriebliche Steuerlehre, Prüfungswesen und Controlling möglich.

Weiterführende Informationen zum Studienverlauf und zur Studienberatung

Studienberatung
- Prof. Dr. Felix Liermann
Tel.: (069) 1533-2956
E-Mail: lieermann@fb3.fh-frankfurt.de
http://www.fh-frankfurt.de/de/fachbereiche/fb3/studiengaenge/international_business_administration.html

International Finance

Inhaltlich	Der Schwerpunkt dieses Studiengangs liegt auf der Verbindung von praxisbezogenem finanzwirtschaftlichem und rechtlichem Wissen, mathematischen Methoden und Anwendbarkeit. Das Studium bereitet Sie auf ein Arbeitsfeld in Unternehmen der Finanzbranche, in Banken oder Versicherungen oder im Bereich Treasury, Investition und Finanzierung multinationaler Unternehmen oder in Unternehmensberatungen und Wirtschaftsprüfungsgesellschaften vor. Während des gesamten Studiums steht der Praxisbezug im Vordergrund.
Abschluss	Bachelor of Science (B.Sc.), akkreditiert durch FIBAA
Regelstudienzeit	7 Semester (210 CP)
Studienbeginn	Wintersemester
Studiengebühren	Keine
Besonderes	• 1 Studiensemester an einer ausländischen Partnerhochschule • Doppelabschluss ist möglich: Frankfurter Bachelorabschluss und Londoner Bachelor of Honours European Banking and Finance • Ausreichende Englischkenntnisse werden vorausgesetzt
Zulassungsbeschränkungen	Ja, hochschulinterner NC
Bewerbung	Online über *http://www.fh-frankfurt.de/de/ studienangebot/weg_zum_studium/erstes_ semester.html*

Bewerbungsfrist	15. Juli
Mögliche Studienschwerpunkte	Verschiedene Schwerpunkte sind möglich.

Weiterführende Informationen zum Studienverlauf und zur Studienberatung
Studienberatung
- Prof. Dr. Andrea Gubitz
Tel.: (069) 1533-2910
E-Mail: gubitz@fb3.fh-frankfurt.de
http://www.fh-frankfurt.de/de/fachbereiche/fb3/studiengaenge/international_finance.html

4.3 Frankfurt School of Finance & Management (FSFM)

Die Frankfurt School of Finance & Management ging aus der 1957 gegründeten Bankakademie in Wiesbaden hervor. Im Laufe der Jahre kam die Hochschule für Bankwirtschaft hinzu, seit 2004 Hochschule mit Promotionsrecht. Seit 2007 sind alle Bildungs- und Beratungsangebote in der Frankfurt School of Finance & Management vereint. Die FSFM ist praxis- und wissenschaftsorientiert zugleich und bietet Studien- und Weiterbildungsmöglichkeiten in sieben verschiedenen Programmbereichen, in fünf wissenschaftlichen Forschungszentren und in internationalen Beratungsprojekten.

Homepage der FSFM
http://www.frankfurt-school.de
Allgemeine Studienberatung
- Dr. Peter Kiefer
Tel.: (069) 154008-275
Fax: (069) 154008-4275
E-Mail: p.kiefer@fs.de

- Anna-Teresa Melcher
Tel.: (069) 154008-706
Fax: (069) 154008-4706
E-Mail: a.t.melcher@frankfurt-school.de
Frankfurt School of Finance & Management
Sonnemannstraße 9–11, 60314 Frankfurt am Main
http://www.frankfurt-school.de/content/de/education_advisory.html

4.3.1 Departments

Die auf die betriebswirtschaftlichen Bereiche Finanzen und Management spezialisierte FSFM ist in den vier Departments Forschung & Department, Finance Department, Management Department und Economics Department organisiert und gehört zu den größten wirtschaftswissenschaftlichen Fakultäten in Deutschland.

Homepage der Fakultät
http://www.frankfurt-school.de/content/de/research
Frankfurt School of Finance & Management
Sonnemannstraße 9–11, 60314 Frankfurt am Main

CHE-Hochschulranking

BWL: Im CHE-Ranking 2011 liegt BWL an der HfWU in der Beurteilung der Studiensituation insgesamt in der Spitzengruppe. Überdurchschnittlich gut werden die Kriterien Betreuung durch Lehrende, Kontakt zu Studierenden, Lehrangebot, Studierbarkeit, Berufsbezug, Räume, IT-Infrastruktur und Unterstützung für Auslandsstudium beurteilt.

Betriebswirtschaftslehre

Inhaltlich	Sie werden in alle betriebswirtschaftlichen Bereiche eingeführt, der Schwerpunkt liegt dabei auf Finanzen. Zum Studium gehört ein Auslandssemester mit Praktikum.
Abschluss	Bachelor of Science (B.Sc.), akkreditiert durch FIBAA
Regelstudienzeit	7 Semester (210 CP)
Studienbeginn	September
Studiengebühren	5 950 Euro pro Semester
Besonderes	Den Bachelor in BWL können Sie in zwei Varianten belegen: • entweder ausbildungsintegriert – das heißt, Sie studieren parallel zu Ihrer Berufsausbildung zum/zur Bankkaufmann/-frau in einem Blockmodell • oder berufsintegriert – das heißt, von Montag bis Mittwoch arbeiten Sie in Ihrem Unternehmen, von Donnerstag bis Samstag studieren Sie
Zulassungsbeschränkungen	Ja, hochschulinterner NC
Bewerbung	Online über http://www.frankfurt-school.de/content/de/education_programmes/academic_programmes/bachelor/bachelor_bwl/application
Bewerbungsfrist	15. März
Mögliche Studienschwerpunkte	Im 6. und 7. Semester entscheiden Sie sich für Spezialisierungsmodule: • Mit der Funktionsvertiefung konzentrieren Sie sich auf betriebswirtschaftliche Funktionen wie Rechnungswesen, Marketing, Personal oder Operations Management • In der Vertiefungsrichtung Finanzindustrie befassen Sie sich vor allem mit finanzwirtschaftlichen Fragestellungen • In der internationalen Vertiefung geht es um rechtliche, kulturelle und ökonomische Themen aus internationaler Perspektive

Weiterführende Informationen zum Studienverlauf und zur Studienberatung
Studienberatung
- Dr. Peter Kiefer
Tel.: (069) 154008-275
Fax: (069) 154008-4275
E-Mail: p.kiefer@fs.de

- Anna-Teresa Melcher
Tel.: (069) 154008-706
Fax: (069) 154008-4706
E-Mail: a.t.melcher@frankfurt-school.de
http://www.frankfurt-school.de/content/de/education_programmes/academic_programmes/bachelor/bachelor_bwl_intensive_track.html

BWL in Kooperation mit KPMG

Inhaltlich	Sie erhalten eine Einführung in alle Arbeitsgebiete der Betriebswirtschaftslehre. Zum Studium gehören drei Praktika bei der KPMG. Nach dem Studium bestehen Chancen auf eine Festanstellung bei KPMG.
Abschluss	Bachelor of Science (B.Sc.), akkreditiert durch FIBAA
Regelstudienzeit	7 Semester (210 CP)
Studienbeginn	September
Studiengebühren	5 950 euro pro Semester
Besonderes	• Betreuung durch KPMG • Auslandssemester und Auslandspraktikum
Zulassungsbeschränkungen	Ja, hochschulinterner NC
Bewerbung	Online über *http://www.frankfurt-school.de/content/de/education_programmes/academic_programmes/bachelor/bachelor_kpmg/application*
Bewerbungsfrist	15. Juni
Mögliche Studienschwerpunkte	Ihr Studienschwerpunkt liegt auf dem Thema Wirtschaftsprüfung für Banken, Versicherungen und Asset Management.

Weiterführende Informationen zum Studienverlauf und zur Studienberatung
Studienberatung
- Dr. Peter Kiefer
Tel.: (069) 154008-275
Fax: (069) 154008-4275
E-Mail: p.kiefer@fs.de

- Anna-Teresa Melcher
Tel.: (069) 154008-706
Fax: (069) 154008-4706
E-Mail: a.t.melcher@frankfurt-school.de
http://www.frankfurt-school.de/content/de/education_programmes/academic_programmes/bachelor/bachelor_kpmg.html

Internationale Betriebswirtschaftslehre / International Business Administration

Inhaltlich	Sie erhalten eine Einführung in alle Arbeitsgebiete der Betriebswirtschaftslehre: Finanzen und Controlling, Marketing, Vertrieb, Rechnungswesen, Personal und Organisation. Außerdem verbringen Sie zwei Semester im Ausland und absolvieren dort ein Praktikum.
Abschluss	Bachelor of Science (B.Sc.), akkreditiert durch FIBAA
Regelstudienzeit	7 Semester (210 CP)
Studienbeginn	September
Studiengebühren	5 950 Euro pro Semester
Besonderes	Auslandssemester und Auslandspraktikum gehören zum Studium.
Zulassungsbeschränkungen	Ja, hochschulinternes Auswahlverfahren
Bewerbung	Online über *http://www.frankfurt-school.de/content/de/education_programmes/academic_programmes/bachelor/bachelor_ibwl2/application*
Bewerbungsfrist	15. Juni
Mögliche Studienschwerpunkte	Im 6. und 7. Semester entscheiden Sie sich für Spezialisierungsmodule: • Mit der Funktionsvertiefung konzentrieren Sie sich auf betriebswirtschaftliche Funktionen wie Rechnungswesen, Marketing, Personal oder Operations Management • In der Vertiefungsrichtung Finanzindustrie befassen Sie sich vor allem mit finanzwirtschaftlichen Fragestellungen • In der internationalen Vertiefung geht es um rechtliche, kulturelle und ökonomische Themen aus internationaler Perspektive

Weiterführende Informationen zum Studienverlauf und zur Studienberatung

Studienberatung
- Dr. Peter Kiefer

Tel.: (069) 154008-275
Fax: (069) 154008-4275
E-Mail: p.kiefer@fs.de

- Anna-Teresa Melcher

Tel.: (069) 154008-706
Fax: (069) 154008-4706
E-Mail: a.t.melcher@frankfurt-school.de
http://www.frankfurt-school.de/content/de/education_programmes/academic_programmes/bachelor/bachelor_ibwl2.html

Management, Philosophy & Economics

Inhaltlich	Das Studium bereitet auf eine leitende Tätigkeit in Unternehmen, Verbänden, internationalen Organisationen und politischen Institutionen und Organen vor. Es verbindet ökonomisches Fachwissen, Management-Kenntnisse und soziale Kompetenz mit einer philosophischen Ausbildung.
Abschluss	Bachelor of Science (B.Sc.), akkreditiert durch FIBAA
Regelstudienzeit	7 Semester (210 CP)
Studienbeginn	September
Studiengebühren	5 950 Euro pro Semester
Besonderes	• Auslandssemester und • Auslandspraktikum
Zulassungsbeschränkungen	Ja, hochschulinternes Auswahlverfahren
Bewerbung	Online über http://www.frankfurt-school.de/content/de/education_programmes/academic_programmes/bachelor/bachelor_mpe/application
Bewerbungsfrist	15. Juni
Mögliche Studienschwerpunkte	Im 6. und 7. Semester vertiefen Sie Ihre Kenntnisse in den Bereichen Philosophie, Management und Volkswirtschaftslehre und bearbeiten interdisziplinäre Projekte.

Weiterführende Informationen zum Studienverlauf und zur Studienberatung

Studienberatung
- Dr. Peter Kiefer
Tel.: (069) 154008-275
Fax: (069) 154008-4275
E-Mail: p.kiefer@fs.de

- Anna-Teresa Melcher
Tel.: (069) 154008-706
Fax: (069) 154008-4706
E-Mail: a.t.melcher@frankfurt-school.de

Management & Financial Markets

Inhaltlich	Das Studium vermittelt wirtschaftswissenschaftliche und rechtliche Grundlagen. Der Schwerpunkt liegt im Bereich Finanzmärkte und in den Methoden, mit denen sich die internationalen Finanzmärkte analysieren lassen, und den Produkten, betrieblichen Funktionen und Vertriebsstrategien in Unternehmen des Finanzsektors. Die Kompetenzen aus der begleitenden Berufstätigkeit werden in das Studium integriert.

Abschluss	Bachelor of Science (B.Sc.), akkreditiert durch FIBAA
Regelstudienzeit	• 7 Semester (ausbildungsbegleitend) bzw. • 8 Semester (berufsbegleitend) (180 CP)
Studienbeginn	Herbst
Studiengebühren	3 587,50 euro pro Semester
Besonderes	• Der Studiengang ermöglicht zeitlich und örtlich flexibles Lernen für Mitarbeiter/-innen aus Unternehmen der Finanzdienstleistungsbranche oder aus Finanzabteilungen anderer Wirtschaftsbereiche • Er besteht vorwiegend aus Selbststudium mit speziellem Lehrmaterial und E-Learning-Komponenten • Ergänzend werden in den Studienzentren Frankfurt/Main, Düsseldorf, München und Stuttgart Präsenzveranstaltungen angeboten, hinzu kommen interaktive Lerneinheiten • Pro Semester gibt es 18 bis 20 Präsenzveranstaltungen, in der Regel an Samstagen oder an bis zu 6 Freitagen
Zulassungsbeschränkungen	Ja, hochschulinternes Auswahlverfahren
Bewerbung	Online über *http://www.frankfurt-school.de/content/de/education_programmes/academic_programmes/bachelor/bachelor_bmm/appication*
Bewerbungsfrist	15. Juni
Mögliche Studienschwerpunkte	Verschiedene Schwerpunkte sind möglich.

Weiterführende Informationen zum Studienverlauf und zur Studienberatung

Studienberatung
- Dr. Peter Kiefer
Tel.: (069) 154008-275
Fax: (069) 154008-4275
E-Mail: p.kiefer@fs.de

- Anna-Teresa Melcher
Tel.: (069) 154008-706
Fax: (069) 154008-4706
E-Mail: a.t.melcher@frankfurt-school.de
http://www.frankfurt-school.de/content/de/education_programmes/academic_programmes/bachelor/bachelor_bmm.html

Management & Financial Markets for Professionals

Inhaltlich	Das verkürzte Bachelorstudium ist durch eine enge Verbindung mit der beruflichen Tätigkeit gekennzeichnet. Theorie-Praxis-Reports fördern die Verknüpfung von wissenschaftlichem Arbeiten mit dem Praxisbezug. Der Schwerpunkt liegt auf verschiedenen Managementbereichen, Prozess- und Organisationssteuerung und Kundenpsychologie.
Abschluss	Bachelor of Science (B.Sc.), akkreditiert durch FIBAA
Regelstudienzeit	3 Semester (berufsbegleitend) (180 CP)
Studienbeginn	Herbst
Studiengebühren	12 300 Euro für 3 Semester
Besonderes	• Der Studiengang ermöglicht zeitlich und örtlich flexibles Lernen • Er besteht vorwiegend aus Selbststudium mit speziellem Lehrmaterial und E-Learning-Komponenten • Ergänzend werden in den Studienzentren Frankfurt/Main, Düsseldorf, München und Stuttgart Präsenzveranstaltungen angeboten, hinzu kommen interaktive Lerneinheiten • Pro Semester gibt es 18 bis 20 Präsenzveranstaltungen, in der Regel an Samstagen oder an bis zu 6 Freitagen
Zulassungsbeschränkungen	• Vor Beginn des Studiums muss der Abschluss als Bankfachwirt (IHK) und Bankbetriebswirt (FS) nachgewiesen werden (Einzelfallprüfung für ähnliche Abschlüsse) • Ja, hochschulinternes Auswahlverfahren
Bewerbung	Online über http://www.frankfurt-school.de/content/de/education_programmes/academic_programmes/bachelor/bachelor_bmmp/appication
Bewerbungsfrist	15. Juni
Mögliche Studienschwerpunkte	Verschiedene Schwerpunkte sind möglich.

Weiterführende Informationen zum Studienverlauf und zur Studienberatung

Studienberatung
- Dr. Peter Kiefer

Tel.: (069) 154008-275
Fax: (069) 154008-4275
E-Mail: p.kiefer@fs.de

- Anna-Teresa Melcher
Tel.: (069) 154008-706
Fax: (069) 154008-4706
E-Mail: a.t.melcher@frankfurt-school.de
http://www.frankfurt-school.de/content/de/education_programmes/academic_programmes/bachelor/bachelor_bmmp.html

4.4 Hessische Berufsakademie Frankfurt

Die Hessische Berufsakademie gibt jungen Menschen die Möglichkeit, neben der Ausbildung ein Studium zu absolvieren. Seit 1990 bildet die Hessische Berufsakademie in Frankfurt nach dem dualen Prinzip zum Betriebswirt/zur Betriebswirtin (BA) aus: Die Ausbildung findet an der Akademie und im ausbildenden Betrieb statt.

Homepage der Hessischen Berufsakademie
http://www.hessische-ba.de
Allgemeine Studienberatung
Tel.: (0800) 4959595
E-Mail: studienberatung@hessische-ba.de
BA Hessische Berufsakademie
Hochhaus am Park
Grüneburgweg 102, 60323 Frankfurt am Main
http://www.hessische-ba.de/ba_frankfurt.html

4.4.1 Fachbereich

Das Prinzip der Hessischen Berufsakademie erfordert keine separaten Fachbereiche. Die Hessische Berufsakademie ist bundesweit vertreten. An unterschiedlichen Studienorten werden unterschiedliche Studiengänge angeboten.

Weitere Informationen zu Studiengängen
http://studium.hessische-ba.de/studium.html

CHE-Hochschulranking
BWL: Im Ranking 2011 liegen keine Angaben vor.

Business Administration

Inhaltlich	In den ersten 4 Semestern wird wirtschaftswissenschaftliches Grundwissen in BWL, VWL und Wirtschaftsrecht erworben. Im 3. und 4. Semester kommt fachspezifisches Wissen in einem bestimmten Branchen- oder Funktionsbereich wie Marketing oder Logistik hinzu. Im 5. und 6. Semester wird dieses Wissen dann fachübergreifend auf betriebswirtschaftliche Themenstellungen angewendet. Hinzu kommen Bereiche der sozialen Kompetenz wie Rhetorik, Moderation, Präsentation und Führungspraxis.
Abschluss	Bachelor of Arts (B.A.), akkreditiert durch FIBAA
Regelstudienzeit	6 Semester
Studienbeginn	August
Studiengebühren	• 36 Raten à 235 Euro • Insgesamt 8 460 Euro für das gesamte Studium
Besonderes	• Ausbildungsbegleitend • Nachweis eines Ausbildungsvertrags in einem kaufmännischen Beruf ist Voraussetzung zum Studium
Zulassungsbeschränkungen	Nur mit Ausbildungsvertrag
Bewerbung	Infos unter http://www.hessische-ba.de/ba_faq2.html
Bewerbungsfrist	6 Wochen vor Semesterbeginn
Mögliche Studienschwerpunkte	Verschiedene Schwerpunkte sind möglich.

Weiterführende Informationen zum Studienverlauf und zur Studienberatung

Studienberatung
Tel.: (0800) 4959595
E-Mail: studienberatung@hessische-ba.de
http://www.hessische-ba.de/ba_bachelor_of_arts.html

Business Administration Fachrichtung Handel

Inhaltlich	Der Studiengang richtet sich in erster Linie an Nachwuchskräfte, die sich für eine Führungsposition in einem Handelsunternehmen qualifizieren möchten: Wirtschaftswissenschaftliches Grundlagenwissen wird ihnen anhand von Beispielen aus dem Bereich Handel vermittelt. Zusätzlich nehmen sie an Modulen zu Themen wie Handelscontrolling und -marketing sowie Kunden- und Lieferantenmanagement teil.

Abschluss	Bachelor of Arts (B.A.), akkreditiert durch FIBAA
Regelstudienzeit	6 Semester (ausbildungsbegleitend)
Studienbeginn	August
Studiengebühren	• 36 Raten à 235 Euro • Insgesamt 8 460 Euro für das gesamte Studium
Besonderes	• Ausbildungsbegleitend • Nachweis eines Ausbildungsvertrags in einem kaufmännischen Beruf ist Voraussetzung zum Studium
Zulassungsbeschränkungen	Nur mit Ausbildungsvertrag
Bewerbung	Infos unter *http://www.hessische-ba.de/ba_faq2.html*
Bewerbungsfrist	6 Wochen vor Semesterbeginn
Mögliche Studienschwerpunkte	Verschiedene Schwerpunkte sind möglich.

Weiterführende Informationen zum Studienverlauf und zur Studienberatung

Studienberatung
Tel.: (0800) 4959595
E-Mail: studienberatung@hessische-ba.de
http://www.hessische-ba.de/ba_bachelor_of_arts_fachrichtung_handel.html

4.5 Provadis School of International Management & Technology

Die Provadis School geht auf die Hoechst AG zurück, die Ende der 1960er-Jahre begann, ein berufsintegriertes Studium anzubieten. 1997 wurde die Provadis Partner für Bildung und Beratung GmbH gegründet, aus der 2001 die Provadis School of International Management & Technology als Tochterunternehmen hervorging.

Die Hochschule hat sich auf duale und berufsbegleitende Studiengänge für Berufstätige und Abiturienten spezialisiert. Ca. 600 Studierende sind eingeschrieben.

Homepage der Provadis School
http://www.provadis-hochschule.de

Allgemeine Studienberatung
- Sylvia Deyl
Tel.: (069) 305-2324
Fax: (069) 305-16277
E-Mail: sylvia.deyl@provadis-hochschule.de

- Vanessa Haigis
Tel.: (069) 305-81051
Fax: (069) 305-16277
E-Mail: vanessa.haigis@provadis-hochschule.de

- Fabienne Jessberger
Tel.: (069) 305-81050
Fax: (069) 305-16277
E-Mail: fabienne.jessberger@provadis-hochschule.de
- Carolin Rebenstock
Tel.: (069) 305-41880
Fax: (069) 305-16277
E-Mail: carolin.rebenstock@provadis-hochschule.de
Provadis School of International Management and Technology
Industriepark Höchst, Gebäude B845, 65926 Frankfurt am Main
https://www.provadis-hochschule.de/kontakt/

4.5.1 Fachbereich Betriebswirtschaftslehre

Die Provadis School bietet gemeinsam mit ihren Partnerunternehmen (z. B. der Deutschen Telekom) den Studiengang Business Administration (Betriebswirtschaftslehre) an. Da Sie hier von Anfang an Theorie und Praxis im Dualstudium verbinden können, haben Sie nach dreieinhalb Jahren sowohl einen international anerkannten Studienabschluss als auch umfangreiche Berufserfahrung.

| Weitere Informationen
http://www.provadis-hochschule.de/studieninteressierte/abiturienten/business-administration/
Provadis School of International Management and Technology
Industriepark Höchst, Gebäude B845, 65926 Frankfurt am Main

CHE-Hochschulranking

BWL: Im CHE-Ranking 2011 liegt das Fach an der Provadis School in der Beurteilung der Studiensituation insgesamt in der Spitzengruppe. Überdurchschnittlich gut werden die Kriterien Betreuung durch Lehrende, Lehrangebot, Studierbarkeit und E-Learning bewertet.

Business Administration

Inhaltlich	Fundiertes betriebswirtschaftliches Fachwissen sowie Sozial- und Führungskompetenz sind wesentliche Eckpunkte dieser modernen Managementausbildung.
Abschluss	Bachelor of Arts (B.A.), akkreditiert durch FIBAA
Regelstudienzeit	7 Semester
Studienbeginn	Mitte Oktober
Studiengebühren	390 Euro pro Monat
Besonderes	• Ausbildungsbegleitend • Eine studiengangrelevante Ausbildungsstelle bzw. ein studiengangrelevantes Praktikum wird vorausgesetzt
Zulassungsbeschränkungen	Ja, hochschulinternes Auswahlverfahren

Bewerbung	Online über *http://www.provadis-hochschule.de/studieninteressierte/abiturienten/business-administration/zulassung-bewerbung/*
Bewerbungsfrist	Auf Anfrage
Mögliche Studienschwerpunkte	Finanzen, Personalwirtschaft

Weiterführende Informationen zum Studienverlauf und zur Studienberatung

Studienberatung
- Sylvia Deyl
Tel.: (069) 305-2324
Fax: (069) 305-16277
E-Mail: sylvia.deyl@provadis-hochschule.de
http://www.provadis-hochschule.de/studienangebot/bachelor-business-administration/

5 Fulda

Die Stadt Fulda liegt am gleichnamigen Fluss in Osthessen. Fulda ist Bischofssitz, das Wahrzeichen der Stadt ist der Fuldaer Dom. Früher war die Stadt durch Handwerksbetriebe, Kerzenfabrikation, Metall- und Stoffverarbeitung und durch die ländlichen Gebiete im Umland geprägt. Heute orientiert sich Fulda am Rhein-Main-Gebiet, viele Pendler arbeiten im ca. 90 km südwestlich gelegenen Frankfurt. Die Stadt liegt an der Autobahn A7 Würzburg–Kassel und ist durch die A66 mit dem Rhein-Main-Gebiet verbunden. Im Schienenverkehr ist Fulda ein wichtiger Knotenpunkt mit ICE-Halt an der Schnellverbindung Hannover–Würzburg, gute regionale Verbindungen gibt es in alle Richtungen.

Von 1734 bis 1805 gab es in Fulda eine Universität. Neben der Hochschule Fulda gibt es heute die Theologische Fakultät Fulda mit angeschlossenem Priesterseminar.

5.1 Hochschule Fulda

Die 1974 gegründete Hochschule Fulda ist die erste Hochschule ohne Promotionsrecht, die in die European University Association aufgenommen wurde. Die Hochschuleinrichtungen sind auf einem Campus angesiedelt, auf dessen Gelände sich früher eine Kaserne befand. An den acht Fachbereichen der Hochschule sind ca. 5 600 Studierende eingeschrieben.

Homepage der Hochschule
http://www.hs-fulda.de/
Allgemeine Studienberatung
- Konrad Fleckenstein
Tel.: (0661) 9640692
E-Mail: konrad.fleckenstein@verw.hs-fulda.de
Hochschule Fulda / Zentrale Studienberatung
Daimler-Benz-Straße 5, 36039 Fulda
http://www.hs-fulda.de/index.php?id=915

5.1.1 Fachbereich Wirtschaft

Gebäude und Vorlesungssäle des Fachbereichs Wirtschaft liegen direkt am Campus. In den betriebswirtschaftlichen Lehrinhalten des Fachbereichs nimmt die Internationalisierung einen besonderen Stellenwert ein.

Homepage des Fachbereichs
http://www.hs-fulda.de/index.php?id=175
Hochschule Fulda / Fachbereich Wirtschaft
Marquardstr. 35, 36039 Fulda

CHE-Hochschulranking

BWL: Im CHE-Ranking 2011 liegt das Fach im Fachbereich Wirtschaft in der Beurteilung der Studiensituation insgesamt in der Spitzengruppe. Besonders gut werden die Kategorien Betreuung durch Lehrende, Lehrangebot, Studierbarkeit, E-Learning, Räume, IT-Infrastruktur und Unterstützung für Auslandsstudium beurteilt.

Internationale Betriebswirtschaftslehre

Inhaltlich	Das international ausgerichtete Studium umfasst alle Bereiche einer grundständigen betriebswirtschaftlichen Ausbildung. Eine Schwerpunktbildung erfolgt ab dem 4. Semester.
Abschluss	Bachelor of Arts (B.A.), akkreditiert durch ACQUIN
Regelstudienzeit	6 Semester
Studienbeginn	Sommersemester und Wintersemester
Studiengebühren	Keine
Besonderes	Ein Auslandssemester ist möglich.
Zulassungsbeschränkungen	Ja, hochschulinterner NC
Bewerbung	Online über *http://www.hs-fulda.de/index.php?id=196*

Bewerbungsfrist	15. Januar und 15. Juli
Mögliche Studienschwerpunkte	Betriebswirtschaftslehre, Business, Business Administration, Internationale Rechnungslegung, Internationales Management, Internes Rechnungswesen, Logistik, Marketing, Personalmanagement, Steuern

Weiterführende Informationen zum Studienverlauf und zur Studienberatung

| Studienberatung
Tel.: (0661) 9640-250
Fax: (0661) 9640-252
E-Mail: dekanat.wirtschaft@w.hs-fulda.de
http://www.hs-fulda.de/index.php?id=ibwl

5.1.2 Fachbereich Elektrotechnik und Informationstechnik

Gebäude und Vorlesungssäle des Fachbereichs Wirtschaft liegen direkt am Campus. Der Fachbereich bietet mehrere technisch orientierte Bachelor- und Masterstudiengänge an.

| Homepage des Fachbereichs
http://www.hs-fulda.de/index.php?id=175
Hochschule Fulda / Fachbereich Elektrotechnik und Informationstechniks
Marquardstr. 35, 36039 Fulda

CHE-Hochschulranking

Wirtschaftsingenieurwesen: Im Ranking 2011 gibt es zu wenig Rücklauf für eine Bewertung.

Wirtschaftsingenieurwesen

Inhaltlich	Das Bachelorstudium Wirtschaftsingenieurwesen verbindet die Kernfächer der Betriebswirtschaftslehre mit denen der Elektro- und Informationstechnik. Hierzu kooperieren der Fachbereich Elektrotechnik und Informationstechnik und der Fachbereich Wirtschaft und bieten Ihnen ein maßgeschneidertes Programm an.
Abschluss	Bachelor of Engineering (B.Eng.), akkreditiert durch AQAS
Regelstudienzeit	7 Semester
Studienbeginn	Wintersemester
Studiengebühren	Keine
Besonderes	Ein 8-wöchiges fachbezogenes Vorpraktikum muss bis Ende des 2. Semesters nachgewiesen werden.
Zulassungsbeschränkungen	Ja, hochschulinterner NC

Bewerbung	Online über http://www.hs-fulda.de/index.php?id=196
Bewerbungsfrist	15. Juli
Mögliche Studienschwerpunkte	Verschiedene Schwerpunkte sind möglich.

Weiterführende Informationen zum Studienverlauf und zur Studienberatung
Studienberatung
Tel.: (0661) 9640-550
Fax: (0661) 9640-559
E-Mail: dekanat.et@w.hs-fulda.de
http://www.hs-fulda.de/index.php?id=3619

6 Gießen

Gießen liegt in Mittelhessen und hat ca. 75 000 Einwohner. Der Anteil der Studierenden ist mit ca. 31 000 sehr hoch. Der überwiegende Teil studiert an der Justus-Liebig-Universität. Gießen ist außerdem einer der Standorte der Technischen Hochschule Mittelhessen. Gießen ist sehr gut an das Autobahnnetz angeschlossen durch die A5, A45 und A480. Auch die Verbindung im Schienenverkehr ist gut mit IC-Anbindungen nach Frankfurt und Kassel und zahlreichen Regionalverbindungen. Der Flughafen Frankfurt ist ca. 80 km entfernt.

6.1 Justus-Liebig-Universität Gießen

Die Justus-Liebig-Universität Gießen wurde 1607 gegründet und ist damit die zweitälteste Hochschule in Hessen. Namensgeber der Universität ist der Chemiker Justus von Liebig, der als Erfinder des Kunstdüngers und des Fleischextrakts bekannt ist. Er lehrte von 1824 bis 1852 als Professor in Gießen. Die Universitätseinrichtungen verteilen sich auf mehrere Standorte in der Stadt. An den elf Fachbereichen der Hochschule sind ca. 25 000 Studierende eingeschrieben.

Homepage der Universität
http://www.uni-giessen.de/
Allgemeine Studienberatung
Tel.: (0641) 9916223
E-Mail: zsb@uni-giessen.de
Justus-Liebig-Universität Gießen / Zentrale Studienberatung
Goethestraße 58, 35390 Gießen
http://www.uni-giessen.de/cms/studium/beratung/zsb

6.1.1 Fachbereich 02: Wirtschaftswissenschaften

Der Fachbereich Wirtschaftswissenschaften befindet sich am Campus Licher Straße in einer parkähnlichen Anlage. Am Fachbereich Wirtschaftswissenschaften studieren ca. 1 850 Studentinnen und Studenten im Hauptfach, dazu kommen ca. 1 450 Studierende aus anderen Fachbereichen, die BWL oder VWL im Nebenfach belegen.

| Homepage des Fachbereichs
| http://wiwi.uni-giessen.de/home/fb02/
| Justus-Liebig-Universität Gießen / FB 02 Wirtschaftswissenschaften
| Licher Straße 74, 35394 Gießen

CHE-Hochschulranking
BWL: Im CHE-Ranking 2011 liegt das Fach am Fachbereich Wirtschaftswissenschaften in der Beurteilung der Studiensituation insgesamt im Mittelfeld. Überdurchschnittlich werden E-Learning und IT-Infrastruktur bewertet.

VWL: Im CHE-Ranking 2011 liegt das Fach am Fachbereich Wirtschaftswissenschaften in der Beurteilung der Studiensituation insgesamt im Mittelfeld. Überdurchschnittlich gut werden die Bereiche Betreuung durch Lehrende, E-Learning, Räume und Unterstützung für Auslandsstudium beurteilt.

Betriebswirtschaftslehre

Inhaltlich	Sie sollen nach Abschluss des in der Lage sein, betriebswirtschaftliche Problemstellungen zu analysieren und effiziente Lösungsverfahren zu entwickeln. Das Ausbildungskonzept verbindet die Vermittlung theoretischer wirtschaftswissenschaftlicher Grundlagen und Methoden mit anwendungsorientierten Spezialkenntnissen in ausgewählten Bereichen, die für eine spätere erfolgreiche Berufstätigkeit von Bedeutung sind. Darüber hinaus sollen Selbstständigkeit und Kreativität der Studierenden entwickelt und gefördert werden.
Abschluss	Bachelor of Arts (B.A.), akkreditiert durch AQAS
Regelstudienzeit	6 Semester (180 CP)
Studienbeginn	Wintersemester
Studiengebühren	Keine
Besonderes	Gute Grundkenntnisse in Mathematik und Englisch werden empfohlen.
Zulassungsbeschränkungen	Ja, hochschulinterner NC
Bewerbung	Online über *http://www.uni-giessen.de/cms/studium/bewerbung/aktuell*

Bewerbungsfrist	15. Juli
Mögliche Studienschwerpunkte	Accounting – Controlling – Taxation, Geld – Banken – Versicherungen, Management

Weiterführende Informationen zum Studienverlauf und zur Studienberatung

Studienberatung
- Prof. Dr. Andreas Walter

Tel.: (0641) 99-22520
E-Mail: andreas.walter@wirtschaft.uni-giessen.de
http://www.uni-giessen.de/cms/studium/studienangebot/bachelor/bwl

Volkswirtschaftslehre

Inhaltlich	Der Studiengang Volkswirtschaftslehre bereitet auf Fach- und Führungspositionen in nationalen und internationalen Unternehmen und Institutionen vor. Die Vermittlung von wirtschaftswissenschaftlichen Denk- und Modellstrukturen steht im Mittelpunkt des Studiums. Mit Hilfe methodischer Kompetenzen sollen die Absolventen in der Lage sein, volkswirtschaftliche Problemstellungen zu analysieren und daraus Lösungsstrategien zu entwickeln. Das Profil des Studienganges ist auf der Grundlage eines soliden fachtheoretischen Basiswissens deutlich anwendungsorientiert und praxisnah.
Abschluss	Bachelor of Arts (B.A.), akkreditiert durch AQAS
Regelstudienzeit	6 Semester (180 CP)
Studienbeginn	Wintersemester
Studiengebühren	Keine
Besonderes	Gute Grundkenntnisse in Mathematik und Englisch werden empfohlen.
Zulassungsbeschränkungen	Ja, hochschulinterner NC
Bewerbung	Online über *http://www.uni-giessen.de/cms/studium/bewerbung/aktuell*
Bewerbungsfrist	15. Juli
Mögliche Studienschwerpunkte	Verschiedene Schwerpunkte sind möglich.

Weiterführende Informationen zum Studienverlauf und zur Studienberatung

Studienberatung
- Prof. Dr. Andreas Walter

Tel.: (0641) 99-22520
E-Mail: andreas.walter@wirtschaft.uni-giessen.de
http://www.uni-giessen.de/cms/studium/studienangebot/bachelor/vwl

6.2 Technische Hochschule Mittelhessen (THM)

Die Technische Hochschule Mittelhessen wurde 1971 gegründet und hat Standorte in Gießen, Friedberg und Wetzlar. Mit ca. 21 600 Studierenden ist sie die größte Fachhochschule in Hessen. Die Technische Hochschule Mittelhessen unterteilt sich in 21 Fachbereiche. Der Fachbereich Wirtschaft ist am Campus Gießen angesiedelt, der Fachbereich Wirtschaftsingenieurwesen im ca. 30 km südlich gelegenen Friedberg. In Wetzlar hat das Wissenschaftliche Zentrum für duale Hochschulstudien StudiumPlus seinen Sitz.

| Homepage der Hochschule
http://www.th-mittelhessen.de/site/
| Allgemeine Studienberatung
- **Malte Hübner** (in Gießen)
Tel.: (0641) 309-1336

- **Doris Helf** (in Friedberg)
Tel.: (06031) 604-123
E-Mail: studienberatung@th-mittelhessen.de
| Technische Hochschule Mittelhessen / Zentrale Studienberatung
Wiesenstr. 14, Gebäude A, Raum A 230, 35390 Gießen
Wilhelm-Leuschner-Str. 13, Gebäude C, Raum C 1, 61169 Friedberg
http://www.th-mittelhessen.de/site/ZS-Zentrale-Studienberatung/_.html

6.2.1 Fachbereich 7: Wirtschaft, THM Business School

Der Fachbereich Wirtschaft ist am Standort Gießen angesiedelt. Die betriebswirtschaftlichen Studiengänge des Fachbereichs bereiten auf die Anforderungen der nationalen und internationalen Wirtschaft vor mit einem Fokus auf Praxisorientierung, Wissenschaftlichkeit und internationaler Kompatibilität.

| Homepage des Fachbereichs
http://www.w.fh-giessen.de/
| Technische Hochschule Mittelhessen / Fachbereich Wirtschaft
Wiesenstr. 14, 35390 Gießen

CHE-Hochschulranking

BWL: Im CHE-Ranking 2011 liegt das Fach in der Beurteilung der Studiensituation insgesamt im Mittelfeld.

Betriebswirtschaft

Inhaltlich	Das praxisorientierte Studium bereitet auf berufliche Tätigkeiten in Wirtschaft und Verwaltung vor, für die die Anwendung wirtschaftswissenschaftlicher Kenntnisse, Fähigkeiten und Methoden erforderlich ist. Sie sollen nach Studienabschluss in der Lage sein, das Management auf verschiedenen betriebswirtschaftlichen Gebieten zu unterstützen und nach entsprechender Einarbeitung selbst Führungsaufgaben in Wirtschaft und Verwaltung zu übernehmen bzw. unternehmerisch oder freiberuflich tätig zu sein.
Abschluss	Bachelor of Arts (B.A.), akkreditiert durch ZeVA
Regelstudienzeit	6 Semester
Studienbeginn	Sommersemester und Wintersemester
Studiengebühren	Keine
Zulassungsbeschränkungen	Ja, hochschulinterner NC
Bewerbung	Online über *http://www.th-mittelhessen.de/studiensekretariat/bewerbung/10-bewerbung-fuer-einen-nc-studiengang*
Bewerbungsfrist	15. Januar und 15. Juli
Mögliche Studienschwerpunkte	Controlling, Finanzdienstleistungen, Internationales Finanz- und Rechnungswesen, Marketing, Mittelstand, Personalwesen, Steuerberatung und Wirtschaftsprüfung, Wirtschaftliches Gesundheitswesen, Wirtschaftsinformatik, Wirtschaftsrecht

Weiterführende Informationen zum Studienverlauf und zur Studienberatung

Studienberatung
- Prof. Dr. rer. Pol. Udo Mandler

Tel.: (0641) 309-2733
E-Mail: udo.mandler@w.fh-giessen.de
http://www.th-mittelhessen.de/site/fb07-wirtschaft/betriebswirtschaft-bachelor-of-arts.html

6.2.2 Fachbereich 14: Wirtschaftsingenieurwesen

Der Fachbereich Wirtschaftsingenieurwesen ist am Campus Friedberg angesiedelt. Das Markenzeichen des Fachbereichs ist die „Friedberger Triade", die das Selbstverständnis des Wirtschaftsingenieurs im Spannungsfeld Mensch – Technik – Wirtschaft symbolisiert.

Homepage des Fachbereichs
http://www.th-mittelhessen.de/wi/
Technische Hochschule Mittelhessen / Fachbereich Wirtschaftsingenieurwesen
Wilhelm-Leuschner-Str. 13, 61169 Friedberg

CHE-Hochschulranking

Wirtschaftsingenieurwesen: Das Fach Wirtschaftsingenieurwesen liegt im CHE-Ranking 2011 in der Beurteilung der Studiensituation insgesamt im Mittelfeld.

Wirtschaftsingenieurwesen

Inhaltlich	Sie lernen, über fachlichen Grenze hinaus Zusammenhänge zwischen technischen und wirtschaftlichen Aspekten herzustellen können. Das Studium kombiniert deshalb ingenieurwissenschaftliche und betriebswirtschaftliche Inhalte. Der technische Schwerpunkt des Studiengangs ist Produktion/Maschinenbau.
Abschluss	Bachelor of Science (B.Sc.), akkreditiert durch AQAS
Regelstudienzeit	6 Semester
Studienbeginn	Sommersemester und Wintersemester
Studiengebühren	Keine
Zulassungsbeschränkungen	Ja, hochschulinterner NC
Bewerbung	Online über *http://www.th-mittelhessen.de/studiensekretariat/bewerbung/10-bewerbung-fuer-einen-nc-studiengang*
Bewerbungsfrist	15. Januar und 15. Juli
Mögliche Studienschwerpunkte	Studienrichtungen Innovation oder Umwelt- und Qualitätsmanagement

Weiterführende Informationen zum Studienverlauf und zur Studienberatung

Studienberatung
Tel.: (06031) 604-500
Fax: (06031) 604-188
E-Mail: dekanat@wi.th-mittelhessen.de
http://www.th-mittelhessen.de/site/fb14-wi/studiengang-wirtschaftsingenieurwesen.html

6.2.3 StudiumPlus

In Wetzlar hat das Wissenschaftliche Zentrum für duale Hochschulstudien StudiumPlus seinen Sitz. Das Zentrum hat Außenstellen in Bad Wildungen, Bad Hersfeld und Frankenberg. Die dualen Studiengänge werden in enger Zusammenarbeit mit der Privatwirtschaft und öffentlichen Einrichtungen angeboten.

| Homepage des Fachbereichs
| http://www.studiumplus.de/
| Technische Hochschule Mittelhessen / Wissenschaftliches Zentrum für duale
| Hochschulstudien StudiumPlus
| Charlotte-Bamberg-Str. 3, 35578 Wetzlar

CHE-Hochschulranking

BWL: Der duale Studiengang liegt im CHE-Ranking 2011 in der Beurteilung der Studiensituation insgesamt in der Spitzengruppe. Besonders positiv wird der Bereiche Betreuung im Unternehmen beurteilt.

Wirtschaftsingenieurwesen: Für eine Bewertung liegen im CHE-Ranking 2011 zu wenige Antworten vor.

Betriebswirtschaft

Inhaltlich	Der duale Studiengang vermittelt die Grundlagen und praktischen Fähigkeiten, die Sie für die verschiedensten Funktionsbereiche, Branchen und Unternehmen qualifizieren. Nach Abschluss des Studiums können Sie kaufmännisch-betriebswirtschaftliche Fach- und Führungspositionen im gesamten Unternehmen wahrnehmen.
Abschluss	Bachelor of Arts (B.A.), akkreditiert durch ZEvA
Regelstudienzeit	6 Semester
Studienbeginn	Wintersemester
Studiengebühren	Keine
Besonderes	Voraussetzung für das Studium ist ein Studienvertrag mit einem kooperierenden Unternehmen.
Zulassungsbeschränkungen	Nur mit Studienvertrag
Bewerbung	Online über *http://www.th-mittelhessen.de/studiensekretariat/Online-einschreibung*
Bewerbungsfrist	Auf Anfrage
Mögliche Studienschwerpunkte	Facility Management, Krankenversicherungsmanagement, Logistikmanagement, Mittelstandmanagement, Office Consulting, Wirtschaftsinformatik

Weiterführende Informationen zum Studienverlauf und zur Studienberatung
Studienberatung
Tel.: (06441) 2041-0
Fax: (06441) 2041-2099
E-Mail: info@Studiumplus.de
http://www.th-mittelhessen.de/site/zdh/dualer-bachelorstudiengang-betriebswirtschaft.html

Wirtschaftsingenieurwesen

Inhaltlich	Dieser duale Studiengang bietet eine breitgefächerte technische Ausbildung in einer Vertiefungsrichtung an. Das Studium bereitet Sie auf einen weiten Tätigkeitsbereich vor von der Entwicklung technischer Geräte, Systeme oder Prozesse über Qualitätswesen, Produktion bis hin zu serviceorientierten Aufgaben. Die Vertiefungsrichtungen haben einen gemeinsamen mathematisch-naturwissenschaftlichen Kernbereich und unterscheiden sich in ihren ingenieurwissenschaftlichen Ausrichtungen.
Abschluss	Bachelor of Science (B.Sc.), akkreditiert durch AQAS
Regelstudienzeit	6 Semester
Studienbeginn	Wintersemester
Studiengebühren	Keine
Besonderes	Voraussetzung für das Studium ist ein Studienvertrag mit einem kooperierendem Unternehmen.
Zulassungsbeschränkungen	Nur mit Studienvertrag
Bewerbung	Online über http://www.th-mittelhessen.de/studiensekretariat/Online-einschreibung
Bewerbungsfrist	Auf Anfrage
Mögliche Studienschwerpunkte	Elektrotechnik, Maschinenbau, Mikrosystemtechnik, Kälte- und Klimatechnik

Weiterführende Informationen zum Studienverlauf und zur Studienberatung
Studienberatung
Tel.: (06441) 2041-0
Fax: (06441) 2041-2099
E-Mail: info@Studiumplus.de
http://www.th-mittelhessen.de/site/zdh/dualer-bachelorstudiengang-wirtschaftsingenieurwesen.html

7 Idstein

Idstein hat ca. 23 000 Einwohner und liegt im Taunus, ca. 20 km nördlich von Wiesbaden. Wahrzeichen der Stadt ist der sogenannte Hexenturm aus dem 12. Jahrhundert. Die Stadt ist im Straßenverkehr über die A3 gut zu erreichen. An den beiden Bahnhöfen der Stadt halten Regionalzüge, die nach Wiesbaden und Frankfurt fahren.

7.1 Hochschule Fresenius

Die private Hochschule Fresenius hat eine lange Tradition. Sie geht zurück auf das 1848 von Carl Remigius Fresenius gegründete Laboratorium Fresenius, in dem auch Chemiker ausgebildet wurden. Seit 1962 werden Ingenieurstudiengänge angeboten. Heute gibt es drei Fachbereiche an der Hochschule: Chemie und Biologie, Gesundheit, Wirtschaft und Medien. Die Hochschule bietet sowohl Vollzeitstudiengänge an als auch berufsbegleitende. Sie hat inzwischen weitere Standorte in Berlin, Frankfurt, Hamburg, Köln, München, Wien und Zwickau. An der Hochschule sind ca. 5 100 Studierende eingeschrieben.

| Homepage der Hochschule
| http://www.hs-fresenius.de/
| Allgemeine Studienberatung
| Tel.: (06126) 9352-0
| Fax: (06126) 9352-10
| E-Mail: idstein@hs-fresenius.de
| Hochschule Fresenius
| Limburger Straße 2, 65510 Idstein
| http://idstein.hs-fresenius.de/idstein-kontakt.html

7.1.1 Fachbereich Wirtschaft und Medien

Der Fachbereich bietet an den Standorten Idstein, Köln, Hamburg und München mehrere Bachelor- und Masterstudiengänge sowohl in Vollzeit als auch berufsbegleitend an.

| Homepage des Fachbereichs
| http://www.hs-fresenius.de/fachbereich-wirtschaft-medien.html
| Hochschule Fresenius / Fachbereich Wirtschaft und Medien
| Richard-Klinger-Str. 11, 65510 Idstein

CHE-Hochschulranking

BWL: Im Ranking 2011 liegen keine Angaben vor.

Business Administration

Inhaltlich	Der Studiengang bereitet Sie auf die Anforderungen des Wirtschaftslebens und des Arbeitsmarkts vor. Im Studium werden Sie befähigt, sich mit der Führung und Analyse wirtschaftlicher Entwicklungen in Unternehmen zielgerichtet auseinanderzusetzen und fundierte Entscheidungen zur Gestaltung des Unternehmenserfolges treffen zu können. Die Studieninhalte reichen vom Personalwesen über den Bereich Marketing, das Rechnungswesen und Controlling, die Unternehmensführung bis hin zum generellen Projektmanagement. Zudem erlernen Sie Schlüsselqualifikationen wie Kommunikations- und Teamfähigkeit und Managementqualifikationen.
Abschluss	Bachelor of Arts (B.A.), akkreditiert durch FIBAA
Regelstudienzeit	6 Semester
Studienbeginn	Sommersemester und Wintersemester
Studiengebühren	• 530 Euro pro Monat • An den Standorten Köln, Hamburg und München 630 Euro pro Monat
Besonderes	Inklusive Praxissemester
Zulassungsbeschränkungen	Ja, hochschulinternes Auswahlverfahren
Bewerbung	Infos unter *http://idstein.hs-fresenius.de/bewerbung.html*
Bewerbungsfrist	Auf Anfrage
Mögliche Studienschwerpunkte	Interkulturelles Management, Marketing, Steuerberatung, Unternehmensprüfung

Weiterführende Informationen zum Studienverlauf und zur Studienberatung

Studienberatung
Tel.: (06126) 9352-0
Fax: (06126) 9352-10
E-Mail: idstein@hs-fresenius.de
http://idstein.hs-fresenius.de/betriebswirtschaft-bachelor.html

8 Kassel

Kassel liegt in Nordhessen und ist mit ca. 190 000 Einwohnern die drittgrößte Stadt des Bundeslandes. Als Veranstaltungsort der documenta, einer der wichtigsten Ausstellungen für moderne und zeitgenössische Kunst, ist Kassel weltweit bekannt. Zu den Sehenswürdigkeiten der Stadt zählt das Schloss Wilhelmshöhe mit seinen Parkanlagen, die von einer Kupferstatue des Herkules, dem Wahrzeichen der Stadt, überragt werden. Im Laufe der Industrialisierung im 19. Jahrhundert wurde Kassel zu einem Zentrum des Maschinenbaus und der Rüstungsindustrie. Heute gewinnen Unternehmen im Bereich erneuerbare Energien an Bedeutung. Kassel ist an das Autobahnnetz angebunden über die Autobahnen A7, A44 und A49. Auch die Schienenanbindung ist mit mehreren ICE- und IC/EC-Verbindungen sehr gut. Der Flughafen Kassel-Calden wird hauptsächlich für Charterverkehr genutzt.

Neben der Universität gibt es in Kassel auch eine Kunsthochschule und mehrere Forschungseinrichtungen.

8.1 Universität Kassel

Die Universität Kassel wurde 1970 als Gesamthochschule gegründet. Da einige Vorgängerhochschulen in der Universität aufgingen, sind zurzeit noch nicht alle Einrichtungen und Gebäude auf dem zentralen Campus Holländischer Platz angesiedelt. Der Campus wird jedoch ausgebaut. An den 20 Fachbereichen der Universität sind ca. 20 700 Studierende eingeschrieben.

| **Homepage der Universität**
http://www.uni-kassel.de/uni/
Allgemeine Studienberatung
Tel.: (0561) 804-7206
E-Mail: studieren@uni-kassel.de
Universität Kassel / Studierendensekretariat
Mönchebergstr. 19, 34125 Kassel
http://www.uni-kassel.de/uni/studium/beratung/studienberatung.html

8.1.1 Fachbereich 7: Wirtschaftswissenschaften

Am Fachbereich Wirtschaftswissenschaften werden mehrere Bachelor- und Masterstudiengänge angeboten.

| **Homepage der Fachhochschule**
http://cms.uni-kassel.de/unicms/index.php?id=fb7_home
Universität Kassel / Fachbereichs Wirtschaftswissenschaften
Nora-Platiel-Straße 4, 34109 Kassel

CHE-Hochschulranking

Wirtschaftswissenschaften: Der Fachbereich Wirtschaftswissenschaften liegt im CHE-Ranking 2011 in der Beurteilung der Studiensituation insgesamt in der Schlussgruppe.
Wirtschaftsingenieurwesen: Das Fach Wirtschaftsingenieurwesen liegt im CHE-Ranking 2011 in der Beurteilung der Studiensituation insgesamt in der Schlussgruppe.

Wirtschaftswissenschaften

Inhaltlich	In den ersten Semestern werden Ihnen grundlegende Kompetenzen in den beiden Disziplinen Betriebswirtschaftslehre und Volkswirtschaftslehre gleichwertig vermittelt. Ergänzend erwerben Sie rechts- und sozialwissenschaftliche Kenntnisse sowie durch Praxismodule vertiefte Einblicke in organisatorische, ökonomische, rechtliche und soziale Zusammenhänge des Betriebsgeschehens.
Abschluss	Bachelor of Arts (B.A.), akkreditiert durch ZeVA
Regelstudienzeit	7 Semester
Studienbeginn	Wintersemester
Studiengebühren	Keine
Zulassungsbeschränkungen	Ja, hochschulinterner NC
Bewerbung	Online über *http://www.uni-kassel.de/uni/studium/bewerbung/nc0.html*
Bewerbungsfrist	15. Juli
Mögliche Studienschwerpunkte	Unternehmensrechnung, Steuerlehre und Controlling; Marketing und Internationales Management; Private and Public Management; Finanzmärkte und Finanzmanagement; Ökologisches Wirtschaften; Geography and Economics; Verwaltungs- und Wirtschaftsinformatik

Weiterführende Informationen zum Studienverlauf und zur Studienberatung

Studienberatung
- Anja Kapitza
Tel.: (0561) 804-2050
E-Mail: studienberatung-wiwi@uni-kassel.de
http://www.uni-kassel.de/uni/studium/studienangebot/studiengangsseiten/grundstaendige-studiengaenge/b-wiwi0.html

Wirtschaftsingenieurwesen

Inhaltlich	Der Studiengang ist ebenso wie der aufbauende Masterstudiengang interdisziplinär ausgerichtet. Sie erhalten umfangreiche Fach-, Methoden- und Sozialkompetenzen sowohl im wirtschaftswissenschaftlichen als auch im technischen Bereich. Darüber hinaus erlangen Sie Kompetenzen in Integrationsmodulen, deren Inhalte fächerübergreifend sowohl für Wirtschaftswissenschaften als auch für die Ingenieurwissenschaften relevant sind.
Abschluss	Bachelor of Science (B.Sc.), akkreditiert durch ASIIN
Regelstudienzeit	7 Semester
Studienbeginn	Wintersemester
Studiengebühren	Keine
Besonderes	• Studieren im Praxisverbund ist möglich • Eine Praxisphase ist in das Studium integriert
Zulassungsbeschränkungen	Ja, hochschulinterner NC
Bewerbung	Online über *http://www.uni-kassel.de/uni/studium/bewerbung/nc0.html*
Bewerbungsfrist	15. Juli
Mögliche Studienschwerpunkte	Bauingenieurwesen, Elektrotechnik, Maschinenbau, Regenerative Energien und Energieeffizienz

Weiterführende Informationen zum Studienverlauf und zur Studienberatung

Studienberatung
- Florian Kugler
Tel.: (0561) 804-3384
E-Mail: florian.kugler@wirtschaft.uni-kassel.de

- Jan-Henning Behrens
Tel.: (0561) 804-3384
E-Mail: janhenning.behrens@wirtschaft.uni-kassel.de
http://www.uni-kassel.de/uni/studium/studienangebot/studiengangsseiten/grundstaendige-studiengaenge/b-wiing0.html

Wirtschaftspädagogik

Inhaltlich	Das Studium verbindet die berufliche Fachrichtung Wirtschaft, Fachdidaktik und Erziehungswissenschaft mit einem zweiten Unterrichtsfach. Praktische Bezüge ermöglichen einen flexiblen und breiten Einsatz der im Studium entwickelten Kompetenzen in berufsfeldspezifischen Bildungszusammenhängen. Das Studium qualifiziert für berufliche Tätigkeiten in der außerschulischen Berufsbildung. Darüber hinaus erwerben Sie erste Kompetenzen für die Ausübung des Lehrerberufs sowie erste wissenschaftliche Forschungskompetenzen, die im Masterstudium vertieft und erweitert werden können.
Abschluss	Bachelor of Education (B.Ed.), akkreditiert durch ZEvA
Regelstudienzeit	6 Semester
Studienbeginn	Wintersemester
Studiengebühren	Keine
Besonderes	• Mit anschließendem Masterstudium ist das Lehramt für die beruflichen Fächer der Sekundarstufe II möglich • Studienvoraussetzung ist der Nachweis einer einschlägigen Berufsausbildung bzw. von betrieblichen Praktika in kaufmännisch-verwaltenden Tätigkeitsfeldern im Umfang von insgesamt 48 Wochen
Zulassungsbeschränkungen	Ja, hochschulinterner NC
Bewerbung	Online über *http://www.uni-kassel.de/uni/studium/bewerbung/nc0.html*
Bewerbungsfrist	15. Juli
Mögliche Studienschwerpunkte	Verschiedene Schwerpunkte sind möglich.

Weiterführende Informationen zum Studienverlauf und zur Studienberatung

Studienberatung
- **Gunar Sonntag**

Tel.: (0561) 804-4739
E-Mail: studienberatung.ibb@uni-kassel.de
http://www.uni-kassel.de/uni/studium/studienangebot/studiengangsseiten/grundstaendige-studiengaenge/b-wipaed0.html

9 Marburg

Die Stadt Marburg an der Lahn gehört zu den klassischen Studentenstädten. Die malerische Altstadt mit zahlreichen Fachwerkhäusern erstreckt sich bis auf den Schlosshügel hinauf, auf dem das Landgrafenschloss thront. Rund ein Viertel der ca. 80 000 Einwohner Marburgs sind Studierende. Die Universität ist die einzige Hochschule und gleichzeitig zusammen mit dem Universitätsklinikum Gießen und Marburg der größte Arbeitgeber der Stadt.

Im Straßenverkehr ist Marburg nur über Bundesstraßen zu erreichen. An das Schienennetz der Deutschen Bahn ist Marburg mit IC-Verbindungen Richtung Hamburg und Karlsruhe sowie im Regionalverkehr nach Frankfurt und Kassel angebunden. Der Frankfurter Flughafen liegt ca. 100 km südlich von Marburg.

9.1 Philipps-Universität Marburg

Die Philipps-Universität Marburg wurde 1527 gegründet und ist damit die älteste Universität in Hessen. Ihr Name geht zurück auf den Gründer Landgraf Philipp den Großmütigen. Die Universitätseinrichtungen verteilen sich über das gesamte Stadtgebiet. An den 21 Fachbereichen der Hochschule sind ca. 21 600 Studierende eingeschrieben.

| Homepage der Universität
| http://www.uni-marburg.de/
| Allgemeine Studienberatung
| Tel.: (06421) 28-22222
| Fax: (06421) 282-2020
| E-Mail: studierendensekretariat@verwaltung.uni-marburg.de
| Philipps-Universität Marburg / Studierendensekretariat
| Biegenstraße 10, 35032 Marburg
| http://www.uni-marburg.de/studium/zas/studifon-ord/index_html

9.1.1 Fachbereich 02: Wirtschaftswissenschaften

Im Fachbereich Wirtschaftswissenschaften sind ca. 1 500 Studierende eingeschrieben. Die Volkswirtschaftslehre hat eine lange Tradition am Fachbereich, Betriebswirtschaftslehre wird seit den 1980er-Jahren angeboten.

| Homepage des Fachbereichs
| http://www.uni-marburg.de/fb02
| Philipps-Universität Marburg / Fachbereich Wirtschaftswissenschaften
| Universitätsstraße 25, 35037 Marburg

CHE-Hochschulranking

BWL: Im CHE-Ranking 2011 liegt das Fach in der Beurteilung der Studiensituation insgesamt in der Schlussgruppe.

VWL: Im CHE-Ranking 2011 liegt das Fach in der Beurteilung der Studiensituation insgesamt in der Schlussgruppe.

Betriebswirtschaft / Business Administration

Inhaltlich	Der Studiengang befähigt Sie zu Tätigkeiten in Arbeitsfeldern in der privaten Wirtschaft (z. B. in Branchen wie dem Geld- und Kreditgewerbe, Wirtschaft und Personalberatung, Industrie sowie in Tätigkeitsfeldern wie Finanz- und Rechnungswesen, Vertrieb, Marketing, Management, Personalverwaltung etc.) und der öffentlichen Verwaltung sowie zur Teilnahme an wirtschaftswissenschaftlichen Masterstudiengängen. Im Studium werden die grundlegenden fachlichen und methodischen Kenntnisse und Kompetenzen vermittelt. In Teilbereichen bestehen auch gewisse Wahlmöglichkeiten, die Ihnen eine Schwerpunktbildung und eigene Profilierung erlauben.
Abschluss	Bachelor of Science (B.Sc.), akkreditiert durch FIBAA
Regelstudienzeit	6 Semester
Studienbeginn	Sommersemester und Wintersemester
Studiengebühren	Keine
Zulassungsbeschränkungen	Ja, hochschulinterner NC
Bewerbung	Online über *http://www.uni-marburg.de/studium/bewerber/blf-zb-s1*
Bewerbungsfrist	15. Januar und 15. Juli
Mögliche Studienschwerpunkte	Controlling, Grundlagen der Besteuerung, Informationsmanagement, Jahresabschluss und Jahresabschlussanalyse, Kapitaltheorie und Unternehmensrechnung, Logistik, Managementlehre, Marketing: Management und Instrumente, Technologie- und Innovationsmanagement

Weiterführende Informationen zum Studienverlauf und zur Studienberatung

Studienberatung
- Melissa Engel

Tel.: (06421) 28-25645
E-Mail: studbera@wiwi.uni-marburg.de
http://www.uni-marburg.de/studium/studienangebot/bachelor/bwlbsc

Volkswirtschaftslehre / Economics

Inhaltlich	Der Bachelorstudiengang Volkswirtschaftslehre/ Economics mit dem Abschluss Bachelor of Science (B.Sc.) richtet sich an Studierende, die einen Einblick in wesentliche Aspekte der volkswirtschaftlichen Theorie und Politik erhalten wollen. Die für Marburg charakteristische explizite Berücksichtigung der Bedeutung von Institutionen für die Volkswirtschaft vermittelt Ihnen bereits im Bachelorstudium einen Überblick über die Strukturen, die den Entscheidungen einzelner Entscheidungsträger (Unternehmen oder öffentliche Institutionen) zugrunde liegen. Eine starke Verzahnung mit der BWL erlaubt die unmittelbare Anwendung der institutionenökonomischen Konzepte. Die Ausbildung ist damit einerseits sehr praxisnah, legt aber ein stärkeres Gewicht auf das Lernen von Denkstrukturen als auf den reinen Erwerb von Faktenwissen und gibt Ihnen damit eine solide Grundlage für das Berufsleben mit.
Abschluss	Bachelor of Science (B.Sc.), akkreditiert durch FIBAA
Regelstudienzeit	6 Semester
Studienbeginn	Sommersemester und Wintersemester
Studiengebühren	Keine
Zulassungsbeschränkungen	Ja, hochschulinterner NC
Bewerbung	Online über *http://www.uni-marburg.de/studium/bewerber/blf-zb-s1*
Bewerbungsfrist	15. Januar und 15. Juli
Mögliche Studienschwerpunkte	Institutionenökonomie

Weiterführende Informationen zum Studienverlauf und zur Studienberatung

Studienberatung
- Melissa Engel
Tel.: (06421) 28-25645
E-Mail: studbera@wiwi.uni-marburg.de
http://www.uni-marburg.de/studium/studienangebot/bachelor/vwlbsc

10 Wiesbaden

Die hessische Landeshauptstadt Wiesbaden hat ca. 278 000 Einwohner und liegt am nördlichen Rheinufer gegenüber der rheinland-pfälzischen Hauptstadt Mainz und gehört zum Rhein-Main-Gebiet. Sehenswert sind unter anderem die historische Altstadt und das Kurhaus. Bereits die Römer wussten die 15 Mineral- und Thermalquellen der heutigen Stadt zu schätzen und gründeten hier den Hauptort eines römischen Verwaltungsbezirks. Auch heute werden die Thermalquellen für Kuren und Therapien genutzt. Wiesbaden liegt im Rheingau und damit im größten hessischen Weinbaugebiet, was auch das kulturelle und gastronomische Leben der Stadt beeinflusst. Daneben ist der Tourismus eine wichtige Einnahmequelle.

Im Straßennetz verbinden die Autobahnen A3, A66, A643 und A671 Wiesbaden in alle Richtungen. Wiesbaden ist an das S-Bahn-Netz des Rhein-Main-Gebiets angeschlossen und im Regionalverkehr gut zu erreichen. Der Flughafen Rhein-Main ist ca. 30 km entfernt.

In Wiesbaden gibt es neben einer staatlichen und einer privaten Hochschule eine Verwaltungshochschule.

10.1 Hochschule RheinMain Wiesbaden Rüsselsheim Geisenheim

Die 1971 gegründete Hochschule Hochschule RheinMain Wiesbaden Rüsselsheim hat Standorte in Wiesbaden, Rüsselsheim und Geisenheim. Die Hochschule hat sechs Fachbereiche, an denen ca. 10 000 Studierende eingeschrieben sind. Wirtschaftswissenschaftliche Studiengänge bietet die Wiesbaden Business School an, der Fachbereich Ingenieurwissenschaften mit Wirtschaftsingenieurwesen ist im ca. 15 km südöstlich gelegenen Rüsselsheim angesiedelt.

Homepage der Hochschule
http://www.hs-rm.de/
Allgemeine Studienberatung
Tel.: (0611) 9495-1555
Fax: (0611) 9495-1553
E-Mail: ipunkt@hs-rm.de
Hochschule RheinMain / Studien Informations Centrum (S!C)
Kurt-Schumacher-Ring 18, 65197 Wiesbaden
http://www.hs-rm.de/hochschule/bewerben-studieren/information-und-beratung/studien-informations-centrum/index.html

10.1.1 Wiesbaden Business School

Der Fachbereich Wiesbaden Business School bietet Bachelor- und Masterstudiengänge mit internationaler Ausrichtung an. Mit mehr als 2 200 Studierenden ist die Wiesbaden Business School der größte Studienbereich der Hochschule RheinMain.

> Homepage des Fachbereichs
> http://www.hs-rm.de/wbs/wbs/index.html
> Hochschule RheinMain / Wiesbaden Business School
> Bleichstr. 44, 65183 Wiesbaden

CHE-Hochschulranking

BWL: Im Ranking 2011 liegen zu wenige Antworten für eine Bewertung vor.

Business Administration

Inhaltlich	Der Studiengang bereitet Sie auf berufliche Tätigkeiten in Wirtschaft und Verwaltung vor, für die die Anwendung wirtschaftswissenschaftlicher Kenntnisse, Fähigkeiten und Methoden notwendig ist. Dazu gehören auch fachübergreifende Qualifikationen. Auch der Internationalisierung der Wirtschaft wird Rechnung getragen. Das Studium gliedert sich in die Kernbereiche Finance, Marketing, Economics und Management.
Abschluss	Bachelor of Arts (B.A.), akkreditiert durch FIBAA
Regelstudienzeit	6 Semester
Studienbeginn	Sommersemester und Wintersemester
Studiengebühren	Keine
Besonderes	Vorausgesetzt werden Englischkenntnisse auf dem Level B1.
Zulassungsbeschränkungen	Ja, hochschulinterner NC
Bewerbung	Online über *http://www.hs-rm.de/hochschule/bewerben-studieren/index.html*
Bewerbungsfrist	15. Januar und 15. Juli
Mögliche Studienschwerpunkte	Verschiedene Schwerpunkte sind möglich.

Weiterführende Informationen zum Studienverlauf und zur Studienberatung

> Studienberatung
> Tel.: (0611) 9495-3100
> Fax: (0611) 9495-3101
> E-Mail: studienberatung@hs-rm.de
> http://www.hs-rm.de/wbs/studieren/business-administration/index.html

Insurance & Finance

Inhaltlich	Der Studiengang bildet Sie in enger Kooperation mit der Versicherungswirtschaft, Bank- und Kreditwirtschaft sowie Finanzwirtschaft aus. Sie konzentrieren sich auf der wissenschaftstheoretischen Grundlage der Betriebswirtschaft auf die Lehrinhalte von Versicherungs-, Bank- und Finanzwesen.
Abschluss	Bachelor of Science (B.Sc.), akkreditiert durch FIBAA
Regelstudienzeit	6 Semester
Studienbeginn	Sommersemester und Wintersemester
Studiengebühren	Keine
Besonderes	Vorausgesetzt werden Englischkenntnisse auf dem Level B1.
Zulassungsbeschränkungen	Ja, hochschulinterner NC
Bewerbung	Online über *http://www.hs-rm.de/hochschule/bewerben-studieren/index.html*
Bewerbungsfrist	15. Januar und 15. Juli
Mögliche Studienschwerpunkte	Verschiedene Schwerpunkte sind möglich.

Weiterführende Informationen zum Studienverlauf und zur Studienberatung

Studienberatung
Tel.: (0611) 9495-3100
Fax: (0611) 9495-3101
E-Mail: studienberatung@hs-rm.de
http://www.hs-rm.de/wbs/bewerben/insurance-finance-bachelor-of-science/index.html

International Business Administration

Inhaltlich	Der Studiengang vermittelt Ihnen eine generalistisch geprägte Wissensgrundlage von den wesentlichen Funktionsbereichen international orientierter Unternehmen und Organisationen. Sie qualifizieren sich für leitende Aufgaben in international orientierten Unternehmen bzw. für selbständige Tätigkeiten in einer immer interdependenter werdenden Weltwirtschaft.
Abschluss	Bachelor of Arts (B.A.), akkreditiert durch FIBAA
Regelstudienzeit	8 Semester
Studienbeginn	Sommersemester und Wintersemester
Studiengebühren	Keine

Besonderes	• Vorausgesetzt werden Englischkenntnisse auf dem Level B1 • Zum Studium gehören ein Auslandssemester im 6. Semester und ein Auslandspraktikum im 7. Semester
Zulassungsbeschränkungen	Ja, hochschulinterner NC
Bewerbung	Online über *http://www.hs-rm.de/hochschule/bewerben-studieren/index.html*
Bewerbungsfrist	15. Januar und 15. Juli
Mögliche Studienschwerpunkte	Verschiedene Schwerpunkte sind möglich.

Weiterführende Informationen zum Studienverlauf und zur Studienberatung
Studienberatung
Tel.: (0611) 9495-3100
Fax: (0611) 9495-3101
E-Mail: studienberatung@hs-rm.de
http://www.hs-rm.de/wbs/bewerben/international-business-administration-bachelornbspofnbsparts/index.html

10.1.2 Fachbereich Ingenieurwissenschaften

Der Fachbereich Ingenieurwissenschaften bietet neben praxisorientierten Vollzeitstudiengängen auch berufsbegleitende und duale Studiengänge an. Der Fachbereich unterteilt sich in die vier Studienbereiche Informationstechnologie und Elektrotechnik, Maschinenbau, Umwelttechnik und Dienstleistung.

Homepage des Fachbereichs
http://www.hs-rm.de/de/ing/index.html?F=hxlxfbronxjxeihm
Hochschule RheinMain / Fachbereich Ingenieurwissenschaften
Am Brückweg 26, 65428 Rüsselsheim

CHE-Hochschulranking

Wirtschaftsingenieurwesen: Im Ranking 2011 liegen keine Angaben vor.

⚡ Internationales Wirtschaftsingenieurwesen

Inhaltlich	In den ersten 4 Semestern erwerben Sie Grundkenntnisse in Naturwissenschaften wie Mathematik, Physik und Werkstoffkunde sowie technische Grundlagen des klassischen Maschinenbaus wie Konstruktion, Technische Mechanik, Fertigungstechnik, Wärme- und Strömungslehre sowie Grundkenntnisse in Elektrotechnik und Wirtschaftsinformatik. Die wirtschaftswissenschaftlichen Fächer umfassen unter anderem die Grundlagen der Betriebs- und Volkswirtschaftslehre, Einführung in Marketing und Vertrieb sowie das Rechnungswesen. Wirtschaftsenglisch und -französisch (alternativ Spanisch) kommen zusammen mit einer Einführung in das Recht und Projektmanagement hinzu.
Abschluss	Bachelor of Engineering (B.Eng.), akkreditiert durch ACQUIN
Regelstudienzeit	7 Semester
Studienbeginn	Wintersemester
Studiengebühren	Keine
Besonderes	• Vorausgesetzt werden Englischkenntnisse auf dem Level B2, Französischkenntnisse auf dem Level A2/B1 oder Spanischkenntnisse auf dem Level A1 • Mindestens 6 Wochen technisches oder kaufmännisches Praktikum müssen vor Studienbeginn nachgewiesen werden • Insgesamt werden 14 Wochen Praktikum (8 Wochen technisches und 6 Wochen kaufmännisches Praktikum) verlangt
Zulassungsbeschränkungen	Ja, hochschulinterner NC
Bewerbung	Online über http://www.hs-rm.de/hochschule/bewerben-studieren/index.html
Bewerbungsfrist	15. Juli
Mögliche Studienschwerpunkte	Verschiedene Schwerpunkte sind möglich.

Weiterführende Informationen zum Studienverlauf und zur Studienberatung

Studienberatung
- Prof. Dr.-Ing. Thomas Albert Fechter

Tel.: (06142) 898-4316, - 4386
Fax: (06142) 898-4320
E-Mail: studienberatung@hs-rm.de
http://www.hs-rm.de/ing/bachelorstudiengaenge/iwi-internationales-wirtschaftsingenieurwesen/index.html

10.2 EBS Universität für Wirtschaft und Recht

Die private EBS Universität für Wirtschaft und Recht (in Gründung) wurde 1971 als EBS European Business School gGmbH gegründet. Zunächst war sie eine Hochschule für Wirtschaft, 2010 kam als zweiter Bereich die EBS Law School für Recht hinzu. Seither hat die vorher in Oestrich-Winkel ansässige Hochschule ihren Sitz in Wiesbaden. Die Hochschule hat fünf Standorte in Wiesbaden und im Rheingau. Ein weiterer Standort in Frankfurt wird 2013 bezogen. Die beiden Fakultäten Wirtschaft und Recht der EBS Universität sind in die sechs Departments Strategy, Organization & Leadership; Marketing; Finance, Accounting & Real Estate; Supply Chain Management & Information Systems; Innovation Management & Entrepreneurship; Governance & Economics unterteilt.

> Homepage der Hochschule
> http://www.ebs.edu/
> Allgemeine Studienberatung
> - Daniel Kagel
> Tel.: (0611) 7102-1574
> E-Mail: daniel.kagel@ebs.edu
> EBS Universität für Wirtschaft und Recht i. Gr.
> Gustav-Stresemann-Ring 3, 65189 Wiesbaden
> http://www.ebs.edu/index.php?id=1739

10.2.1 Governance & Economics

Ziel des Departments ist es, Manager auszubilden, die die theoretischen und empirischen Zusammenhänge zwischen Politik, Recht, Institutionen und Wirtschaftswachstum kennen und damit an den Schnittstellen von Wirtschaft, Recht und Politik einsetzbar sind. Forschung und Lehre profitieren von den Synergien zwischen Law, Governance und Economics. Durch die interdisziplinäre Forschung und Lehre im Department erhöht die EBS die Chancen ihrer Absolventen, sich den steigenden Anforderungen an global denkende, ausgebildete und handelnde Manager stellen zu können.

> Homepage des Fachbereichs
> http://www.ebs.edu/index.php?id=lawgoveco&L=73
> EBS Business School / Department Governance & Economics
> Gustav-Stresemann-Ring 3, 65189 Wiesbaden

CHE-Hochschulranking

BWL: Im CHE-Ranking 2011 liegt das Fach in der Beurteilung der Studiensituation insgesamt in der Spitzengruppe. Besonders gut werden die Bereiche Betreuung durch Lehrende, Kontakt zu Studierenden, Lehrangebot, Wissenschaftsbezug, Studierbarkeit, Berufsbezug, Einbeziehung in Lehrevaluation, Räume, IT-Infrastruktur und Unterstützung für Auslandsstudium bewertet.

Aviation Management

Inhaltlich	Der Studiengang stellt eine akademisch anspruchsvolle Ausbildung von hoher Qualität mit Praxisorientierung in der Luftverkehrsindustrie dar.
Abschluss	Bachelor of Science (B.Sc.), akkreditiert durch FIBAA
Regelstudienzeit	6 Semester (200 CP)
Studienbeginn	Wintersemester
Studiengebühren	• 5 750 Euro pro Semester • Zzgl. einmalige Einschreibegebühren 575 Euro
Besonderes	• Der Studiengang kann individuell oder in Kooperation mit der Deutschen Lufthansa belegt werden, dann übernimmt die Lufthansa die Studiengebühren • Die Unterrichtssprache ist überwiegend Englisch • Zum Studium gehören ein Auslandssemester an einer renommierten Partnerhochschule und Praxisphasen
Zulassungsbeschränkungen	Ja, hochschulinternes Auswahlverfahren
Bewerbung	Online über http://www.ebs.edu/index.php?id=4201&L=0
Bewerbungsfrist	Auf Anfrage
Mögliche Studienschwerpunkte	Verschiedene Schwerpunkte sind möglich.

Weiterführende Informationen zum Studienverlauf und zur Studienberatung

Studienberatung
- Daniel Kagel

Tel.: (0611) 7102-1574
E-Mail: daniel.kagel@ebs.edu
http://www.ebs.edu/index.php?id=4192&L=0

General Management

Inhaltlich	Der international orientierte Studiengang qualifiziert für Berufe in der Wirtschaft und für betriebswirtschaftliche Masterprogramme. Sie erwerben in 6 Semestern den Stoff von 7 Semestern. Rund 85 % des Programms decken die BWL- und VWL-Inhalte eines klassischen Betriebswirtschaftsstudiums ab, 15 % gelten der Persönlichkeitsentwicklung.
Abschluss	Bachelor of Science (B.Sc.), akkreditiert durch FIBAA
Regelstudienzeit	6 Semester (210 CP)

Studienbeginn	Wintersemester
Studiengebühren	• 5 750 Euro pro Semester • Zzgl. einmalige Einschreibegebühren 575 Euro
Besonderes	• Die Unterrichtssprache ist überwiegend Englisch • Zum Studium gehören ein Auslandssemester an einer renommierten Partnerhochschule und Praxisphasen
Zulassungsbeschränkungen	Ja, hochschulinternes Auswahlverfahren
Bewerbung	Online über *http://www.ebs.edu/index.php?id=4029&L=0*
Bewerbungsfrist	Auf Anfrage
Mögliche Studienschwerpunkte	Verschiedene Schwerpunkte sind möglich.

Weiterführende Informationen zum Studienverlauf und zur Studienberatung

Studienberatung
- Daniel Kagel
Tel.: (0611) 7102-1574
E-Mail: daniel.kagel@ebs.edu
http://www.ebs.edu/index.php?id=4173

Rheinland-Pfalz

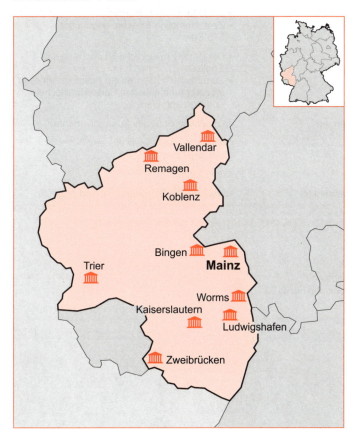

Das im Südwesten Deutschlands gelegene Bundesland Rheinland-Pfalz grenzt an Frankreich, Luxemburg und Belgien. Mit Worms, Trier und der Landeshauptstadt Mainz, gleichzeitig Wiege des Buchdrucks, liegen einige der ältesten deutschen Städte in diesem Bundesland, durch das neben Rhein und Mosel viele andere Flüsse fließen. Rheinland-Pfalz ist bekannt für seinen Weinanbau, aber auch Tourismus und Industrie sind wichtige Eckpfeiler der Wirtschaft dieses Bundeslandes. Zahlreiche Zeugnisse aus römischer Zeit und viele Schlösser und Burgen zeugen von der reichen Kulturgeschichte. Der Dom in Speyer, die römischen Baudenkmäler, der Dom und die Liebfrauenkirche in Trier, die Kulturlandschaft Oberes Mittelrheintal zwischen Bingen und Koblenz und der Obergermanisch-Rätische Limes, der zum Teil durch Rheinland-Pfalz führt, gehören zum UNESCO-Weltkulturerbe.

In Rheinland-Pfalz gibt es vier Universitäten, von denen eine, die Technische Universität Kaiserslautern, auf Natur- und Ingenieurwissenschaften spezialisiert ist, ferner 13 Fachhochschulen und die Deutsche Hochschule für Verwaltungswissenschaften Speyer. An den Hochschulen in Rheinland-Pfalz sind ca. 115 000 Studierende eingeschrieben.

1 Bingen

Die Stadt Bingen am Rhein hat ca. 25 000 Einwohner und liegt an der Mündung der Nahe in den Rhein, ca. 30 km westlich von Mainz. Bekanntestes Bauwerk der Stadt ist der sagenumwobene Binger Mäuseturm, ein ehemaliger Wachturm auf einer Insel im Rhein und Teil des UNESCO-Weltkulturerbes Oberes Mittelrheintal. Für die Wirtschaft der Stadt spielen Weinbau und Tourismus eine wichtige Rolle.

In Bingen gibt es mehrere Bahnhöfe, am Hauptbahnhof halten auch IC- und EC-Züge. Die Stadt liegt in der Nähe der Autobahnen A60 und A61. Von Bingen aus verkehren viele Personenschiffe, eine Autofähre verbindet Bingen mit Rüdesheim auf der anderen Rheinseite.

1.1 Fachhochschule Bingen

Die Fachhochschule Bingen ist die einzige Hochschule der Stadt. Sie wurde 1897 als Rheinisches Technikum gegründet, 1996 wurde daraus die Fachhochschule Bingen. An den beiden Fachbereichen Life Sciences and Engineering einerseits und Technik, Informatik und Wirtschaft andererseits werden Studiengänge in traditionellen Ingenieurwissenschaften ebenso angeboten wie solche in moderner Informations- und Kommunikationstechnik, hinzu kommt eine breite Auswahl biologisch-naturwissenschaftlicher Studiengänge. An der Fachhochschule Bingen sind ca. 2 500 Studierende eingeschrieben.

| Homepage der Fachhochschule
http://www.fh-bingen.de/
Allgemeine Studienberatung
- Stefan Bastine
Tel.: (06721) 409-386
Fax: (06721) 409-178
E-Mail: zsb@fh-bingen.de
Fachhochschule Bingen / Zentrale Studienberatung
Berlinstr. 109, Gebäude 5, Raum 135, 55411 Bingen
http://www.fh-bingen.de/studieninteressierte/zentrale-studienberatung.html

1.1.1 Fachbereich 2: Technik, Informatik und Wirtschaft

| Homepage des Fachbereichs
http://www.fh-bingen.de/hochschule/fachbereich-2.html
Fachhochschule Bingen / Fachbereich 2
Berlinstr. 109, 55411 Bingen

CHE-Hochschulranking

Wirtschaftsingenieurwesen: Im CHE-Ranking 2011 liegt das Fach Wirtschaftsingenieurwesen in der Beurteilung der Studiensituation insgesamt in der Spitzengruppe. Besonders positiv beurteilt werden die Kriterien Betreuung durch Lehrende, Kontakt zu Studierenden, Lehrangebot, Studierbarkeit, Praxisbezug, Berufsbezug, Einbeziehung in Lehrevaluation und Unterstützung für Auslandsstudium.

Wirtschaftsingenieurwesen

Inhaltlich	In diesem Studiengang erwerben Sie technische, kaufmännische und organisatorische Kompetenzen, die sich an den Anforderungen des Arbeitsmarkts orientieren. Ziel ist, dass Sie als Absolvent durch Ihre Methodenkompetenz Geschäftsprozesse optimieren können. Zum Studiengang gehören neben wirtschafts- und ingenieurwissenschaftlichen Modulen auch mathematische und naturwissenschaftliche und fachübergreifende Module.
Abschluss	Bachelor of Engineering, akkreditiert durch ASIIN
Regelstudienzeit	6 Semester
Studienbeginn	Wintersemester
Studiengebühren	Keine
Besonderes	Vor der Aufnahme des Studiums muss ein 12-wöchiges technisches Vorpraktikum absolviert werden. Es kann auch auf 6 Wochen im technischen Bereich und 6 Wochen im kaufmännischen Bereich verteilt werden.
Zulassungsbeschränkungen	Keine
Bewerbung	Online über http://www.fh-bingen.de/studieninteressierte/Online-bewerbung.html
Bewerbungsfrist	15. Juli
Mögliche Studienschwerpunkte	Sie können zwischen den Wahlpflichtbereichen Internationale Betriebswirtschaftslehre, Automobiltechnik und Produktentwicklung wählen.

Weiterführende Informationen zum Studienverlauf und zur Studienberatung

Studienberatung
- Prof. Dr. rer. pol. Sabine Heusinger-Lange

Tel.: (06721) 409-240
E-Mail: heusinger@fh-bingen.de
http://www.fh-bingen.de/studiengaenge/bachelor/wirtschaftsshyingenieurwesen/ansprechpartner.html

2 Kaiserslautern

Kaiserslautern hat ca. 100 000 Einwohner und liegt im Süden von Rheinland-Pfalz am Rand des Pfälzer Waldes. Die Stadt ist seit dem 19. Jahrhundert ein bedeutender Industriestandort. In den letzten Jahren gewann die Stadt als Wissenschaftsstandort im Bereich Informationstechnologie an Bedeutung. In Kaiserslautern gibt es zwei Hochschulen, nämlich die Technische Universität Kaiserslautern und die Fachhochschule Kaiserslautern, außerdem mehrere Forschungseinrichtungen.

Zwar ist Kaiserslautern heute nicht mehr zentraler Eisenbahnknotenpunkt, aber als ICE-Haltestelle immer noch gut erreichbar im Fernverkehr und im Regionalverkehr als Haltestelle der S-Bahn Rhein-Neckar. Mit der Transeuropäischen Hochgeschwindigkeitslinie Rhealys beträgt die Schienenfahrzeit nach Paris weniger als drei Stunden. Kaiserslautern liegt an der A6. Der internationale Flughafen Frankfurt ist ca. 100 km entfernt, der Flughafen Saarbrücken ca. 80 km.

2.1 Technische Universität Kaiserslautern

Die 1970 gegründete Technische Universität Kaiserslautern ist auf naturwissenschaftlich-technische Studienprojekte ausgerichtet. Die Campus-Universität ist oberhalb der Stadt angesiedelt. An der Universität gibt es die zehn Fachbereiche Architektur, Raum- und Umweltplanung, Bauingenieurwesen (ARUBI); Biologie; Chemie; Elektrotechnik und Informationstechnik (EIT); Informatik; Maschinenbau und Verfahrenstechnik (MV); Mathematik; Physik; Sozialwissenschaften (SoWi); Wirtschaftswissenschaften (WiWi).

Zur Universität gehört das Zentrum für Fernstudien und Universitäre Weiterbildung, das berufsbegleitende Fernstudiengänge für Hochschulabsolventen anbietet.

An der Universität sind ca. 12 000 Studierende eingeschrieben.

Homepage der Universität
http://www.tu-kaiserslautern.de/
Allgemeine Studienberatung
Tel.: (0631) 205-5252
E-Mail: studium@uni-kl.de
Technische Universität Kaiserslautern / StudierendenServiceCenter
Gottlieb-Daimler-Straße, Gebäude 47, Erdgeschoss, 67663 Kaiserslautern
http://www.uni-kl.de/wcms/index.php?id=4012

2.1.1 Fachbereich Wirtschaftswissenschaften

Der Fachbereich Wirtschaftswissenschaften bietet zwei Bachelorstudiengänge und mehrere Masterstudiengänge an. Das Leitbild des Fachbereichs ist „Führen in globaler Verantwortung".

Homepage des Fachbereichs
http://www.wiwi.uni-kl.de/
Technische Universität Kaiserslautern / Fachbereich Wirtschaftswissenschaften
Gottlieb-Daimler-Straße, Gebäude 47, 67663 Kaiserslautern

CHE-Hochschulranking

BWL: Im CHE-Ranking 2011 liegt das Fach BWL an der TU Kaiserslautern in der Beurteilung der Studiensituation insgesamt in der Schlussgruppe.

Wirtschaftsingenieurwesen: Das Fach Wirtschaftsingenieurwesen liegt im CHE-Ranking 2011 in der Beurteilung der Studiensituation insgesamt im Mittelfeld.

Betriebswirtschaftslehre mit technischer Qualifikation

Inhaltlich	In den Grundzügen ähnelt der Studiengang dem klassischen Studium der Betriebswirtschaft. Zusätzlich studieren Sie technische Fächer, damit Sie in der späteren Berufspraxis technische Zusammenhänge in einer ökonomischen Analyse fachgerecht berücksichtigen können. Lehrveranstaltungen in englischer Sprache unterstützen die internationale Ausrichtung des Studiengangs.
Abschluss	Bachelor of Science (B.Sc.), akkreditiert durch AQAS
Regelstudienzeit	6 Semester
Studienbeginn	Wintersemester
Studiengebühren	Keine
Besonderes	Auslandsaufenthalte sind vorgesehen.
Zulassungsbeschränkungen	Nein
Bewerbung	Online über http://www.uni-kl.de/wcms/101.html
Bewerbungsfrist	31. August
Mögliche Studienschwerpunkte	Als technische Fächer können gewählt werden Bauingenieurwesen, Elektrotechnik, Informatik, Maschinenbau und Verfahrenstechnik, Raum- und Umweltplanung.

Weiterführende Informationen zum Studienverlauf und zur Studienberatung

Studienberatung
- Dr. Jürgen E. Blank

Tel.: (0631) 205-4042
E-Mail: jblank@wiwi.uni-kl.de
http://www.uni-kl.de/wcms/302.html

Wirtschaftsingenieurwesen

Inhaltlich	Sie studieren in diesem Studiengang grundsätzlich den Wirkungsverbund zwischen ökonomischem Wissen und technischem Fortschritt aus einer technisch/wirtschaftlich-integrativen Perspektive. Sie absolvieren das Studium in einer der fünf Vertiefungsrichtungen Chemie, Elektrotechnik, Informatik, Maschinenbau oder Umwelt- und Verfahrenstechnik.
Abschluss	Bachelor of Science (B.Sc.), akkreditiert durch AQAS
Regelstudienzeit	7 Semester
Studienbeginn	Wintersemester
Studiengebühren	Keine
Besonderes	In den Studienrichtungen Maschinenbau, Elektrotechnik und Bio- und Verfahrenstechnik wird ein technisches Grundpraktikum von mindestens 6 Wochen Dauer vorausgesetzt, das bis zum Beginn des 3. Semesters absolviert werden muss.
Zulassungsbeschränkungen	Keine
Bewerbung	Online über http://www.uni-kl.de/wcms/101.html
Bewerbungsfrist	31. August
Mögliche Studienschwerpunkte	Fünf Vertiefungsrichtungen stehen zum Studienbeginn zur Wahl: Chemie, Elektrotechnik, Informatik, Maschinenbau, Umwelt und Verfahrenstechnik.

Weiterführende Informationen zum Studienverlauf und zur Studienberatung

Studienberatung
- Dr. Jürgen E. Blank
Tel.: (0631) 205-4042
E-Mail: jblank@wiwi.uni-kl.de
http://www.uni-kl.de/wcms/302.html

2.2 Fachhochschule Kaiserslautern

Die Fachhochschule Kaiserslautern wurde 1996 gegründet und hat Standorte in Kaiserslautern, Pirmasens und Zweibrücken. Sie ging aus der 1971 gegründeten Fachhochschule Rheinland-Pfalz hervor und hat heute fünf Fachbereiche an den drei Studienorten. In Kaiserslautern sind die beiden Fachbereiche Angewandte Ingenieurwissenschaften sowie Bauen und Gestalten angesiedelt. In Zweibrücken sind die beiden Fachbereiche Betriebswirtschaft und Informatik/Mikrosystemtechnik untergebracht, in Pirmasens der Fachbereich Angewandte Logistik- und Polymerwissenschaften.

An der Fachhochschule Kaiserlautern sind ca. 5 500 Studierende eingeschrieben, sie gehört damit zu den größeren Fachhochschulen in Rheinland-Pfalz.

| Homepage der Fachhochschule
http://www.fh-kl.de/
| Allgemeine Studienberatung
- Dipl. Psych. Martina Piper
Tel.: (0631) 3724-4451
E-Mail: martina.piper@fh-kl.de
| Fachhochschule Kaiserslautern / Standort Zweibrücken
Amerikastraße 1, Gebäude H / Raum 202, 66482 Zweibrücken
http://www.fh-kl.de/fh/studium/allgemeine-studienberatung.html

2.2.1 Fachbereich Angewandte Ingenieurwissenschaften

Der Fachbereich Angewandte Ingenieurwissenschaften hat seinen Sitz am Standort Kaiserslautern. Er setzt sich aus den Fachgebieten Maschinenbau und Elektrotechnik zusammen und bietet zurzeit sechs Bachelorstudiengänge und drei Masterstudiengänge an.

| Homepage des Fachbereichs
http://www.fh-kl.de/fachbereiche/aing/fb.html
| Fachhochschule Kaiserslautern / Fachbereich Angewandte Ingenieurwissenschaften
| Morlauterer Str. 31, 67657 Kaiserslautern

CHE-Hochschulranking

Wirtschaftsingenieurwesen: Im CHE-Ranking 2011 liegt der Studiengang Wirtschaftsingenieurwesen an der FH Kaiserslautern in der Beurteilung der Studiensituation insgesamt in der Schlussgruppe.

Wirtschaftsingenieurwesen

Inhaltlich	Als Wirtschaftsingenieur sind Sie gleichzeitig Ingenieur und Manager. In diesem Studiengang erwerben Sie die notwendigen technischen und wirtschaftswissenschaftlichen Grundlagen. Sie werden vertraut mit modernen Managementmethoden und den aktuellsten Entwicklungen in Maschinenbau und Elektrotechnik. Sie lernen, ganzheitlich zu denken und zu handeln im Sinne des technisch Machbaren und des betriebswirtschaftlich Notwendigen. Als Wirtschaftsingenieur können Sie in der Industrie, bei Banken und Wirtschaftsberatungsunternehmen arbeiten oder ein weiterführendes Masterstudium anschließen.
Abschluss	Bachelor of Engineering (B.Eng.), akkreditiert durch ASIIN

Regelstudienzeit	7 Semester
Studienbeginn	Wintersemester
Studiengebühren	Keine
Besonderes	• Sie müssen ein 12-wöchiges Vorpraktikum nachweisen, davon 6 Wochen im betriebswirtschaftlichen Bereich, 6 Wochen im technischen • Im 7. Semester ist eine Praxisphase vorgesehen
Zulassungsbeschränkungen	Ja, hochschulinterner NC
Bewerbung	Online über http://www.fh-kl.de/fh/studium/der-weg-ins-studium/bewerbungsverfahren.html
Bewerbungsfrist	15. Juli
Mögliche Studienschwerpunkte	Als Studienschwerpunkt können Sie bei Studienbeginn wählen zwischen Anlagenbau, elektrischer Energietechnik, Produktionstechnik.

Weiterführende Informationen zum Studienverlauf und zur Studienberatung

Studienberatung
Tel.: (0631) 3724-2201
Fax: (0631) 3724-2222
E-Mail: dekanat-et@fh-kl.de
Tel.: (0631) 3724-2301
Fax: (0631) 3724-2218
E-Mail: dekanat-mb@fh-kl.deName
http://www.fh-kl.de/fachbereiche/aing/studiengaenge/bachelor/wirtschaftsingenieurwesen-wi.html

3 Koblenz

Koblenz ist mit fast 110 000 Einwohnern die drittgrößte Stadt in Rheinland-Pfalz. Die Stadt liegt an der Deutsches Eck genannten Mündung von der Mosel in den Rhein, sie ist eine der ältesten Städte Deutschlands. Teile von Koblenz gehören zum UNESCO-Welterbe Kulturlandschaft Oberes Mittelrheintal, andere zum UNESCO-Welterbe Obergermanisch-Rätischer Limes.

In Koblenz gibt es Maschinen- und Autozulieferindustrie, Softwarefirmen, Versorger, Banken, Versicherungen und verschiedene Bundes- und Landesbehörden. Die Stadt liegt nahe den Autobahnen A48 (als Verbindung zwischen A1 und A3) und A61. Der Bahnhof Koblenz ist ICE-Haltestelle. Der internationale Flughafen Köln-Bonn ist ca. 90 km entfernt, der Flughafen Frankfurt ca. 110 km. Früher war Koblenz Lotsenstation für die Rheinschifffahrt.

In Koblenz hat die Universität Koblenz-Landau ihren Sitz und es gibt eine Fachhochschule.

3.1 Fachhochschule Koblenz

Die Fachhochschule Koblenz wurde 1996 gegründet. Die Fachhochschule verteilt sich auf drei Campus-Standorte. Der heutige Fachbereich Werkstofftechnik Glas und Keramik am WesterWaldCampus Höhr-Grenzhausen geht auf Vorläufer im 19. Jahrhundert zurück. Am RheinMoselCampus Koblenz sind die Fachbereiche Ingenieurwesen, Betriebswirtschaft, Bauwesen, Architektur und Stadtplanung, Sozialwesen angesiedelt. Wirtschaftswissenschaftliche Studiengänge bietet der Fachbereich Betriebswirtschaft an, Wirtschaftsingenieurwesen kann am Fachbereich Ingenieurwesen studiert werden. Der RheinAhrCampus Remagen (s. u.) umfasst die beiden Fachbereiche Betriebs- und Sozialwirtschaft einerseits, Mathematik und Technik andererseits.

An der Fachhochschule sind ca. 6 600 Studierende eingeschrieben.

| Homepage der Fachhochschule
http://www.fh-koblenz.de/
Allgemeine Studienberatung
Tel.: (0261) 9528-0
Fax: (0261) 9528-567
E-Mail: infos@fh-koblenz.de
Fachhochschule Koblenz / Studierendenservice
Konrad-Zuse-Straße 1, 56075 Koblenz
http://www.fh-koblenz.de/Informationen-fuer-Bewerber.4240.0.html

3.1.1 Fachbereich Betriebswirtschaft

Die Bachelor- und Masterstudiengänge am Fachbereich Betriebswirtschaft sind interdisziplinär, anwendungsorientiert und international angelegt. Das Angebot an Studiengängen wird ständig erweitert.

| **Homepage des Fachbereichs**
http://www.fh-koblenz.de/Betriebswirtschaft.betriebswirtschaft.0.html#c16
Fachhochschule Koblenz / Fachbereich Betriebswirtschaft
Konrad-Zuse-Straße 1, 56075 Koblenz

CHE-Hochschulranking

BWL: Im CHE-Ranking 2011 liegt der Fachbereich Betriebswirtschaft in der Beurteilung der Studiensituation insgesamt im Mittelfeld. Überdurchschnittlich gut wird die IT-Infrastruktur bewertet.

Betriebswirtschaft (Business Administration)

Inhaltlich	Sie erhalten in diesem Studiengang eine breit angelegte betriebswirtschaftliche Grundausbildung mit disziplinübergreifenden Modulen. Zum theoretischen Grundwissen erwerben Sie anwendungsorientiertes Querschnittswissen. Der Studiengang bereitet Sie auf eine führende Aufgabe im Management in Wirtschaft und Verwaltung vor oder auf den Masterstudiengang Business Management.
Abschluss	Bachelor of Science (B.Sc.), akkreditiert durch AQAS
Regelstudienzeit	6 Semester (180 CP)
Studienbeginn	Sommersemester und Wintersemester
Studiengebühren	Keine
Besonderes	Der Studiengang umfasst ein Praxissemester.
Zulassungsbeschränkungen	Ja, hochschulinterner NC
Bewerbung	Bewerbungsunterlagen zum Download unter *http://www.fh-koblenz.de/Bewerbungs unterlagen.1091.0.html?&MP=980-236*
Bewerbungsfrist	15. Januar und 15. Juli
Mögliche Studienschwerpunkte	Mit Wahlpflichtmodulen können Sie individuelle Schwerpunkte setzen: Beschaffung und Logistik, Betriebliche Außenwirtschaft, Externes und internes Rechnungswesen, Finanzierung, Human Resource Management, Marketing und Marktforschung, Mittelstandsmanagement, Produktionswirtschaft/Operations Research, Steuern

Weiterführende Informationen zum Studienverlauf und zur Studienberatung
Studienberatung
- **Jutta Menz**
Tel.: (0261) 9528-503
E-Mail: menz@fh-koblenz.de
http://www.fh-koblenz.de/Bachelor-of-Science-Business-A.4011.0.html

3.1.2 Fachbereich Ingenieurwesen

Der Fachbereich bietet mehrere Bachelor- und Masterstudiengänge in den Fachrichtungen Maschinenbau, Elektrotechnik und Informationstechnik, Werkstofftechnik, Glas und Keramik an.

Homepage des Fachbereichs
http://fh-koblenz.de/Ingenieurwesen.989.0.html
Fachhochschule Koblenz / Fachbereich Ingenieurwesen
Konrad-Zuse-Straße 1, 56075 Koblenz

CHE-Hochschulranking

Wirtschaftsingenieurwesen: Im CHE-Ranking 2011 wurde Wirtschaftsingenieurwesen an der Fachhochschule Koblenz nicht bewertet.

Wirtschaftsingenieurwesen Elektrotechnik

Inhaltlich	Der Studiengang bereitet Sie darauf vor, Aufgaben an der Schnittstelle zwischen Ingenieurwissenschaft und Betriebswirtschaft zu übernehmen. Im elektrotechnischen Teil des Studiums erwerben Sie breites Fachwissen in Mathematik, technischer Physik, Grundlagen der Elektrotechnik, Informationstechnik, Mess-, Regelungs- und Automatisierungstechnik. Im betriebswirtschaftlichen Teil werden die betriebswirtschaftlichen Grundlagen vermittelt, dazu gehören die Module BWL, Einführung in die VWL, Bürgerliches Recht, Grundlagen der Kosten- und Leistungsrechnung, Business English I, Qualitätsmanagement, Arbeitsrecht, Einführung in das Controlling, Projektmanagement, General Management.
Abschluss	Bachelor of Science (B.Sc.), akkreditiert durch AQAS
Regelstudienzeit	7 Semester (210 CP)
Studienbeginn	Sommersemester und Wintersemester
Studiengebühren	Keine
Besonderes	• Ein Vorpraktikum wird verlangt • Das Studium umfasst eine Praxisphase
Zulassungsbeschränkungen	Ja, hochschulinterner NC
Bewerbung	Bewerbungsunterlagen zum Download unter http://www.fh-koblenz.de/Bewerbungsunterlagen.1091.0.html?&MP=980-236
Bewerbungsfrist	15. Januar und 15. Juli
Mögliche Studienschwerpunkte	Sie können in der zweiten Studienhälfte individuelle Schwerpunkte setzen in Elektrotechnik und Betriebswirtschaftslehre (Beschaffung und Logistik, Finanzierung, Human Ressource Management, internes und externes Rechnungswesen, Produktionswirtschaft/Operations Research).

Weiterführende Informationen zum Studienverlauf und zur Studienberatung
Studienberatung
- Dieter Schäfer
Tel.: (0261) 9528-505
E-Mail: schaefer@fh-koblenz.de
http://www.fh-koblenz.de/Bachelor-of-Science-Wirtschaft.4101.0.html

Wirtschaftsingenieurwesen Maschinenbau

Inhaltlich	In diesem Studiengang verbinden Sie ingenieurwissenschaftliche und betriebswirtschaftliche Inhalte. Zu den wirtschaftsingenieurwissenschaftlichen Kernkompetenzen wie Betriebswirtschaft, Produktionsplanung und Fertigung kommen Kenntnisse in den Bereichen computergestützte Methoden und Anwendungen hinzu.
Abschluss	Bachelor of Science (B.Sc.), akkreditiert durch AQAS
Regelstudienzeit	7 Semester (210 CP)
Studienbeginn	Sommersemester und Wintersemester
Studiengebühren	Keine
Besonderes	• Ein Vorpraktikum wird verlangt • Das Studium umfasst eine Praxisphase
Zulassungsbeschränkungen	Ja, hochschulinterner NC
Bewerbung	Bewerbungsunterlagen zum Download unter *http://www.fh-koblenz.de/Bewerbungs unterlagen.1091.0.html?&MP=980-236*
Bewerbungsfrist	15. Januar und 15. Juli
Mögliche Studienschwerpunkte	Während des Studiums setzen Sie mit Wahlpflichtmodulen individuelle Schwerpunkte in Maschinenbau und Betriebswirtschaftslehre.

Weiterführende Informationen zum Studienverlauf und zur Studienberatung
Studienberatung
- Dieter Schäfer
Tel.: (0261) 9528-505
E-Mail: schaefer@fh-koblenz.de
http://www.fh-koblenz.de/Bachelor-of-Science-Wirtschaf.3896.0.html

4 Ludwigshafen

Ludwigshafen ist mit ca. 165 000 Einwohnern die zweitgrößte Stadt in Rheinland-Pfalz. Mannheim liegt am linken Rheinufer gegenüber der baden-württembergischen Stadt Mannheim und gehört wie diese zur Metropolregion Rhein-Neckar. Ludwigshafen ist ein wichtiger Standort der chemischen Industrie, u. a. hat der Chemiekonzern BASF hier seinen Stammsitz. Ludwigshafen ist über die Autobahnen A6, A61, A65 und A650 im Straßenverkehr zu erreichen. Ludwigshafen hat mehrere Bahnhöfe, Verkehrsknoten für den überregionalen Schienenverkehr ist der wenige Kilometer entfernte Mannheimer Hauptbahnhof. Der nächstgelegene internationale Flughafen ist der ca. 65 km entfernte Flughafen Frankfurt. Ludwigshafen ist Sitz der Fachhochschule Ludwigshafen.

4.1 Fachhochschule Ludwigshafen am Rhein

Im Jahr 2008 entstand die jetzige Fachhochschule Ludwigshafen aus dem Zusammenschluss der beiden Ludwigshafener Fachhochschulen Hochschule für Wirtschaft und Evangelische Hochschule für Sozial- und Gesundheitswesen. An der Hochschule gibt es die drei Fachbereiche Management, Controlling, HealthCare; Marketing und Personalmanagement; Dienstleistungen und Consulting. Alle drei Fachbereiche bieten wirtschaftswissenschaftliche Studiengänge an.

An der Fachhochschule Ludwigshafen sind ca. 4 100 Studierende eingeschrieben.

Homepage der Fachhochschule
http://web.fh-ludwigshafen.de/
Allgemeine Studienberatung
Tel.: (0621) 5203-130, -148, -195
Fax: (0621) 5203-196
E-Mail: studsek@fh-ludwigshafen.de
Fachhochschule Ludwigshafen / Studierendensekretariat
Ernst-Boehe-Str. 4, Raum A 25/25a, 67059 Ludwigshafen
http://web.fh-ludwigshafen.de/index.nsf/de/ansprechpartner

4.1.1 Fachbereich I: Management, Controlling, HealthCare

Am Fachbereich Management, Controlling, HealthCare sind ca. 900 Studierende eingeschrieben, davon ca. 200 Studierende in Masterstudiengängen. Die Studiengänge sind praxisorientiert und international ausgerichtet.

Homepage des Fachbereichs
http://web.fh-ludwigshafen.de/fb1/home.nsf
Fachhochschule Ludwigshafen am Rhein / Fachbereich 1 /
Management, Controlling, HealthCare
Ernst-Boehe-Str. 4, 67059 Ludwigshafen am Rhein

CHE-Hochschulranking

BWL: Im CHE-Ranking 2011 liegt der Fachbereich I in der Beurteilung der Studiensituation insgesamt in der Schlussgruppe.

Controlling, Management and Information (CMI)

Inhaltlich	Der praxisorientierte Studiengang vermittelt Ihnen in den ersten Semestern breites betriebswirtschaftliches Grundwissen mit Spezialisierung im Bereich der Methoden zur Entscheidungsvorbereitung, -findung und -kontrolle. Besonderer Wert wird auf die Verknüpfung von betriebswirtschaftlichen Inhalten und IT-Kompetenz gelegt.
Abschluss	Bachelor of Arts (B.A.), akkreditiert durch AQAS
Regelstudienzeit	6 Semester (180 CP)
Studienbeginn	Sommersemester und Wintersemester
Studiengebühren	Keine
Besonderes	• Ein kaufmännisches Praktikum von 8 Wochen wird vorausgesetzt, mindestens 4 Wochen müssen vor Studienbeginn absolviert werden • Das 5. Semester kann als Auslandssemester studiert werden • Das 6. Semester umfasst eine Praxisphase • Ein internationaler Doppelabschluss mit der HAMK – University of Applied in Finnland ist möglich
Zulassungsbeschränkungen	Ja, hochschulinterner NC
Bewerbung	Online über http://web.fh-ludwigshafen.de/index.nsf/de/bewerbung
Bewerbungsfrist	15. Januar und 15. Juli
Mögliche Studienschwerpunkte	Mögliche Studienschwerpunkte sind Betriebliche Informationssysteme, Controlling, International Aspects, Management, Unternehmenssteuerung.

Weiterführende Informationen zum Studienverlauf und zur Studienberatung

Studienberatung
- Prof. Dr. Beate Kremin-Buch

Tel.: (0621) 5203-184
E-Mail: kremin-buch@fh-ludwigshafen.de
http://www2.fh-ludwigshafen.de/fb1/cmi.nsf

4.1.2 Fachbereich II: Marketing und Personalmanagement

Der Fachbereich bietet mehrere praxisorientierte und international ausgerichtete Bachelor- und Masterstudiengänge an, darunter auch duale Studiengänge und Fernstudiengänge.

| Homepage des Fachbereichs
| http://web.fh-ludwigshafen.de/fb2/fachbereich2.nsf
| Fachhochschule Ludwigshafen am Rhein / Fachbereich II / Marketing und Personalmanagement
| Ernst-Boehe-Str.4, 67059 Ludwigshafen am Rhein
| Business and International Programs (BIP) / Media-Carré
| Turmstraße 8, 67059 Ludwigshafen am Rhein

CHE-Hochschulranking

BWL: Im CHE-Ranking 2011 liegt der Fachbereich II in der Beurteilung der Studiensituation insgesamt in der Schlussgruppe.

International Business Management East Asia

Inhaltlich	In diesem internationalen Bachelorstudiengang ergänzen Sie ein vollständiges Studium der Betriebswirtschaft durch eine intensive Ausbildung in china- und japanbezogenen Fächern und durch eine gründliche Sprachausbildung. Sie erwerben über die betriebswirtschaftlichen Kenntnisse hinaus Fähigkeiten und Führungsqualifikationen für die Kommunikation mit dem chinesischen oder japanischen Markt. Der Studiengang wird am Ostasieninstitut der Fachhochschule Ludwigshafen gelehrt.
Abschluss	Bachelor of Science (B.Sc.), akkreditiert durch AQAS
Regelstudienzeit	8 Semester
Studienbeginn	Wintersemester
Studiengebühren	Keine
Besonderes	• Ein Praktikum von 8 Wochen wird vorausgesetzt, mindestens 4 Wochen müssen vor Studienbeginn absolviert werden • Bewerber chinesischer bzw. japanischer Muttersprache werden in dem entsprechenden Studienschwerpunkt nicht zugelassen • Ein Leistungsnachweis in Buchführung und EDV (Microsoft-Paket) wird vorausgesetzt • Das 5. und 6. Semester absolvieren Sie an Universitäten in der VR China bzw. in Japan • Das Studium umfasst außerdem ein Praxissemester

Zulassungsbeschränkungen	• Ja, hochschulinterner NC • Eignungstest Anfang Juli
Bewerbung	Online über *http://www.oai.de/de/studium/leitfaden-f-bewerber.html*
Bewerbungsfrist	15. Juni
Mögliche Studienschwerpunkte	Mögliche Schwerpunkte sind China, Interkulturelles Marketing in China und Japan, Japan, Marketing, Unternehmensführung.

Weiterführende Informationen zum Studienverlauf und zur Studienberatung

Studienberatung
- Dr. Manuel Vermeer

Tel.: (0621) 58667-0
Fax: (0621) 5866-777
E-Mail: m.vermeer@fh-ludwigshafen.de
http://www.oai.de/de/studium/konzeption.html

Internationale Betriebswirtschaftslehre im Praxisverbund (BIP)

Inhaltlich	Wenn Sie schon berufstätig sind, können Sie mit diesem Studiengang ein Bachelorstudium berufsbegleitend absolvieren. Der Schwerpunkt liegt auf den betriebswirtschaftlichen Bereichen. Da die Inhalte auf den internationalen Markt abgestimmt sind, werden interkulturelle Kompetenzen vermittelt und ein großer Teil der Veranstaltungen findet auf Englisch statt.
Abschluss	Bachelor of Science (B.Sc.), akkreditiert durch AQAS
Regelstudienzeit	7 Semester
Studienbeginn	1. August
Studiengebühren	Keine
Besonderes	• Für dieses duale Studium ist ein Kooperationsvertrag mit dem Arbeitgeber Voraussetzung • Der Studiengang umfasst ein Praxissemester
Zulassungsbeschränkungen	Nur mit Kooperationsvertrag (ca. 40–45 Studienplätze)
Bewerbung	Informationen unter *http://www.fh-ludwigshafen.de/bip/de/zielgruppe/bewerberprozess.php*
Bewerbungsfrist	Auf Anfrage
Mögliche Studienschwerpunkte	Mögliche Schwerpunkte sind Controlling, Human Resource Management, Marketing und Vertrieb, Logistik.

Weiterführende Informationen zum Studienverlauf und zur Studienberatung

Studienberatung
- Kathrin Paul

Tel.: (0621) 5203-440
Fax: (0621) 5203-442
E-Mail: kathrin.paul@fh-ludwigshafen.de
http://www.fh-ludwigshafen.de/bip/de/programme/bachelor_iba.php

Internationales Personalmanagement und Organisation

Inhaltlich	In diesem Studiengang erwerben Sie praxisrelevante Managementkenntnisse für den Personalbereich. Daneben erwerben Sie handlungsbefähigende Methoden- und Sozialkompetenzen und sprachlich-kulturelle Kompetenzen. Der Studiengang ist international ausgerichtet und bereitet Sie auf internationales Personalmanagement vor. Englischkurse gehören zu den Pflichtmodulen, weitere Sprachkurse sind möglich.
Abschluss	Bachelor of Arts (B.A.), akkreditiert durch AQAS
Regelstudienzeit	6 Semester
Studienbeginn	Sommersemester und Wintersemester
Studiengebühren	Keine
Besonderes	• Im 5. Semester absolvieren Sie ein Auslandssemester oder ein international ausgerichtetes Praktikum • Die Teilnahme an einmonatigen Sommeruniversitäten im Ausland ist möglich
Zulassungsbeschränkungen	Ja, hochschulinterner NC
Bewerbung	Online über *http://web.fh-ludwigshafen.de/index.nsf/de/bewerbung*
Bewerbungsfrist	15. Januar und 15. Juli
Mögliche Studienschwerpunkte	Mögliche Schwerpunkte sind Informations-/Kommunikationsmanagement, Internationales Personalmanagement, Leitlinien/Funktionen Personalarbeit, ökonomischer/rechtlicher Gestaltungsrahmen, Personal- und Organisationsentwicklung, Prozessmanagement.

Weiterführende Informationen zum Studienverlauf und zur Studienberatung

Studienberatung
- Prof. Dr. Matthias Hamann

Tel.: (0621) 5203-155
E-Mail: christina.loesch@fh-lu.de
http://www2.fh-ludwigshafen.de/fb2/moa-ipo.nsf

Marketing

Inhaltlich	Der Studiengang bereitet Sie darauf vor, marketingspezifische Fragestellungen in verschiedenen Branchen und Funktionsbereichen angemessen lösen zu können. Der Schwerpunkt liegt auf der Generalisierung von internationalen Marketingproblemen. Neben grundlegenden fachlichen Kenntnissen erwerben Sie analytisch-konzeptionelle Kompetenzen.
Abschluss	Bachelor of Arts (B.A.), akkreditiert durch AQAS
Regelstudienzeit	68 Semester
Studienbeginn	Sommersemester und Wintersemester
Studiengebühren	Keine
Besonderes	Ein Auslandssemester wird empfohlen.
Zulassungsbeschränkungen	Ja, hochschulinterner NC
Bewerbung	Online über *http://web.fh-ludwigshafen.de/index.nsf/de/bewerbung*
Bewerbungsfrist	15. Januar und 15. Juli
Mögliche Studienschwerpunkte	Mögliche Schwerpunkte sind Allgemeine Betriebswirtschaftslehre, Angebotsmanagement, Customer Relationship Marketing, E-Commerce, Käuferverhalten, Kommunikationsmanagement, Konzeptionelles Marketing, Marketing-Forschung, Vertriebsmanagement.

Weiterführende Informationen zum Studienverlauf und zur Studienberatung
Studienberatung
- Dipl.-Betriebswirtin (FH) Christina Schneider-Böß
Tel.: (0621) 5203-167
E-Mail: schneider-boess@fh-ludwigshafen.de
http://www.fh-lu.de/fb2/indexMA.htm

4.1.3 Fachbereich III: Dienstleistungen und Consulting

Der Fachbereich III ist der jüngste und kleinste Fachbereich der Fachhochschule Ludwigshafen. Der Fachbereich bietet zurzeit fünf Studiengänge an.

Homepage des Fachbereichs
http://fb3.fh-ludwigshafen.de/
Fachhochschule Ludwigshafen am Rhein / Fachbereich III / Dienstleistungen und Consulting
Ernst-Boehe-Str. 4, 67059 Ludwigshafen am Rhein

CHE-Hochschulranking

BWL: Im CHE-Ranking 2011 liegt der Fachbereich II in der Beurteilung der Studiensituation insgesamt in der Schlussgruppe.

Betriebswirtschaftliche Steuerlehre und Wirtschaftsprüfung

Inhaltlich	Dieser anwendungsbezogene betriebswirtschaftliche Studiengang bereitet Sie auf eine Berufstätigkeit in Steuerberatungsgesellschaften, Wirtschaftsprüfergesellschaften, im Rechnungswesen von Unternehmen, in Unternehmensberatungsgesellschaften oder bei Verbänden und Institutionen vor. In den ersten beiden Semestern werden die wirtschaftswissenschaftlichen Grundlagen vermittelt, anschließend erfolgt die studiengangspezifische Verbreiterung der Grundlagen.
Abschluss	Bachelor of Arts (B.A.), akkreditiert durch AQAS
Regelstudienzeit	6 Semester
Studienbeginn	Sommersemester und Wintersemester
Studiengebühren	Keine
Besonderes	Eine abgeschlossene Berufsausbildung oder ein kaufmännisches Praktikum von 8 Wochen wird vorausgesetzt, mindestens 4 Wochen müssen vor Studienbeginn absolviert werden.
Zulassungsbeschränkungen	Ja, hochschulinterner NC
Bewerbung	Online über *http://web.fh-ludwigshafen.de/index.nsf/de/bewerbung*
Bewerbungsfrist	15. Januar und 15. Juli
Mögliche Studienschwerpunkte	Mögliche Schwerpunkte sind Betriebswirtschaftliche Steuerlehre, Finanzmarkt-Kommunikation, Wertschaffung und Absicherung, Wirtschaftsprüfung.

Weiterführende Informationen zum Studienverlauf und zur Studienberatung

Studienberatung
- Vera Kucera, B.A.

Tel.: (0621) 5203-233
E-Mail: vera.kucera@fh-ludwigshafen.de
http://fb3.fh-ludwigshafen.de/studium/bachelor-studiengaenge/betr-steuerlehre-wirtschaftspruefung.html

Fachhochschule Ludwigshafen am Rhein 235

Logistik

Inhaltlich	Der Studiengang bereitet Sie auf Fach- und Führungsaufgaben in den Bereichen Logistik, Distributionsmanagement, Planung und Steuerung der Produktion, Materialwirtschaft, Beschaffungsmarketing und Einkauf, Transportwesen, Verkehrsplanung und -management, Controlling oder Betriebsorganisation vor. In den ersten beiden Semestern werden die wirtschaftswissenschaftlichen Grundlagen vermittelt, anschließend erfolgt die studiengangspezifische Verbreiterung der Grundlagen.
Abschluss	Bachelor of Arts (B.A.), akkreditiert durch AQAS
Regelstudienzeit	6 Semester
Studienbeginn	Sommersemester und Wintersemester
Studiengebühren	Keine
Besonderes	Eine abgeschlossene Berufsausbildung oder ein kaufmännisches Praktikum von 8 Wochen wird vorausgesetzt, mindestens 4 Wochen müssen vor Studienbeginn absolviert werden.
Zulassungsbeschränkungen	Ja, hochschulinterner NC
Bewerbung	Online über *http://web.fh-ludwigshafen.de/index.nsf/de/bewerbung*
Bewerbungsfrist	15. Januar und 15. Juli
Mögliche Studienschwerpunkte	Folgende Schwerpunkte sind möglich: Vertiefung in Managementtechniken, Produktionslogistik, E-Business, Steuerung von Logistikketten, ERP-Systeme & Logistik, Logistik-Management.

Weiterführende Informationen zum Studienverlauf und zur Studienberatung

Studienberatung
- **Dipl.-BW (FH) Ekram Chalghoumi**

Tel.: (0621) 5203-177
E-Mail: ekram.chalghoumi@fh-ludwigshafen.de
http://fb3.fh-ludwigshafen.de/studium/bachelor-studiengaenge/logistik.html

5 Mainz

Mainz ist die Landeshauptstadt des Bundeslandes Rheinland-Pfalz und mit ca. 200 000 Einwohnern auch die größte Stadt. Die Stadt liegt am Rhein unweit der Mündung des Mains in den Rhein nahe der hessischen Landeshauptstadt Wiesbaden und gehört zum Ballungsraum Rhein-Main. Mainz ist über die Autobahnen A60, A63 und A643 gut an das Straßennetz angebunden. Am Mainzer Hauptbahnhof halten zahlreiche ICE- und IC/EC-Verbindungen der Deutschen Bahn. Der Frankfurter Flughafen ist nur ca. 30 km entfernt.

In Mainz lebte und wirkte Johannes Gensfleisch, besser bekannt als Johannes Gutenberg, der Erfinder des Buchdrucks mit beweglichen Lettern. Mainz ist seit dem frühen Mittelalter ein wichtiger Bischofssitz. Der Mainzer Dom gehört zu den drei romanischen Kaiserdomen, viele Bauwerke aus romanischer und gotischer Zeit prägen das Stadtbild. Davor stand die Stadt mehrere Jahrhunderte unter römischer Herrschaft und war Hauptstadt der germanischen Provinzen. Mainz gehört zu den Hochburgen des rheinischen Karnevals, die Mainzer Fastnacht bestimmt in der närrischen Zeit weite Teile des Lebens in der Stadt. Mainz ist außerdem Sitz des Zweiten Deutschen Fernsehens (ZDF) und eine bekannte Weinbaustadt.

In Mainz gibt es eine Universität und mehrere Fachhochschulen und Forschungseinrichtungen. Mainz war Stadt der Wissenschaft des Jahres 2011.

5.1 Fachhochschule Mainz

Die Fachhochschule Mainz wurde 1996 gegründet. Sie ging hervor aus der seit 1971 bestehenden Fachhochschule Rheinland-Pfalz. Heute gibt es drei Fachbereiche: Technik, Gestaltung und Wirtschaft. Die Fachhochschule verteilt sich auf vier Standorte. Am zentralen Campus ist auch der Fachbereich Wirtschaft angesiedelt.

An der Fachhochschule Mainz sind ca. 4 500 Studierende eingeschrieben.

> Homepage der Fachhochschule
> http://www.fh-mainz.de/
> Allgemeine Studienberatung
> Tel.: (06131) 628-7380
> E-Mail: studienbuero@fh-mainz.de
> Fachhochschule Mainz / Studierendenbüro
> Luca-Hillebrand-Straße 2, 55128 Mainz
> http://www.fh-mainz.de/studium/bewerbung-immatrikulation-rueckmeldung-exmatrikulation/index.html

5.1.1 Fachbereich Wirtschaft

Am Fachbereich Wirtschaft werden Studiengänge zu Betriebswirtschaft, Wirtschaftsrecht und Wirtschaftsinformatik angeboten, teilweise als berufsbegleitende Studiengänge.

| Homepage des Fachbereichs |
| http://www.fh-mainz.de/wirtschaft/index.html |
| **Fachhochschule Mainz / Fachbereich Wirtschaft** |
| Luca-Hillebrand-Straße 2, 55128 Mainz |

CHE-Hochschulranking

BWL: Im CHE-Ranking 2011 liegt der Fachbereich Wirtschaft in der Beurteilung der Studiensituation insgesamt in der Schlussgruppe.

Betriebswirtschaft (BWL) berufsintegrierend

Inhaltlich	Sie erwerben in diesem berufsbegleitenden Teilzeitstudiengang wissenschaftliche Grundlagen der Betriebswirtschaft, berufsfeldbezogene Qualifikationen und Methodenkompetenzen. Damit werden Sie darauf vorbereitet, anspruchsvolle Fach- und Führungsaufgaben zu übernehmen. Studium und praktische Tätigkeit sind ineinander verzahnt und auf die Anforderungen der Unternehmen und die Besonderheiten berufstätiger Studierender abgestimmt.
Abschluss	Bachelor of Arts (B.A.), akkreditiert durch AQAS
Regelstudienzeit	7 Semester (180 CP)
Studienbeginn	Sommersemester und Wintersemester
Studiengebühren	Keine
Besonderes	• Vorausgesetzt wird eine mindestens 10-monatige kaufmännische Ausbildungs- oder Berufstätigkeit • Außerdem muss ein Kooperationsvertrag zwischen dem Unternehmen und der Fachhochschule Mainz geschlossen werden • Englische Sprachkenntnisse auf dem Level B1 werden ebenfalls vorausgesetzt
Zulassungsbeschränkungen	Ja, hochschulinterner NC
Bewerbung	Online über http://www.fh-mainz.de/studium/bewerbung-immatrikulation-rueckmeldung-exmatrikulation/bewerbung/index.html
Bewerbungsfrist	15. Juli und 15. Dezember
Mögliche Studienschwerpunkte	Individuelle Wahlmodule gibt es u. a. in Marketing, Personal und Rechnungswesen.

Weiterführende Informationen zum Studienverlauf und zur Studienberatung

| Studienberatung
■ Prof. Dr. Sven Fischbach
Tel.: (06131) 628-3219
E-Mail: sven.fischbach@fh-mainz.de
http://www.fh-mainz.de/wirtschaft/studienangebot/bwl-berufsintegrierend-bachelor-teilzeit/index.html

Betriebswirtschaft (BWL)

Inhaltlich	Sie erwerben in diesem Vollzeitstudiengang wissenschaftliche Grundlagen der Betriebswirtschaft, berufsfeldbezogene Qualifikationen und Methodenkompetenzen. Damit werden Sie darauf vorbereitet, anspruchsvolle Fach- und Führungsaufgaben zu übernehmen. Projekte, Planspiele und Fallstudien sorgen für den Praxisbezug des Studiengangs.
Abschluss	Bachelor of Arts (B.A.), AQAS
Regelstudienzeit	6 Semester (180 CP)
Studienbeginn	Sommersemester und Wintersemester
Studiengebühren	Keine
Zulassungsbeschränkungen	Ja, hochschulinterner NC
Bewerbung	Online über *http://www.fh-mainz.de/studium/bewerbung-immatrikulation-rueckmeldung-exmatrikulation/bewerbung/index.html*
Bewerbungsfrist	15. Januar und 15. Juli
Mögliche Studienschwerpunkte	Individuelle Wahlmodule gibt es u. a. in Marketing, Personal und Rechnungswesen.

Weiterführende Informationen zum Studienverlauf und zur Studienberatung

| Studienberatung
■ Prof. Dr. Andrea Beyer
Tel.: (06131) 628-3214, -7011
E-Mail: a.beyer@wiwi.fh-mainz.de
http://www.fh-mainz.de/wirtschaft/studienangebot/bwl-bachelor-vollzeit/index.html

6 Remagen

Remagen hat ca. 17 000 Einwohner und liegt südlich von Bonn am linken Rheinufer. Die im Ersten Weltkrieg erbaute Eisenbahnbrücke von Remagen wurde gegen Ende des Zweiten Weltkrieges zerstört. Der Bahnhof Remagen ist IC-Haltepunkt an der Rheinstrecke Köln–Bonn–Koblenz und Haltepunkt im Regionalverkehr. Remagen ist einer der drei Standorte der Fachhochschule Koblenz.

6.1 Fachhochschule Koblenz

Die Fachhochschule Koblenz wurde 1996 gegründet. Die Fachhochschule verteilt sich auf drei Campus-Standorte. Der heutige Fachbereich Werkstofftechnik Glas und Keramik am WesterWaldCampus Höhr-Grenzhausen geht auf Vorläufer im 19. Jahrhundert zurück. Der RheinAhrCampus Remagen umfasst die beiden Fachbereiche Betriebs- und Sozialwirtschaft einerseits, Mathematik und Technik andererseits. Am RheinMoselCampus Koblenz (s. o.) sind die Fachbereiche Ingenieurwesen, Betriebswirtschaft, Bauwesen, Architektur und Stadtplanung, Sozialwesen angesiedelt.

An der Fachhochschule sind ca. 6 600 Studierende eingeschrieben.

> **Homepage der Fachhochschule**
> http://www.fh-koblenz.de/
> **Allgemeine Studienberatung**
> ▪ Jutta Berndsen, Yvonne Allermann
> Tel.: (02642) 932-101
> Fax: (02642) 932-147
> E-Mail: berndsen@rheinahrcampus.de, allermann@rheinahrcampus.de
> **Fachhochschule Koblenz / RheinAhrCampus Remagen**
> Südallee 2, 53424 Remagen
> http://www.rheinahrcampus.de/Studierendensekretariat.226.0.html

6.1.1 Fachbereich Betriebs- und Sozialwirtschaft

Der Fachbereich Betriebs- und Sozialwirtschaft bietet betriebswirtschaftliche Bachelor- und Masterstudiengänge an. Auch berufsbegleitendes Studieren ist möglich.

> **Homepage des Fachbereichs**
> http://www.rheinahrcampus.de/Fachbereich-Betriebs-und-Sozi.16.0.html
> **RheinAhrCampus Remagen / Fachbereich Betriebs- und Sozialwirtschaft**
> Südallee 2, 53424 Remagen, Germany

CHE-Hochschulranking
BWL: Im CHE-Ranking 2011 liegt der Fachbereich Betriebs- und Sozialwirtschaft in der Beurteilung der Studiensituation insgesamt im Mittelfeld.

Betriebswirtschaftslehre: Logistik und E-Business

Inhaltlich	Auf der Grundlage wissenschaftlicher Erkenntnisse studieren Sie anwendungsbezogene Inhalte der Studienfächer und globale wirtschaftliche Zusammenhänge. Sie lernen, Vorgänge und Probleme der Wirtschaftspraxis zu analysieren, praxisgerechte Problemlösungen zu erarbeiten und dabei auch internationale und außerfachliche Bezüge zu beachten.
Abschluss	Bachelor of Arts (B.A.), akkreditiert durch AQAS
Regelstudienzeit	6 Semester
Studienbeginn	Sommersemester und Wintersemester
Studiengebühren	Keine
Besonderes	• Ein 12-wöchiges Vorpraktikum bei Studienbeginn wird vorausgesetzt. Es muss spätestens bis Ende des 2. Semesters absolviert werden • Eine abgeschlossene Berufsausbildung kann das Vorpraktikum ersetzen • Zum Studium gehört eine Praxisphase • Ein Auslandssemester kann absolviert werden
Zulassungsbeschränkungen	Ja, hochschulinterner NC
Bewerbung	Informationen unter *http://www.rheinahrcampus.de/Informationen-ueber-die-Bewerb.2002.0.html*
Bewerbungsfrist	15. Januar und 15. Juli
Mögliche Studienschwerpunkte	Sie wählen eine fachliche Vertiefung im Handlungsfeld Logistik oder E-Business.

Weiterführende Informationen zum Studienverlauf und zur Studienberatung

Studienberatung
- Dipl. Ing. Simon Braun
Tel.: (02642) 932-452
E-Mail: braun1@RheinAhrCampus.de

- Dipl.-Bw. (FH) Nicole Dedenbach
Tel.: (02642) 932-436
E-Mail: dedenbach@RheinAhrCampus.de

- Dipl.-Bw. Petra Müllers
Tel.: (02642) 932-265
E-Mail: muellers@RheinAhrCampus.de
http://www.rheinahrcampus.de/Betriebswirtschaftslehre-B-A.855.0.html

7 Trier

Trier hat ca. 105 000 Einwohner und liegt im Westen des Bundeslandes Rheinland-Pfalz an der Mosel. Die Stadt wurde schon vor dem Jahr 0 von den Römern als Augusta Treverorum gegründet. Noch heute erhaltene römische Bauwerke wie die berühmte Porta Nigra, das Wahrzeichen der Stadt, zeugen von der damaligen Bedeutung der Stadt. Im frühen Mittelalter wurde Trier Bischofssitz. Die römischen Baudenkmäler gehören neben Dom und Liebfrauenkirche zum UNESCO-Weltkulturerbe.

Trier ist über die Autobahnen A1, A64 und A602 zu erreichen. Der Bahnhof Trier ist ICE-Haltepunkt mit direkter Verbindung nach Berlin, außerdem gibt es viele Regionalverbindungen. Der nächste internationale Flughafen ist der rund 40 km entfernte Flughafen Luxemburg. Der Hafen Trier ist ein Umschlagplatz im Güterverkehr.

In Trier gibt es neben einer Universität und einer Fachhochschule eine theologische Hochschule und ein Priesterseminar.

7.1 Universität Trier

Die Universität Trier wurde bereits 1473 gegründet, aber Ende des 18. Jahrhunderts geschlossen. Erst 1970 wurde sie neu gegründet. Die Campus-Universität ist oberhalb der Stadt angesiedelt. An den sechs Fachbereichen sind ca. 15 000 Studierende eingeschrieben.

Homepage der Universität
http://www.uni-trier.de/

Allgemeine Studienberatung
- **Susanne Mensah**
Tel.: (0651) 201-2798
E-Mail: mensah@uni-trier.de

- **Katrin Staude**
Tel.: (0651) 201-2799
E-Mail: staude@uni-trier.de

- **Dr. Frank Meyer**
Tel.: (0651) 201-4205
E-Mail: meyer@uni-trier.de

Universität Trier / Zentrale Studienberatung / Campus I
Universitätsring 15, V-Gebäude, Erdgeschoss, Räume V34, 34a-c, 36, 54296 Trier
http://www.uni-trier.de/index.php?id=6073

7.1.1 Fachbereich IV

Zum Fachbereich IV der Universität Trier gehören die Fachgebiete Wirtschafts- und Sozialwissenschaften, Mathematik, Informatik und Wirtschaftsinformatik. Neben einigen Bachelor- und Masterstudiengängen wird auch Lehramtsausbildung angeboten. Rund ein Fünftel der an der Universität Eingeschriebenen studiert an diesem Fachbereich, davon sind ca. 1 300 Studierende der Betriebswirtschaft.

| Homepage des Fachbereichs
| http://www.uni-trier.de/index.php?id=1813
| **Universität Trier / Fachbereich IV / Campus I**
| Universitätsring 15, 54296 Trier

CHE-Hochschulranking

BWL: Im CHE-Ranking 2011 liegt das Fach BWL in der Beurteilung der Studiensituation insgesamt im Mittelfeld. Überdurchschnittlich gut bewertet werden die Kategorien Betreuung durch Lehrende, Kontakt zu Studierenden, Lehrangebot, Wissenschaftsbezug, IT-Infrastruktur und Unterstützung für Auslandsstudium.

VWL: Im CHE-Ranking 2011 liegen für das Fach zu wenige Antworten für eine Beurteilung vor.

Betriebswirtschaftslehre

Inhaltlich	Sie absolvieren mit diesem Studiengang ein betriebswirtschaftliches Kernstudium mit spezifischer Ausrichtung auf die Disziplinen der funktions- und anwendungsorientierten Betriebswirtschaftslehre. Zu den betriebswirtschaftlichen Inhalten kommen Studieninhalte aus den Fächern Soziologie und Volkswirtschaftslehre hinzu. Im Wahlfachangebot können Sie auch Studieninhalte aus anderen Fachbereichen wählen.
Abschluss	Bachelor of Science (B.Sc.), akkreditiert durch AQAS
Regelstudienzeit	6 Semester
Studienbeginn	Wintersemester
Studiengebühren	Keine
Besonderes	• Gute Englisch-, Mathematik-, Statistik- und EDV-Kenntnisse sind Voraussetzung • Eine kaufmännische Ausbildung ist von Vorteil • Praktika werden empfohlen • Ein Auslandssemester ist möglich
Zulassungsbeschränkungen	Ja, hochschulinterner NC
Bewerbung	Online über *http://bewerbung.uni-trier.de/*
Bewerbungsfrist	15. Juli
Mögliche Studienschwerpunkte	Verschiedene Schwerpunkte sind möglich.

Weiterführende Informationen zum Studienverlauf und zur Studienberatung

Studienberatung
- Dr. Ursula Müller
Tel.: (0651) 201-2730
E-Mail: muelleru@uni-trier.de
http://www.uni-trier.de/index.php?id=11858

Volkswirtschaftslehre

Inhaltlich	In diesem Studiengang absolvieren Sie ein volkswirtschaftliches Kernstudium. Darüber hinaus konzentrieren Sie sich auf übergreifende Bereiche einer international integrierten Volkswirtschaft in europäischer Schwerpunktsetzung mit einer sozialwissenschaftlichen und empirischen Akzentuierung. Zu den volkswirtschaftlichen Inhalten kommen Studieninhalte aus den Fächern Soziologie und Betriebswirtschaftslehre hinzu. Im Wahlfachangebot können Sie auch Studieninhalte aus anderen Fachbereichen wählen.
Abschluss	Bachelor, Bachelor of Science (B.Sc.), akkreditiert durch AQAS
Regelstudienzeit	6 Semester
Studienbeginn	Wintersemester
Studiengebühren	Keine
Zulassungsbeschränkungen	Zurzeit keine
Bewerbung	Online über http://bewerbung.uni-trier.de/
Bewerbungsfrist	15. Juli
Mögliche Studienschwerpunkte	Verschiedene Schwerpunkte sind möglich.

Weiterführende Informationen zum Studienverlauf und zur Studienberatung

Studienberatung
- Dr. Birgit Messerig-Funk
Tel.: (0651) 201-2737
E-Mail: messerig@uni-trier.de
http://www.uni-trier.de/index.php?id=2112

7.2 Fachhochschule Trier, Hochschule für Technik, Wirtschaft und Gestaltung

Die Fachhochschule Trier wurde 1996 gegründet. Sie ging aus der Fachhochschule Rheinland-Pfalz hervor, hat aber erste Wurzeln in der Baugewerkeschule, die bereits ab 1830 Architekten und Bauingenieure ausbildete. Die Fachhochschule Trier verteilt sich auf mehrere Standorte innerhalb der Stadt, weitere Standorte sind Idar-

Oberstein und der Umwelt-Campus Birkenfeld. Dort sind die betriebswirtschaftlichen Studiengänge angesiedelt. An den insgesamt sieben Fachbereichen sind ca. 6 500 Studierende eingeschrieben.

| Homepage der Fachhochschule
| Fachhochschule: http://www.fh-trier.de/

7.2.1 Umwelt-Campus Birkenfeld

Der Umwelt-Campus Birkenfeld liegt östlich von Trier und ist über die Autobahn A62 und die Bahnstation Neubrücke/Nahe zu erreichen. Hier sind die beiden Fachbereiche Umweltwirtschaft/Umweltrecht und Umweltplanung/Umwelttechnik der Fachhochschule Trier angesiedelt. Als einziger deutscher Hochschulstandort wird der Umwelt-Campus ausschließlich mit erneuerbarer Energie versorgt. Am Umwelt-Campus studieren ca. 2 500 Studierende.

| Homepage des Fachbereichs
| http://www.umwelt-campus.de
| **Fachhochschule Trier / Umwelt-Campus Birkenfeld**
| Campusallee, 55768 Neubrücke

CHE-Hochschulranking

BWL: Im CHE-Ranking 2011 kann dem Fach BWL am Umwelt-Campus Birkenfeld in der Beurteilung der Studiensituation keine Ranggruppe zugewiesen werden.
Wirtschaftsingenieurwesen: Im CHE-Ranking 2011 kann dem Fach Wirtschaftsingenieurwesen am Umwelt-Campus Birkenfeld in der Beurteilung der Studiensituation keine Ranggruppe zugewiesen werden.

Umwelt- und Betriebswirtschaft

Inhaltlich	Ihnen werden in diesem Studiengang die grundlegenden Erkenntnisse und Methoden der Betriebswirtschaftslehre vermittelt. Das praxisorientierte Studium versetzt Sie in die Lage, für komplexe betriebs- und umweltwirtschaftliche Fragestellungen aus den verschiedensten Bereichen der Wirtschaft, im Dienstleistungsbereich, der Industrie oder im öffentlichen Dienst Lösungsansätze zu entwickeln und umzusetzen. Über die betriebswirtschaftliche Ausbildung werden Interdisziplinarität und vernetztes Denken gefördert. Umwelt- und Nachhaltigkeitsbelange werden besonders berücksichtigt.
Abschluss	Bachelor of Arts (B.A.), akkreditiert durch AQAS
Regelstudienzeit	6 Semester
Studienbeginn	Wintersemester

Studiengebühren	Keine
Besonderes	Das Studium umfasst ein Praxissemester.
Zulassungsbeschränkungen	Ja, hochschulinterner NC
Bewerbung	Online über *http://www.umwelt-campus.de/ucb/index.php?id=bewerbung*
Bewerbungsfrist	15. Juli
Mögliche Studienschwerpunkte	Verschiedene Schwerpunkte sind möglich.

Weiterführende Informationen zum Studienverlauf und zur Studienberatung

Studienberatung
- Prof. Reinhold Moser
Tel.: (06782) 17-1116
E-Mail: r.moser@umwelt-campus.de
http://www.umwelt-campus.de/ucb/index.php?id=umwelt-betriebswirtschaft

Wirtschaftsingenieurwesen/Umweltplanung

Inhaltlich	In diesem interdisziplinären Studiengang erwerben Sie ingenieurwissenschaftliche, betriebswirtschaftliche und rechtliche Grundlagen. Auf dieser Basis werden Ihnen Kenntnisse auf dem Gebiet der Strukturierung der Industriewelt unter ökologischen Randbedingungen vermittelt. Fachspezifische Module werden in der zweiten Studienhälfte angeboten. Sie können mit bestimmten Fächerkombinationen individuelle Schwerpunkte setzen. Ergänzt wird das Studium durch eine Sprachausbildung und Kommunikationstraining.
Abschluss	Bachelor of Science (B.Sc.), akkreditiert durch AQAS
Regelstudienzeit	6 Semester
Studienbeginn	Sommersemester und Wintersemester
Studiengebühren	Keine
Besonderes	• Zum Studium gehört ein 12-wöchiges Grund- und Fachpraktikum • Das 5. Semester kann im Ausland absolviert werden
Zulassungsbeschränkungen	Keine
Bewerbung	Online über *http://www.umwelt-campus.de/ucb/index.php?id=bewerbung*
Bewerbungsfrist	15. März und 31. August
Mögliche Studienschwerpunkte	Verschiedene Schwerpunkte sind möglich.

Weiterführende Informationen zum Studienverlauf und zur Studienberatung
Studienberatung
- Prof. Dr. rer. oec. Thomas Geib
Tel.: (06782) 17-1241
E-Mail: umweltplanung@umwelt-campus.de
http://www.umwelt-campus.de/ucb/index.php?id=umweltplanung

8 Vallendar

Vallendar ist eine kleine Stadt mit ca. 8 500 Einwohnern und liegt ca. 5,5 km nördlich von Koblenz am rechten Rheinufer. Die Ursprünge der Stadt liegen in einer keltischen Siedlung. Der Ort ist staatlich anerkanntes Heilbad. Vallendar ist über die A48 zu erreichen, der Bahnhof ist Haltepunkt der Rheinstrecke.

8.1 WHU – Otto Beisheim School of Management

Die 1984 gegründete private WHU ist eine staatlich anerkannte Hochschule mit Promotions- und Habilitationsrecht. WHU ist die Abkürzung für Wissenschaftliche Hochschule in Unternehmensführung. Sie besitzt Lehrstühle für Volkswirtschaftslehre und für Betriebswirtschaftslehre. In nationalen und internationalen Rankings erreicht die WHU vordere Plätze. Seit 2001 ist sie als einzige private Hochschule Mitglied der Deutschen Forschungsgemeinschaft (DFG). Friedrich August von Hayek, Nobelpreisträger der Wirtschaftswissenschaften, war Ehrenrektor bei der Gründung der Hochschule. Otto Beisheim, der Namensgeber der Hochschule, ist Unternehmer und Gründer des Metro-Konzerns. Er spendete einen Großteil des Stiftungsvermögens der WHU.

An der WHU sind ca. 650 Studierende eingeschrieben.

Homepage der Hochschule
http://www.whu.edu/
Allgemeine Studienberatung
- Wolfgang Staus
Tel.: (0261) 6509-513
Fax: (0261) 6509-519
E-Mail: Mailformular: http://www.whu.edu/cms/programme/bachelor-of-science/kontakt/
WHU – Otto Beisheim School of Management
Burgplatz 2, 56179 Vallendar
http://www.whu.edu/cms/programme/bachelor-of-science/kontakt/

8.1.1 Fachbereich

An der WHU gibt es keine separaten Fachbereiche.

CHE-Hochschulranking

BWL: Im CHE-Ranking 2011 liegt das Fach BWL an der WHU in der Beurteilung der Studiensituation insgesamt in der Spitzengruppe. Überdurchschnittlich gut bewertet werden alle erfragten Kategorien: Betreuung durch Lehrende, Kontakt zu Studierenden, Lehrangebot, Wissenschaftsbezug, Studierbarkeit, Berufsbezug, Einbeziehung in Lehrevaluation, E-Learning, Bibliotheksausstattung, Räume, IT-Infrastruktur und Unterstützung für Auslandsstudium.

Betriebswirtschaftslehre / Management

Inhaltlich	Ihnen wird in diesem Studiengang ein breites Basiswissen in den Wirtschaftswissenschaften vermittelt. Sie erlangen wissenschaftlich fundierte Grundlagen- und Fachkenntnisse sowie Methodenkompetenzen und berufsbezogene Qualifikationen im Bereich der Betriebs- und Volkswirtschaftslehre. Sie werden in die Lage versetzt, eine integrative Sichtweise der Probleme der Unternehmensführung zu entwickeln, Strategien zu entwerfen und umzusetzen. Sie sammeln Erfahrungen in der Teamarbeit und lernen gleichzeitig, die gesellschaftlichen und ökologischen Auswirkungen wirtschaftlicher Entscheidungen einzuschätzen und einzuordnen. Sie lernen, komplexe Sachverhalte zu analysieren und zu strukturieren, Lösungsalternativen zu erarbeiten und umzusetzen.
Abschluss	Bachelor of Science (B.Sc.), akkreditiert durch FIBAA
Regelstudienzeit	6 Semester
Studienbeginn	Wintersemester
Studiengebühren	• 5 500 Euro pro Semester • Finanzierungsmöglichkeiten unter http://www.whu.edu/cms/programme/bachelor-of-science/studienfinanzierung/
Besonderes	• Voraussetzungen sind sehr gute Englischkenntnisse • Grundkenntnisse in Chinesisch, Französisch, Italienisch, Japanisch, Portugiesisch, Russisch oder Spanisch und eine abgeschlossene Berufsausbildung oder ein mindestens 8-wöchiges kaufmännisches Praktikum • Im 1. und 2. Semester werden die Vorlesungen teils auf Deutsch, teils auf Englisch gehalten, ab dem 3. Semester ausschließlich auf Englisch • Zum Studium gehören ein Auslandssemester und zwei Praktika, eins davon im Ausland

Zulassungsbeschränkungen	• In einem zweistufigen Auswahlverfahren wählt die WHU ca. 170 Studierende aus • Die Vorauswahl erfolgt anhand der Zeugnisnote und von Persönlichkeitsmerkmalen • Zur Endauswahl gehören ein Vortrag mit anschließender Diskussion, zwei Einzelgespräche, eine Gruppendiskussion und eine schriftliche Problemlösungsaufgabe
Bewerbung	Online über *http://www.whu.edu/cms/programme/bachelor-of-science/bewerben/*
Bewerbungsfrist	9. Mai
Mögliche Studienschwerpunkte	Sie können zu Beginn des Studiums einen Schwerpunkt in der sprachlichen oder in der wirtschaftsrechtlichen Ausbildung setzen.

Weiterführende Informationen zum Studienverlauf und zur Studienberatung
Studienberatung
▪ **Wolfgang Staus**
Tel.: (0261) 6509-513
Fax: (0261) 6509-519
E-Mail: Mailformular: http://www.whu.edu/cms/programme/bachelor-of-science/kontakt/
http://www.whu.edu/cms/programme/bachelor-of-science/

9 Worms

Worms hat mehr als 80 000 Einwohner und liegt auf der linken Rheinseite am Rand der Metropolregionen Rhein-Neckar und Rhein-Main. Die Stadt geht auf eine keltische Gründung zurück und ist eine der ältesten Städte Deutschlands. Worms ist bekannt als Stadt der Nibelungen, der Wormser Dom ist einer der drei romanischen Kaiserdome. Worms ist die drittgrößte Weinbaugemeinde in Rheinland-Pfalz. Auch der Tourismus spielt eine wirtschaftliche Rolle. Worms liegt an der A61 und hat eine Verbindung zur A6. Am Bahnhof halten in erster Linie Züge im Regionalverkehr, aber auch einige Fernverbindungen. Worms hat auch einen Hafen.

9.1 Fachhochschule Worms

Die 1996 gegründete Fachhochschule Worms ging aus der Fachhochschule Rheinland-Pfalz hervor. Sie ist auf einem Campus westlich des Stadtzentrums angesiedelt. Die Fachhochschule konzentriert sich auf betriebswirtschaftlich-technische Fächer, die sich auf die drei Fachbereiche Wirtschaftswissenschaften, Touristik/Verkehrswesen und Informatik verteilen.

An der Fachhochschule Worms sind ca. 2 700 Studierende eingeschrieben.

Homepage der Fachhochschule
http://www.fh-worms.de/
Allgemeine Studienberatung
- Meike Seiffert (M.A.)
Tel.: (06241) 509-276
E-Mail: seiffert@fh-worms.de
Fachhochschule Worms / Zentrale Studienberatung
Erenburger Str. 19, 67549 Worms
http://www.fh-worms.de/Zentrale-Studienberatung.132.0.html

9.1.1 Fachbereich Wirtschaftswissenschaften

Der Fachbereich Wirtschaftswissenschaften ist der größte Fachbereich der Fachhochschule Worms. Er bietet mehrere Bachelor- und Masterstudiengänge an.

Homepage des Fachbereichs
http://www.fh-worms.de/index.php?id=34
Fachhochschule Worms / Fachbereich Wirtschaftswissenschaften
Erenburger Str. 19, 67549 Worms

CHE-Hochschulranking

BWL: Im CHE-Ranking 2011 liegen keine Ergebnisse für die Fachhochschule Worms in diesem Fach vor.

Internationale Betriebswirtschaft und Außenwirtschaft (IBA)

Inhaltlich	In diesem anwendungsorientierten Studiengang werden Ihnen betriebswirtschaftliche Grundlagen vermittelt. Der Studiengang ist vor allem international und außenwirtschaftlich ausgerichtet, wie dies sowohl von international tätigen Unternehmen als auch von den zunehmend global agierenden kleinen und mittleren Unternehmen (KMU) erwartet wird. Zum Studiengang gehört die sprachliche Ausbildung in mindestens zwei Welthandelssprachen. Über das Fachwissen hinaus werden methodisch-analytische Fähigkeiten und persönlichkeitsstärkende Fächer vermittelt.
Abschluss	Bachelor of Arts (B.A.), akkreditiert durch FIBAA
Regelstudienzeit	7 Semester (210 CP)
Studienbeginn	Sommersemester und Wintersemester
Studiengebühren	Keine
Besonderes	• Vorausgesetzt werden eine abgeschlossene Berufsausbildung oder ein 3-monatiges Praktikum im kaufmännischen Bereich • Das 5. Semester ist ein Auslandspraxissemester
Zulassungsbeschränkungen	Ja, hochschulinterner NC

Bewerbung	Online über *http://www.fh-worms.de/Bewerbungsverfahren.667.0.html*
Bewerbungsfrist	15. Januar und 15. Juli
Mögliche Studienschwerpunkte	Vertiefungen können Sie aus den Spezialisierungsfächern Organisations- und Personalmanagement, Internationales Marketing, Internationale Logistik, Gründungs- und Innovationsmanagement, Internationales Controlling, Internationale Finanzierung, Außenwirtschaft wählen.

Weiterführende Informationen zum Studienverlauf und zur Studienberatung

Studienberatung
- Felicitas Binninger
Tel.: (06241) 509-147
E-Mail: iba@fh-worms.de
http://www.fh-worms.de/Internationale-Betriebswirtsch.621.0.html

10 Zweibrücken

Zweibrücken hat ca. 35 000 Einwohner und liegt an der Grenze zum Saarland. Die Stadt ist im Straßenverkehr an die A8 und die A62 angebunden und im Schienenverkehr an die Bahnstrecke Saarbrücken–Pirmasens. Nach Kaiserslautern sind es ca. 55 km. Zweibrücken ist einer der drei Standorte der Fachhochschule Kaiserslautern.

10.1 Fachhochschule Kaiserslautern

Die Fachhochschule Kaiserslautern wurde 1996 gegründet und hat Standorte in Kaiserslautern, Pirmasens und Zweibrücken. Sie ging aus der 1971 gegründeten Fachhochschule Rheinland-Pfalz hervor und hat heute fünf Fachbereiche an den drei Studienorten. In Kaiserslautern sind die beiden Fachbereiche Angewandte Ingenieurwissenschaften sowie Bauen und Gestalten angesiedelt. In Zweibrücken sind die beiden Fachbereiche Betriebswirtschaft und Informatik/Mikrosystemtechnik untergebracht, in Pirmasens der Fachbereich Angewandte Logistik- und Polymerwissenschaften.

An der Fachhochschule Kaiserslautern sind ca. 5 500 Studierende eingeschrieben, sie gehört damit zu den größeren Fachhochschulen in Rheinland-Pfalz.

Homepage der Fachhochschule
Fachhochschule: http://www.fh-kl.de/
Allgemeine Studienberatung
- Dipl. Psych. Martina Piper
Tel.: (0631) 3724-5107
E-Mail: martina.piper@fh-kl.de
Fachhochschule Kaiserslautern / Standort Zweibrücken
Amerikastraße 1, Gebäude H, Raum 202, 66482 Zweibrücken
http://www.fh-kl.de/fh/studium/allgemeine-studienberatung.html

10.1.1 Fachbereiche Betriebswirtschaft und Angewandte Ingenieurwissenschaften

Der Fachbereich Betriebswirtschaft ist einer der größten Bereiche der Fachhochschule Kaiserslautern und hat seinen Sitz am Standort Zweibrücken. Der Standort wurde 1994 gegründet und zählt heute zu einen der modernsten (Fach-)Hochschuleinrichtungen Deutschlands.

Homepage des Fachbereichs
http://www.fh-kl.de/fachbereiche/bw.html
http://www.fh-kl.de/fachbereiche/aing/fb.html

CHE-Hochschulranking
Wirtschaftsingenieurwesen: Im CHE-Ranking 2011 liegen zu wenige Antworten für eine Bewertung vor.

Technische Betriebswirtschaft

Inhaltlich	Der Studiengang Technische Betriebswirtschaft (TBW) bietet eine an Wissenschaft und Praxis orientierte Ausbildung, die den oben beschriebenen Entwicklungen Rechnung trägt und das prozessorientierte und vernetzte Denken in den Mittelpunkt stellt. Das Gesamtziel des Studiums ist deshalb neben der Vermittlung von Fachwissen in Technik und Wirtschaft das Erlernen von Methoden zur Problemlösung in den interdisziplinären Gebieten. Begleitend dazu werden berufsqualifizierende Kenntnisse der sogenannten Soft Skills (Projektmanagement, Problemlösungstechniken, Ethik-Management und Sprachen) vermittelt. Ziel ist es jedes Problem einen ganzheitlichen Lösungsansatz gegenüberzustellen. Der Studiengang Technische Betriebswirtschaftslehre bietet seit 1994 diesen innovativen Ansatz mit dem Schwerpunkt auf der betriebswirtschaftlichen Seite an.
Abschluss	Bachelor of Science (B.Sc.), akkreditiert durch FIBAA
Regelstudienzeit	7 Semester

Studienbeginn	Sommersemester und Wintersemester
Studiengebühren	Keine
Zulassungsbeschränkungen	Keine
Bewerbung	Online über *http://www.fh-kl.de/fh/studium/der-weg-ins-studium/bewerbungsverfahren.html*
Bewerbungsfrist	15. Januar und 15. Juli
Mögliche Studienschwerpunkte	Verschiedene Schwerpunkte sind möglich.

Weiterführende Informationen zum Studienverlauf und zur Studienberatung

Studienberatung
- Prof. Dr. Bettina Reuter
Tel.: (0631) 3724-5242
Fax: (0631) 3724-5248
E-Mail: Bettina.Reuter@fh-kl.de
http://www.fh-kl.de/fachbereiche/bw/bachelor-studiengaenge-praesenzstudium/technische-bw.html

Saarland

Das Saarland ist eins der kleinsten Bundesländer. Es liegt im Südwesten Deutschlands und grenzt an Luxemburg und Frankreich. Bis 1947 gehörte das Gebiet zur französischen Besatzungszone, erst 1957 wurde das Saarland zum deutschen Bundesland.

Der früher wirtschaftlich wichtige Steinkohlebergbau hat an Bedeutung verloren. Heute gibt es Automobil-, Stahl- und Keramikindustrie im Saarland. Der IT-Bereich gewinnt in jüngerer Zeit an Bedeutung.

An den Hochschulen im Saarland sind mehr als 25 000 Studierende eingeschrieben. Mit ca. 17 000 Studierenden ist die Universität des Saarlandes mit Standorten in Saarbrücken und Homburg die weitaus größte Hochschule des Landes. Neben der Hochschule für Technik und Wirtschaft des Saarlandes gibt es einige spezialisierte Hochschulen wie die Hochschule für Musik Saar, die Hochschule der Bildenden

Künste Saar, die Fachhochschule für Verwaltung des Saarlandes, die Deutsch-Französische Hochschule und die Fachhochschule für Bergbau Saar.

1 Saarbrücken

Saarbrücken ist die Landeshauptstadt des Saarlandes und mit ca. 176 000 Einwohnern auch die größte Stadt des Bundeslandes. Saarbrücken liegt am Fluss Saar und ist sowohl im Regional- als auch im Fernverkehr gut an das Schienennetz der Deutschen und Französischen Bahn angeschlossen. Auch im Straßennetz ist Saarbrücken mit den Zubringerautobahnen A620 und A623 in allen Richtungen gut an die A1, A6 und A8 angebunden. Die Stadt verfügt mit dem Flughafen Saarbrücken und dem nahe gelegenen Flughafen Zweibrücken über zwei Verkehrsflughäfen.

Saarbrückens großer wirtschaftlicher Aufschwung begann im 18. Jahrhundert mit dem Steinkohlebergbau und Eisenschmelzen, die längst an Bedeutung verloren haben. Durch seine Grenzlage stand Saarbrücken in der Geschichte teilweise unter französischer Verwaltung. Im zweiten Weltkrieg wurde die Altstadt fast vollständig zerstört.

In Saarbrücken sind alle Hochschulen des Saarlandes angesiedelt, dazu kommen mehrere Forschungsinstitute.

1.1 Hochschule für Technik und Wirtschaft des Saarlandes (HTW)

Die 1991 gegründete Hochschule für Technik und Wirtschaft des Saarlandes geht auf die 1946 entstandene Staatliche Höhere Technische Lehranstalt zurück, die 1971 zur Fachhochschule des Saarlandes wurde. An der Hochschule gibt es vier Fakultäten: Architektur und Bauingenieurwesen, Ingenieurwissenschaften, Sozialwissenschaften, Wirtschaftswissenschaften. Die Hochschule verteilt sich auf fünf Campus-Standorte. An der Hochschule für Technik und Wirtschaft sind mehr als 5 000 Studierende eingeschrieben.

Homepage der Hochschule
http://www.htw-saarland.de/
Allgemeine Studienberatung
- **Claudia Becker**, **Waltraud Huber** und **Isabella Albert**
Tel.: (0681) 58 67-115
Fax: (0681) 58 67-151
E-Mail: stud-sek@htw-saarland.de
Hochschule für Technik und Wirtschaft / Studierendensekretariat
Goebenstraße 40, 66117 Saarbrücken
http://www.htw-saarland.de/service/studierendensekretariat/

1.1.1 Fakultät für Wirtschaftswissenschaften

Die Fakultät für Wirtschaftswissenschaften ging 2009 aus den vorigen Fachbereichen Betriebswirtschaft und Wirtschaftsingenieurwesen hervor. Die Fakultät ist am Campus Rotenbühl im Nordosten von Saarbrücken angesiedelt. Die Fakultät bietet mehrere Bachelor- und Masterstudiengänge aus den Bereichen Betriebswirtschaft und Wirtschaftsingenieurwesen an. An der Fakultät sind ca. 1 500 Studierende eingeschrieben.

| Homepage des Fachbereichs
| http://www.htw-saarland.de/wiwi/
| Hochschule für Technik und Wirtschaft / Fakultät für Wirtschaftswissenschaften / Campus Rotenbühl
| Waldhausweg 14, 66123 Saarbrücken

CHE-Hochschulranking

Wirtschaftswissenschaften: Im CHE-Ranking 2011 liegt die Fakultät für Wirtschaftswissenschaften in der Beurteilung der Studiensituation insgesamt in der Schlussgruppe. Die Kategorie Einbeziehung in Lehrevaluation liegt in der Spitzengruppe.

Wirtschaftsingenieurwesen: Im CHE-Ranking 2011 liegt das Fach Wirtschaftsingenieurwesen in der Beurteilung der Studiensituation insgesamt in der Spitzengruppe. Überdurchschnittlich gut bewerteten Studierende die Kategorien Betreuung durch Lehrende, Lehrangebot, Studierbarkeit, Praxisbezug, Berufsbezug, Einbeziehung in Lehrevaluation, E-Learning, Bibliotheksausstattung, Laborausstattung, IT-Infrastruktur und Unterstützung für Auslandsstudium.

Betriebswirtschaft

Inhaltlich	In den ersten Semestern werden Sie in alle betriebswirtschaftlich relevanten Gebiete eingeführt. Ergänzt werden die Grundlagen durch angrenzende Gebiete wie Volkswirtschaftslehre, Wirtschaftsrecht, Mathematik und Statistik sowie Wirtschaftsinformatik. Als Absolvent des Studiengangs sollen Sie in der Lage sein, für Betriebe der privaten Wirtschaft und der öffentlichen Hand tätig zu werden.
Abschluss	Bachelor of Arts (B.A.), akkreditiert durch FIBAA
Regelstudienzeit	6 Semester (180 CP)
Studienbeginn	Wintersemester
Studiengebühren	Keine
Besonderes	Der Studiengang umfasst eine praktische Studienphase.
Zulassungsbeschränkungen	Ja, hochschulinterner NC
Bewerbung	Online über *http://www.htw-saarland.de/studium/bewerbung/*
Bewerbungsfrist	15. Juli
Mögliche Studienschwerpunkte	Zur Vertiefung stehen fünf funktional ausgerichtete Schwerpunkte zur Wahl: Logistik, Marketing, Personalmanagement, Rechnungs- und Prüfungswesen, Wirtschaftsinformatik.

Weiterführende Informationen zum Studienverlauf und zur Studienberatung

Studienberatung
- **Prof. Dr. Michael Zell**
Tel.: (0681) 5867-540
E-Mail: michael.zell@htw-saarland.de
http://www.htw-saarland.de/wiwi/studium/studienangebot/bwbachelor/index_html

Internationale Betriebswirtschaft

Inhaltlich	Der Studiengang bereitet Sie auf eine Tätigkeit in international agierenden Unternehmen vor. In den ersten Semestern werden Sie in alle betriebswirtschaftlich relevanten Gebiete eingeführt. Ergänzt werden die Grundlagen durch angrenzende Gebiete wie Volkswirtschaftslehre, Wirtschaftsrecht, Mathematik und Statistik sowie Wirtschaftsinformatik. Ein besonderer Fokus liegt auf internationalen Wirtschaftsbeziehungen.
Abschluss	Bachelor of Arts (B.A.), akkreditiert durch FIBAA
Regelstudienzeit	6 Semester (180 CP)
Studienbeginn	Wintersemester
Studiengebühren	Keine
Besonderes	• Gute Sprachkenntnisse in Englisch und erweiterte Grundkenntnisse in Französisch oder Spanisch müssen bei Studienbeginn durch eine Spracheignungsprüfung der Hochschule nachgewiesen werden • Das 5. Semester enthält eine 12-wöchige praktische Studienphase im Ausland • Alternativ kann das 5. Semester an einer ausländischen Hochschule absolviert werden
Zulassungsbeschränkungen	Ja, hochschulinterner NC
Bewerbung	Online über *http://www.htw-saarland.de/studium/bewerbung/*
Bewerbungsfrist	15. Juli
Mögliche Studienschwerpunkte	Zur Vertiefung stehen zwei funktional ausgerichtete Schwerpunkte zur Wahl: Internationales Marketing und Management, Internationales Rechnungswesen und Finanzen.

Weiterführende Informationen zum Studienverlauf und zur Studienberatung

Studienberatung
Tel.: (0681) 58 67-504
E-Mail: wiwi-sek@htw-saarland.de
http://www.htw-saarland.de/wiwi/studium/studienangebot/ibw-bachelor/index_html

Wirtschaftsingenieurwesen

Inhaltlich	Der praxisorientierte Studiengang schafft die Grundlagen, damit Sie im Berufsleben als analytisch denkender Ingenieur und als marktorientierter Kaufmann agieren können. Sie werden in die betriebswirtschaftlichen Grundlagen ebenso eingeführt wie in ingenieurwissenschaftliche Bereiche wie Werkstofftechnik, Informatik und Technisches Zeichnen.
Abschluss	Bachelor of Science (B.Sc.), akkreditiert durch ASIIN
Regelstudienzeit	7 Semester
Studienbeginn	Wintersemester
Studiengebühren	Keine
Besonderes	• Ein 8-wöchiges technisches Vorpraktikum wird vorausgesetzt • In der Praxisphase am Ende des Studiums gehen Sie für 6 Monate in ein Unternehmen, wo sie bereits verantwortungsvolle Aufgabenfelder übernehmen können
Zulassungsbeschränkungen	Ja, hochschulinterner NC
Bewerbung	Online über *http://www.htw-saarland.de/studium/bewerbung/*
Bewerbungsfrist	15. Juli
Mögliche Studienschwerpunkte	Mit Wahlfächern und Projektarbeiten können Sie individuelle Schwerpunkte wählen.

Weiterführende Informationen zum Studienverlauf und zur Studienberatung

Studienberatung
- Prof. Dr. rer. oec. Andy Junker

Tel.: (0681) 5867-517
Fax: (0681) 5867-577
E-Mail: andy.junker@htw-saarland.de
http://www.htw-saarland.de/service/studierendensekretariat/

Freistaat Sachsen

Der Freistaat Sachsen ist ein Bundesland mit abwechslungsreicher Landschaft und reicher Geschichte. Er liegt im östlichen Mitteldeutschland und grenzt im Süden an Tschechien und im Osten an Polen. Die Einwohnerzahlen Sachsens sind in den letzten Jahren leicht rückläufig. Der Tourismus gewinnt in den letzten Jahren an Bedeutung, die Ballungsräume Leipzig – Halle und Chemnitz – Zwickau sind die wirtschaftlichen Zentren des Bundeslandes.

In Sachsen gibt es sechs Universitäten, zwei davon sind Technische Universitäten, außerdem mehrere staatliche Fachhochschulen, einige private Hochschulen und zahlreiche Forschungseinrichtungen. Insgesamt sind an den sächsischen Hochschulen ca. 110 000 Studierende eingeschrieben.

1 Dresden

Sachsens Landeshauptstadt hat mehr als 500 000 Einwohner und ist damit die größte Stadt des Bundeslandes, ca. 170 km südlich von Berlin gelegen. Durch Dresden fließt die Elbe und in Anlehnung an die Kunstschätze und die bemerkenswerte Architektur der Stadt trägt sie den Spitznamen Elbflorenz.

Die Stadt ist reich an architektonischen Sehenswürdigkeiten und Kulturschätzen. Die Dresdner Frauenkirche, ursprünglich im 18. Jahrhundert erbaut, wurde im Zweiten Weltkrieg bei den Bombenangriffen auf die Stadt im Februar 1945 fast vollständig zerstört. Über Jahrzehnte waren ihre Ruinen Mahnmal, inzwischen ist sie vollständig wiederaufgebaut. Der Dresdner Zwinger, ein barocker Gebäudekomplex mit Gartenanlangen, beherbergt einen Teil der Staatlichen Kunstsammlungen Dresden. Zu seinen bedeutendsten Kunstschätzen gehört die Sixtinische Madonna von Raffael. Die Dresdner Porzellansammlung gilt als eine der wertvollsten keramischen Spezialsammlungen der Welt. Ein weiteres Wahrzeichen der Stadt ist die Semperoper, weltberühmt wegen ihrer Lage und Architektur. In der Dresdner Neustadt finden sich angesagte Kneipen, Clubs, Kinos, Cafés und trendige Läden. Die Kulturlandschaft Dresdner Elbtal gehörte bis zum Bau der Waldschlösschenbrücke zum UNESCO-Weltkulturerbe.

Dresden ist ein wichtiger Verkehrsknotenpunkt im bundesweiten Verkehr sowohl auf Straßen als auch auf Schienen mit guten Fernverbindungen nach Prag, Wien und Budapest. Nördlich der Stadt liegt der internationale Flughafen Dresden. Der Ballungsraum um Dresden gehört zu den derzeit wirtschaftlich stärksten Regionen Deutschlands.

An den insgesamt neun Hochschulen der Stadt sind mehr als 40 000 Studierende eingeschrieben, von denen ca. 35 000 an der Technischen Universität studieren, während sich die restlichen 5 000 auf die übrigen Hochschulen verteilen. Die Technische Universität bietet keine wirtschaftswissenschaftlichen Studiengänge an.

1.1 Hochschule für Technik und Wirtschaft Dresden (HTW Dresden)

Die Hochschule für Technik und Wirtschaft Dresden wurde 1992 gegründet, sie ist die zweitgrößte Hochschule der Stadt und bietet Studiengänge in den sieben Fakultäten Wirtschaftswissenschaften, Maschinenbau/Verfahrenstechnik, Bauingenieurwesen/Architektur, Elektrotechnik, Geoinformation, Informatik/Mathematik und Landbau/Landespflege an.

An der Hochschule sind ca. 5 500 Studierende eingeschrieben.

Homepage der Hochschule
http://www.htw-dresden.de/
Allgemeine Studienberatung
- Dipl.-Ing. Christiane Winkler
Tel.: (0351) 462-3519
E-Mail: studinfo@htw-dresden.de
http://www.htw-dresden.de/index/hochschule/zentrale-verwaltung-dezernate/
dezernat-studienangelegenheiten/studienberatung.html

1.1.1 Fakultät Wirtschaftswissenschaften

Die Fakultät Wirtschaftswissenschaften ist mit rund 1 000 Studierenden die größte Fakultät der Hochschule. Sie bietet mehrere Bachelor- und Masterstudiengänge an. Ein Sprachenzentrum ist in die Fakultät integriert.

Homepage des Fachbereichs
http://www.htw-dresden.de/wiwi.html
Hochschule für Technik und Wirtschaft Dresden / Fakultät Wirtschaftswissenschaften
Friedrich-List-Platz 1, 01069 Dresden

CHE-Hochschulranking

BWL: Im CHE-Ranking 2011 liegen keine Rankingergebnisse für die Fakultät Wirtschaftswissenschaften vor.

Betriebswirtschaft

Inhaltlich	Das praxisorientierte Studium vermittelt breites Grundwissen in den betriebswirtschaftlichen Kerndisziplinen mit vielfachen Spezialisierungsmöglichkeiten und bereitet Sie auf anspruchsvolle Tätigkeiten in Wirtschaft und Verwaltung vor. Die internationale Ausrichtung wird durch eine durchgängige Fremdsprachenausbildung gestützt. Englisch ist Pflichtsprache, als weitere Sprachen können Französisch, Spanisch, Russisch, Polnisch oder Tschechisch gewählt werden.
Abschluss	Bachelor of Arts (B.A.), akkreditiert durch FIBAA
Regelstudienzeit	6 Semester (180 CP)
Studienbeginn	Wintersemester
Studiengebühren	Keine
Besonderes	• Ein Auslandsstudium im 4. oder 5. Semester ist möglich • Auch das Projektstudium kann im Ausland absolviert werden
Zulassungsbeschränkungen	Ja, hochschulinterner NC

Bewerbung	Online über *http://www.htw-dresden.de/index/studium/studieninteressierte/bewerbung-zulassung/bewerbung-1-fachsemester.html*
Bewerbungsfrist	15. Juli
Mögliche Studienschwerpunkte	Vertiefungsbereiche sind Supply Chain Management, Marketing Management, Controlling, Personalmanagement, Gründung und Führung mittelständischer Unternehmen.

Weiterführende Informationen zum Studienverlauf und zur Studienberatung

Studienberatung
- Prof. Dr. Torsten Gonschorek
Tel.: (00351) 462-3362
E-Mail: gonschorek@htw-dresden.de
http://www.htw-dresden.de/de/wiwi/fakultaet/leitung.html

1.2 Fachhochschule Dresden

Die private Fachhochschule Dresden ist eine staatlich anerkannte Fachhochschule, die sich als Vermittler zwischen Wissenschaft und Wirtschaft sieht. Sie bietet vier Bachelorstudiengänge an.

Homepage der Fachhochschule
http://www.fh-dresden.eu/
Allgemeine Studienberatung
- Antje Schwarte
Tel.: (0351) 25856895-42
E-Mail: aschwarte@fh-dresden.eu
Fachhochschule Dresden / Private Fachhochschule gGmbH
Gasanstaltstr. 3–5, 01237 Dresden
http://www.fh-dresden.eu/kontakt-01.html

1.2.1 Fachbereich

An der Fachhochschule Dresden gibt es keine separaten Fachbereiche.

CHE-Hochschulranking
BWL: Im CHE-Ranking 2011 liegen keine Rankingergebnisse für die Private Fachhochschule Dresden vor.

Business Administration

Inhaltlich	Der Studiengang orientiert sich an den wirtschaftlichen Prozessen in kleinen und mittelständischen Unternehmen. Sie lernen, betriebswirtschaftliche Problemstellungen selbstständig zu lösen unter Berücksichtigung sozialer, ökologischer und anderer Faktoren. Der Studiengang vermittelt die theoretischen Grundlagen der Betriebswirtschaftslehre und die Wechselwirkungen zwischen ihren funktionalen Disziplinen.
Abschluss	Bachelor of Arts (B.A.), akkreditiert durch ZEvA
Regelstudienzeit	6 Semester (180 CP)
Studienbeginn	Wintersemester
Studiengebühren	495 Euro pro Monat
Besonderes	Während des Studiums werden zwei 6-wöchige Praktika im In- oder Ausland absolviert.
Zulassungsbeschränkungen	Keine
Bewerbung	Immatrikulationsantrag unter *http://www.fh-dresden.eu/immatrikulationsverfahren-01.html*
Bewerbungsfrist	15. September
Mögliche Studienschwerpunkte	Wahlpflichtmodule sind Finanzmärkte und Finanzierungsinstrumente/Ökonometrie, Wirtschaftspolitik, Managementsysteme/Interkulturalität.

Weiterführende Informationen zum Studienverlauf und zur Studienberatung

Studienberatung
- Antje Schwarte
Tel.: (0351) 25856895-42
E-Mail: aschwarte@fh-dresden.eu
http://www.fh-dresden.eu/business-administration.html

2 Leipzig

Wie die Landeshauptstadt Dresden hat auch Leipzig mehr als 500 000 Einwohner. Mit dem benachbarten Halle an der Saale bildet Leipzig einen Ballungsraum, der zur Metropolregion Sachsendreieck gehört. Leipzig ist ein bedeutendes Wirtschaftszentrum und traditionell ein wichtiger Handelsplatz und Industriestandort. Der Bahnhof ist der größte Kopfbahnhof Europas, vor allem aber ist er ein wichtiger Knotenpunkt im Schienennetz der Deutschen Bahn mit zahlreichen internationalen

Verbindungen. Leipzig ist an die Autobahnen A14, A9 und A38 angebunden. Der internationale Flughafen Leipzig/Halle liegt nordwestlich der Stadt.

Die von Leipzig ausgehenden Montagsdemonstrationen spielten eine wichtige Rolle bei der friedlichen Revolution im Herbst 1989, die zum Zusammenbruch des DDR-Regimes und zur Wiedervereinigung führte. Leipzig hat eine lange Tradition als bedeutende Messestadt. Die Leipziger Buchmesse und Ausbildungsstätten rund um Buch und Literatur belegen den hohen Stellenwert, den das Medium Buch in der Stadt noch immer besitzt. Leipzig ist einer der der drei Standorte der Deutschen Nationalbibliothek, die alle deutschsprachigen Medienwerke sammelt und archiviert. Musikalische Spuren in Leipzig hinterließ vor allem Johann Sebastian Bach. Der Thomanerchor und das Leipziger Gewandhausorchester genießen auch heute einen hervorragenden internationalen Ruf.

Von den ca. 35 000 Studierenden in Leipzig sind ca. 26 000 an der Universität Leipzig eingeschrieben, die anderen verteilen sich auf verschiedene staatliche und private Hochschulen.

2.1 Universität Leipzig

Die Universität Leipzig wurde im Jahr 1409 gegründet, sie ist eine der ältesten Universitäten Deutschlands und die zweitgrößte Universität in Sachsen. Von 1953 bis 1991 trug sie den Namen Karl-Marx-Universität Leipzig. Zahlreiche bedeutende Persönlichkeiten studierten an der Universität, unter ihnen Gotthold Ephraim Lessing, Johann Wolfgang von Goethe, Friedrich Nietzsche, Erich Kästner, aber auch Hans-Dietrich Genscher und Angela Merkel. Heute gibt es 14 Fakultäten an der Fakultät, der Schwerpunkt liegt auf den Geistes- und Naturwissenschaften. Die Gebäude der Universität sind über das gesamte Stadtgebiet verteilt.

An der Universität Leipzig sind ca. 26 000 Studierende eingeschrieben.

Homepage der Universität
http://www.zv.uni-leipzig.de/
Allgemeine Studienberatung
- Dr. Solvejg Rhinow
Tel.: (0341) 9732005
Fax: (0341) 9732089
E-Mail: zsb@uni-leipzig.de
Universität Leipzig / Zentrale Studienberatung
Goethestraße 6, 04109 Leipzig
http://www.zv.uni-leipzig.de/service/kontakte.html#c2345

2.1.1 Wirtschaftswissenschaftliche Fakultät

Die Wirtschaftswissenschaftliche Fakultät ist in einem Neubau in der Grimmaischen Straße untergebracht. Sie bietet grundständige Studienangebote in den Bereichen Betriebs- und Volkswirtschaftslehre, Wirtschaftsinformatik und Wirtschaftspädagogik an, außerdem weiterbildende Studiengänge auf den Gebieten Urban Management, Versicherungsmanagement und Small Enterprise Promotion and Training. Die Fakultät hat viele Kontakte zu europäischen Hochschulen und arbeitet im SOKRATES-Programm der Europäischen Union mit. Insgesamt sind ca. 2 000 Studierende in 14 Studiengängen der Fakultät eingeschrieben.

| Homepage des Fachbereichs
| http://www.wifa.uni-leipzig.de/
| Universität Leipzig / Wirtschaftswissenschaftliche Fakultät
| Grimmaische Straße 12, 04109 Leipzig

CHE-Hochschulranking

Wirtschaftswissenschaften: Im CHE-Ranking 2011 liegt die Wirtschaftswissenschaftliche Fakultät in der Beurteilung der Studiensituation insgesamt im Mittelfeld. Die Kategorie Räume liegt in der Spitzengruppe.

Wirtschaftswissenschaften (Economics and Management Science)

Inhaltlich	Im Studium werden Ihnen die nötigen betriebs- und volkswirtschaftlichen Kenntnisse, Fähigkeiten und Methoden vermittelt, die zu wissenschaftlicher Arbeit, selbstständigem Denken und verantwortungsbewusstem Handeln befähigen. In den ersten Semestern werden Sie außerdem in Wirtschaftsrecht, Wirtschaftsinformatik, Mathematik und Statistik eingeführt. Als Absolvent des Studiengangs sollen Sie in der Lage sein, in einer sozial und ökonomisch orientierten Marktwirtschaft in verschiedenen Bereichen tätig zu werden.
Abschluss	Bachelor of Science (B.Sc.), akkreditiert durch ZEvA
Regelstudienzeit	6 Semester
Studienbeginn	Wintersemester
Studiengebühren	Keine
Zulassungsbeschränkungen	Ja, hochschulinterner NC
Bewerbung	Online über *http://www.zv.uni-leipzig.de/studium/bewerbung.html*

Bewerbungsfrist	1. Mai bis 15. Juli
Mögliche Studienschwerpunkte	Neben betriebs- und volkswirtschaftlichen Schwerpunkten wie Banken und Versicherungen oder Rechnungswesen, Finanzierung und Besteuerung kann auch der Schwerpunkt Wirtschaftspädagogik gewählt werden oder ein Schwerpunkt im Technischen Management.

Weiterführende Informationen zum Studienverlauf und zur Studienberatung
Studienberatung
- Prof. Dr. Fred Wagner und Dipl.-Kfm. David Klimmek
Tel.: (0341) 35530574
E-Mail: klimmek@ifvw.de
http://www.wifa.uni-leipzig.de/studium/studienfachberatung.html

2.2 Hochschule für Technik, Wirtschaft und Kultur Leipzig

Die 1992 gegründete Hochschule für Technik, Wirtschaft und Kultur Leipzig ging aus der Technischen Hochschule Leipzig hervor. Sie ist die größte Fachhochschule in Sachsen und gehört mit rund 7 000 Studierenden auch deutschlandweit zu den großen Fachhochschulen. In den sieben Fachbereichen Angewandte Sozialwissenschaften; Bauwesen; Elektrotechnik und Informationstechnik; Informatik, Mathematik und Naturwissenschaften; Maschinen- und Energietechnik; Medien; Wirtschaftswissenschaften werden grundständige Studiengänge angeboten, wobei die Mehrzahl der Studiengänge die ingenieurwissenschaftlichen Bereiche betrifft. Die Fakultät Wirtschaftswissenschaften bietet wirtschaftswissenschaftliche Studiengänge an, die Fakultät Elektrotechnik und Informationstechnik einen Studiengang Wirtschaftsingenieurwesen. Alle Bachelorstudiengänge der Hochschule sind zulassungsbeschränkt, weil die Bewerberzahl regelmäßig die Zahl der Studienplätze übersteigt.

Homepage der Hochschule
http://www.htwk-leipzig.de/
Allgemeine Studienberatung
- Marion Mitschack
Tel.: (0341) 3076-6512
E-Mail: mitschack@k.htwk-leipzig.de

- Anne Herrmann
Tel.: (0341) 3076-6156
E-Mail: aherrmann@k.htwk-leipzig.de
HTWK Leipzig / Allgemeine Studienberatung
Eichendorffstraße 2, 04277 Leipzig
http://www.htwk-leipzig.de/de/studierende/beratungs-servicestellen/studienberatung/

2.2.1 Fakultät Wirtschaftswissenschaften

Die Fakultät Wirtschaftswissenschaften bietet zurzeit drei Bachelor- und drei Masterstudiengänge an. Alle Studiengänge an der Fakultät sind auf die Unternehmenspraxis ausgerichtet.

| Homepage des Fachbereichs
| http://wiwi.htwk-leipzig.de/
| HTWK Leipzig / Fakultät Wirtschaftswissenschaften
| Gustav-Freytag-Straße 42A, 04277 Leipzig

CHE-Hochschulranking

Wirtschaftswissenschaften: Im CHE-Ranking 2011 liegt die Fakultät Wirtschaftswissenschaften in der Beurteilung der Studiensituation insgesamt in der Schlussgruppe.

Betriebswirtschaft

Inhaltlich	Sie studieren die wissenschaftlichen Grundlagen der Betriebswirtschaftslehre und erlernen gleichzeitig einen praxisnahen Einsatz kaufmännischer Methoden. Sie beschäftigen sich mit den allgemeinen wirtschaftswissenschaftlichen Grundlagen der Betriebs- und Volkswirtschaftslehre, der Rechtswissenschaft und der Statistik. Spezielle Kenntnisse erwerben Sie in den Gebieten Marketing, Steuerlehre/Prüfungswesen, Logistik, Wirtschaftsinformatik, Personalwirtschaft, Finanzwirtschaft, Material- und Produktionswirtschaft, Unternehmensführung und Rechnungswesen/Jahresabschlussanalyse/Controlling.
Abschluss	Bachelor of Arts (B.A.), akkreditiert durch ACQUIN
Regelstudienzeit	6 Semester
Studienbeginn	Wintersemester
Studiengebühren	Keine
Besonderes	• Bis Ende des 2. Semesters muss ein 6-wöchiges Vorpraktikum im kaufmännisch-verwaltenden Bereich geleistet werden • Der Studiengang enthält ein Praxissemester
Zulassungsbeschränkungen	Ja, hochschulinterner NC
Bewerbung	Online über http://www.htwk-leipzig.de/de/studieninteressierte/der-weg-zum-studium/bewerbung/bachelor-1-fachsemester/

Bewerbungsfrist	• 1. Mai bis 15. Juli • Bzw. bis 31. Mai für Bewerber, die ihre Hochschulzugangsberechtigung vor dem 16. Januar erworben haben
Mögliche Studienschwerpunkte	In den letzten beiden Semestern können Sie sich mit Wahlpflichtmodulen nach individuellen Neigungen spezialisieren.

Weiterführende Informationen zum Studienverlauf und zur Studienberatung

Studienberatung
▪ Prof. Dr. rer. pol. Andreas Piel
Tel.: (0341) 3076-6409
E-Mail: piel@wiwi.htwk-leipzig.de
http://wiwi.htwk-leipzig.de/de/fakultaet-wiwi/studiengaenge/betriebswirtschaft-ba/

International Management

Inhaltlich	Der Studiengang qualifiziert zum vielseitig und international einsetzbaren Betriebswirt. Basis ist eine umfassende theoretische Einführung in die Grundzüge der Betriebs- und Volkswirtschaftslehre, Statistik und Rechtswissenschaft. Darüber hinaus werden Ihnen praxisorientierte Kenntnisse aus der internationalen Betriebswirtschaftslehre vermittelt. Der Studiengang umfasst englischsprachige Pflichtmodule für internationale Fragestellungen.
Abschluss	Bachelor of Arts (B.A.), akkreditiert durch ACQUIN
Regelstudienzeit	6 Semester
Studienbeginn	Sommersemester und Wintersemester
Studiengebühren	Keine
Besonderes	• Bis Ende des 2. Semesters muss ein 6-wöchiges Vorpraktikum im kaufmännisch-verwaltenden Bereich geleistet werden • Ein Auslandsstudium im 3. Semester und ein Auslandspraktikum im 4. Semester sind erwünscht
Zulassungsbeschränkungen	Ja, hochschulinterner NC
Bewerbung	Online über *http://www.htwk-leipzig.de/de/studieninteressierte/der-weg-zum-studium/bewerbung/bachelor-1-fachsemester/*
Bewerbungsfrist	• 1. Mai bis 15. Juli • Bzw. bis 31. Mai für Bewerber, die ihre Hochschulzugangsberechtigung vor dem 16. Januar erworben haben
Mögliche Studienschwerpunkte	In den letzten beiden Semestern können Sie sich mit Wahlpflichtmodulen nach individuellen Neigungen spezialisieren.

Weiterführende Informationen zum Studienverlauf und zur Studienberatung

Studienberatung
- Prof. Dr. rer. pol. Bodo Sturm

Tel.: (0341) 3076-6388
Fax: (0341) 3076-6539
E-Mail: bodo.sturm@wiwi.htwk-leipzig.de
http://wiwi.htwk-leipzig.de/de/fakultaet-wiwi/studiengaenge/international-management-ba/

2.2.2 Fakultät Maschinen- und Energietechnik

Maschinenbau und Energietechnik haben in Leipzig eine lange Tradition. Die heutige Fakultät hat ihre Ursprünge in der 1875 gegründeten Städtischen Gewerbeschule, die 1922 in die Höhere Maschinenbauschule überging. Auch die 1945 gegründete Energie- und Betriebsfachschule, später Ingenieurschule für Energietechnik, zählt zu den Vorläufern der heutigen Fakultät Maschinen- und Energietechnik, die etwas südlich von Leipzig in Markkleeberg angesiedelt ist. Sie bietet zurzeit drei Bachelor- und drei Masterstudiengänge an.

Homepage des Fachbereichs
http://fbme.htwk-leipzig.de/ /
HTWK Leipzig / Fakultät Maschinen- und Energietechnik
Koburger Straße 62, 04416 Markkleeberg

CHE-Hochschulranking

Wirtschaftsingenieurwesen: Im CHE-Ranking 2011 liegt das Fach Wirtschaftsingenieurwesen in der Beurteilung der Studiensituation insgesamt in der Schlussgruppe.

Wirtschaftsingenieurwesen (Maschinenbau und Energietechnik)

Inhaltlich	Sie lernen im Studium, sowohl ingenieurwissenschaftliche als auch betriebswirtschaftliche Probleme zu erkennen und darzustellen, sie mit wissenschaftlichen Methoden zu analysieren und selbstständig Lösungen zu finden. Fallstudien und teamorientiertes Arbeiten sind zentrale Bestandteile der Ausbildung.
Abschluss	Bachelor of Science (B.Sc.), akkreditiert durch ASIIN
Regelstudienzeit	6 Semester
Studienbeginn	Wintersemester
Studiengebühren	Keine

Besonderes	• Der Studiengang kann auch als kooperativer Studiengang mit gleichzeitiger Berufsausbildung im Installateur- und Heizungsbauerhandwerk absolviert werden • 12 Wochen Vorpraktikum müssen bis Ende des 3. Fachsemester geleistet werden • Der Studiengang enthält ein Praxissemester
Zulassungsbeschränkungen	Ja, hochschulinterner NC
Bewerbung	Online über *http://www.htwk-leipzig.de/de/studieninteressierte/der-weg-zum-studium/bewerbung/bachelor-1-fachsemester/*
Bewerbungsfrist	• 1. Mai bis 15. Juli • Bzw. bis 31. Mai für Bewerber, die ihre Hochschulzugangsberechtigung vor dem 16. Januar erworben haben
Mögliche Studienschwerpunkte	Aus verschiedenen Wahlpflichtmodulen können Sie ingenieurwissenschaftliche oder wirtschaftswissenschaftliche Vertiefungen wählen.

Weiterführende Informationen zum Studienverlauf und zur Studienberatung
Studienberatung
- Prof. Dr.-Ing. habil. Dagmar Hentschel
Tel.: (0341) 3076-4128
E-Mail: hentschel@me.htwk-leipzig.de
http://fbme.htwk-leipzig.de/de/studierende/studiengaenge/bachelor/wirtschaftsingenieurwesen-maschinenbau-und-energietechnik/

2.3 AKAD Hochschule Leipzig

Die AKAD Hochschule ist eine private Fernhochschule und verleiht staatlich anerkannte Abschlüsse. Die Hochschule in Leipzig folgte 1992 der Ostdeutschen Hochschule für Berufstätige und war die erste private Fernhochschule in den neuen Bundesländern. Das Studienangebot richtet sich vor allem an Berufstätige, die neben ihrem Beruf einen Hochschulabschluss erreichen wollen. Bereits seit 1992 gibt es an der AKAD Hochschule die Möglichkeit für Berufstätige, auch ohne Abitur oder Fachhochschulreife unter bestimmten Bedingungen ein Studium aufzunehmen. In Leipzig sind rund 1 300 Studierende eingeschrieben.

Homepage der Hochschule
http://www.akad.de/Hochschule-Leipzig.156.0.html
Allgemeine Studienberatung
- Anke Preußker
Tel.: (0341) 22619-32
E-Mail: anke.preussker@akad.de
AKAD Hochschule Leipzig
Gutenbergplatz 1 E, 04103 Leipzig
http://www.akad.de/Hochschule-Leipzig.156.0.html

2.3.1 Fachbereich

An der AKAD Hochschule gibt es keine separaten Fachbereiche. Das Fernstudium unterteilt sich in das Erarbeiten des Lernstoffs nach eigener Zeiteinteilung (ca. 70 % des Studiums), das Onlinestudium an der Virtuellen Hochschule zur Kommunikation und Vorbereitung auf Seminare und Prüfungen (ca. 15 % des Studiums) und in Präsenzphasen (ca. 15 % des Studiums).

CHE-Hochschulranking

BWL: Im CHE-Ranking 2011 liegt keine Beurteilung der Studiensituation insgesamt vor.

Betriebswirtschaftslehre

Inhaltlich	In diesem anwendungsorientierten Fernstudiengang erwerben Sie grundlegende BWL-Kenntnisse in Kombination mit einem speziellen Themengebiet wie Marketing, Personalmanagement oder Controlling. Zum Lehrstoff gehören auch Wirtschaftsenglisch, Managementtechniken, Webdesign und ein Planspiel.
Abschluss	Bachelor of Arts (B.A.), akkreditiert durch ACQUIN
Regelstudienzeit	6 Semester (180 CP)
Studienbeginn	Jederzeit
Studiengebühren	• Monatlich ab 228 Euro • Kostenloses Testen für einen Monat ist möglich • Teilzeitstudierende können die Studienzeit um bis zu 2 Jahre ohne zusätzliche Kosten verlängern
Besonderes	• Der Studiengang besteht aus einer Mischung aus Fern-, Online- und Präsenzstudium, der überwiegende Anteil besteht im Fernstudium • An insgesamt ca. 42 Tagen finden Präsenzveranstaltungen statt • Bereits früher erbrachte Studien- und Prüfungsleistungen können angerechnet werden • Grundsätzlich besteht die Möglichkeit, ohne Abitur zu studieren, weitere Informationen dazu unter *http://www.akad.de/Studieren-ohne-Abitur.241.0.html* • Zum Studium gehört ein 9-wöchiges Praktikum, sofern Sie nicht berufstätig sind
Zulassungsbeschränkungen	Keine
Bewerbung	Online über *http://www.akad.de/Anmeldung-Hochschulen.466.0.html*

Bewerbungsfrist	Keine
Mögliche Studienschwerpunkte	Als Schwerpunkt können Sie im 5. Semester wählen zwischen Bilanzmanagement und Controlling, E-Commerce, Logistik, Marketing, Personalmanagement.

Weiterführende Informationen zum Studienverlauf und zur Studienberatung
Studienberatung
- Anke Preußker
Tel.: (0341) 22619-32
E-Mail: anke.preussker@akad.de
http://www.akad.de/Betriebswirtschaftslehre-Bachelor.469+M5049cecca89.0.html

3 Mittweida

Mittweida hat ca. 15 000 Einwohner und liegt rund 60 km westlich von Dresden und ca. 20 km nördlich von Chemnitz. Mit dem Auto ist Mittweida über die A4 zu erreichen, der Bahnhof Mittweida liegt an der Strecke Riesa–Chemnitz. Bereits im Mittelalter gab es in der Stadt Tuchmachereien und Leinenwebereien. Im 19. Jahrhundert wurde Mittweida durch die Gründung einer Spinnerei ein wichtiger Standort der sächsischen Textilindustrie.

3.1 Hochschule Mittweida – University of Applied Sciences (HSMW)

Die Hochschule Mittweida hat eine lange Tradition: Im Jahr 1867 wurde das Technicum Mittweida als private Ingenieurschule gegründet, die vor allem Maschinenbau-Ingenieure ausbildete. Ab 1969 war es eine Ingenieurhochschule, die von 1980 bis 1992 ein eigenständiges Promotionsrecht hatte. Heute gibt es an der Hochschule Mittweida sechs Fakultäten: Elektro- und Informationstechnik; Maschinenbau; Mathematik/Naturwissenschaften/Informatik; Wirtschaftswissenschaften; Soziale Arbeit; Medien. An der Campus-Hochschule sind ca. 6 000 Studierende eingeschrieben.

Homepage der Hochschule
http://www.hs-mittweida.de/
Allgemeine Studienberatung
- **Frances Gritz**, **Renate Berg** und **Heike Godoy Pinon**
Tel.: (03727) 58-1309
Fax: (03727) 58-1309
E-Mail: studienberatung@hs-mittweida.de
Hochschule Mittweida / Studienberatung & Zulassung
Technikumplatz 17, Haus 1, 014B, 09648 Mittweida
https://www.studium.hs-mittweida.de/bewerbung/studienberatung.html

3.1.1 Fakultät Wirtschaftswissenschaften

Die Fakultät Wirtschaftswissenschaften bietet einen Bachelorstudiengang Betriebswirtschaft und einen Diplomstudiengang Wirtschaftsingenieurwesen an. Beide Studiengänge können auch als Fernstudiengang absolviert werden. Die Fakultät ist eine der jüngsten der Hochschule, mit ca. 1 600 Studierenden aber die größte Fakultät.

| Homepage des Fachbereichs
| https://www.ww.hs-mittweida.de/
| Hochschule Mittweida / Fakultät Wirtschaftswissenschaften
| Technikumplatz 17, 09648 Mittweida

CHE-Hochschulranking

Wirtschaftswissenschaften: Im CHE-Ranking 2011 liegt die Fakultät Wirtschaftswissenschaften in der Beurteilung der Studiensituation insgesamt in der Schlussgruppe. Überdurchschnittlich bewertet wurde die Kategorie Räume.

Betriebswirtschaft

Inhaltlich	Der Studiengang qualifiziert Sie für verantwortungsvolle Aufgaben in der privaten Wirtschaft und im öffentlichen Dienst im In- und Ausland. In den ersten Semestern werden Sie in die Grundlagen der Betriebswirtschaft eingeführt wie Mikro- und Makroökonomie, Buchführung und Bilanzierung, Kosten- und Leistungsrechnung, Personalwirtschaft, Marketing, Investitions- und Finanzwirtschaft, Material- und Fertigungswirtschaft, Steuern, Unternehmensführung und -organisation, Wirtschaftsinformatik, Recht, Mathematik, Statistik und eine Fremdsprache.
Abschluss	Bachelor of Arts (B.A.), akkreditiert durch ACQUIN
Regelstudienzeit	6 Semester
Studienbeginn	Wintersemester
Studiengebühren	Keine
Besonderes	• Der Studiengang kann auch als Fernstudiengang absolviert werden • Das 6. Semester ist ein Praxissemester mit betrieblichem Praktikum
Zulassungsbeschränkungen	Ja, hochschulinterner NC
Bewerbung	Online über *http://www.studium.hs-mittweida.de/index.php?id=4915*
Bewerbungsfrist	15. Juli
Mögliche Studienschwerpunkte	Mögliche Schwerpunkte sind Marketing; Finance; Human Ressource Management (Personal); Controlling & Accounting; Logistics.

Weiterführende Informationen zum Studienverlauf und zur Studienberatung

Studienberatung
- Prof. Dr. rer. pol. Klaus Vollert
Tel.: (03727) 58-1338
Fax: (03727) 58-1295
E-Mail: kvollert@hs-mittweida.de
https://www.ww.hs-mittweida.de/index.php?id=212

Business Management

Inhaltlich	Der Studiengang wird in Kooperation mit der Akademie für multimediale Ausbildung und Kommunikation (AMAK AG) angeboten. Das Studienprogramm verbindet betriebswirtschaftliches Grundwissen mit Schwerpunkten in den speziellen Anwendungsfeldern Tourismus, Hotel und Event; Corporate Communication und Publishing; Internationales und Europäisches Management; Marketing, Marken und Medien sowie Online-Marketing-Management. Sie lernen, wissenschaftliche Methoden für alle wirtschaftlichen und verwaltenden Funktionsbereiche selbstständig anzuwenden unter Berücksichtigung und Abwägung ökonomischer, rechtlicher, sozialer und gesellschaftlicher Bedingungen und Perspektiven.
Abschluss	Bachelor of Arts (B.A.), akkreditiert durch ZEvA
Regelstudienzeit	6 Semester
Studienbeginn	Sommersemester und Wintersemester
Studiengebühren	Im 1. bis 4. Semester sind Studiengebühren an die private AMAK AG zu zahlen. *http://www.amak.ag/*
Besonderes	• Die ersten 4 Semester erfolgen unter Aufsicht der Hochschule Mittweida an einer privaten Akademie • Zum 5. Semester immatrikulieren Sie sich an der Hochschule Mittweida
Zulassungsbeschränkungen	Ja, hochschulinterner NC
Bewerbung	Online über *http://www.studium.hs-mittweida.de/index.php?id=4915*
Bewerbungsfrist	15. Januar und 15. Juli
Mögliche Studienschwerpunkte	Mögliche Studienrichtungen sind Tourismus, Hotel und Event; Corporate Communication und Publishing; Internationales und Europäisches Management; Marketing, Marken und Medien; Online-Marketing-Management; Versicherungsvertriebsmanagement.

Weiterführende Informationen zum Studienverlauf und zur Studienberatung
Studienberatung
- Dipl.-Ing. Helmut Hammer
Tel.: (03727) 58-1585
Fax: (03727) 58-1439
E-Mail: medien@hs-mittweida.de
https://www.me.hs-mittweida.de/index.php?id=1520

4 Zwickau

Zwickau ist mit fast 100 000 Einwohnern die viertgrößte Stadt in Sachsen. Sie liegt rund 100 km südwestlich von Dresden und gehört zur Metropolregion Sachsendreieck. Zwickau ist das Zentrum der sächsischen Automobilindustrie. Die Horch- und Audiwerke wurden dort gegründet, seither sind Automobilkonzerne in Zwickau vertreten. Zwickaus Wirtschaft florierte schon im Mittelalter, damals waren zunächst Kohle und dann Silber wichtige Einnahmequellen. Auch die Tuchmacherei spielte eine wichtige Rolle. Mit der Industrialisierung im 19. Jahrhundert erfuhr Zwickau einen erneuten Aufschwung. In Zwickau wurde aber auch der Komponist Robert Schumann geboren. Sein Geburtshaus ist heute ein Museum.

Zwickau liegt zwischen den Autobahnen A72 (südlich der Stadt) und A4 (nördlich der Stadt). Auch im Schienennetz der Deutschen Bahn ist Zwickau gut erreichbar. Der Flughafen Leipzig-Altenburg liegt ca. 35 km nördlich der Stadt.

4.1 Westsächsische Hochschule Zwickau

Die Ursprünge der Westsächsischen Hochschule Zwickau gehen zurück auf die 1897 gegründete Ingenieurschule Zwickau. 1992 wurde daraus eine Fachhochschule mit weiteren Standorten in Markneukirchen, Reichenbach im Vogtland und Schneeberg. Die fachlichen Schwerpunkte der angebotenen Studiengänge liegen auf den Gebieten Technik, Wirtschaft und Lebensqualität. An der Hochschule gibt es die neun Fakultäten Automobil- und Maschinenbau, Kraftfahrzeugtechnik, Elektrotechnik, Physikalische Technik/Informatik, Wirtschaftswissenschaften, Angewandte Kunst, Architektur, Gesundheits- und Pflegewissenschaften, Sprachen. Ca. 5 200 Studierende sind an der Westsächsischen Hochschule eingeschrieben.

Homepage der Hochschule
http://www.fh-zwickau.de/
Allgemeine Studienberatung
Tel.: (0375) 536-1184
E-Mail: studienberatung@fh-zwickau.de
Westsächsische Hochschule Zwickau / Studienberatung
Dr.-Friedrichs-Ring 2, Zimmer R III 104, 08056 Zwickau
http://www.fh-zwickau.de/index.php?id=5590

4.1.1 Fakultät Wirtschaftswissenschaften

Die Fakultät Wirtschaftswissenschaften ist in Zwickau im Stadtteil Eckersbach angesiedelt. Am Fachbereich sind mehr als 1 100 Studierende eingeschrieben. Neben einigen Bachelor- und Masterstudiengängen im Direktstudium gibt es auch berufsbegleitende Studiengänge. Die Studiengänge der Fakultät zeichnen sich durch interdisziplinäre Ansätze, praxisbezogene Lehre und gute Betreuung der Studierenden aus.

> **Homepage des Fachbereichs**
> http://www.fh-zwickau.de/index.php?id=wirtschaft
> **Fakultät Wirtschaftswissenschaften**
> Scheffelstraße 39, 08066 Zwickau

CHE-Hochschulranking
Wirtschaftswissenschaften: Im CHE-Ranking 2011 liegt der Fachbereich Wirtschaftswissenschaften in der Beurteilung der Studiensituation insgesamt in der Schlussgruppe.

Betriebswirtschaft

Inhaltlich	In den ersten Semestern lernen Sie die Grundlagen der unterschiedlichen betriebswirtschaftlichen Kernbereiche kennen. In den weiteren Fachsemestern vertiefen Sie in zwei Fachprofilen spezielle Gebiete der Betriebswirtschaft. Ziel des Studiengangs ist es, akademische Grundlagen mit Praxisbezug und berufsfeldbezogenen Qualifikationen zu verbinden. Der Studiengang ist international ausgerichtet. Als Absolvent des Studiengangs können Sie in Führungspositionen in Industrie-, Handels- und Dienstleistungsbetrieben beschäftigt werden.
Abschluss	Bachelor of Arts (B.A.), akkreditiert durch ACQUIN
Regelstudienzeit	6 Semester
Studienbeginn	Wintersemester
Studiengebühren	Keine
Besonderes	Der Studiengang umfasst ein Praxissemester mit einem mindestens 12-wöchigen Praktikum.
Zulassungsbeschränkungen	Keine
Bewerbung	Online über http://www.fh-zwickau.de/index.php?id=17
Bewerbungsfrist	15. Juli bzw. 31. Mai, falls die Hochschulzugangsberechtigung vor dem 16. Januar erworben wurde.

Mögliche Studienschwerpunkte	Mögliche Fachprofile sind Betriebliches Rechnungswesen; Finanzmanagement; Human Resource Management; Marketing; Steuerlehre und Wirtschaftsprüfung; Unternehmensführung; Unternehmenslogistik; Informationslogistik (ERP, PLM); Betriebliche Informationssysteme I und II.

Weiterführende Informationen zum Studienverlauf und zur Studienberatung

Studienberatung
- Uwe Schielke

Tel.: (0375) 536-3476
Fax: (0375) 536 3104
E-Mail: uwe.schielke@fh-zwickau.de
http://www.fh-zwickau.de/index.php?id=wirtschaft

Management öffentlicher Aufgaben

Inhaltlich	Mit diesem Studiengang qualifizieren Sie sich für verantwortungsvolle kaufmännische Tätigkeiten bei Unternehmen im Krankenhaus-, Energieversorgungs- oder Verkehrssektor bzw. bei entsprechenden Behörden und Verbänden. Ähnlich wie beim Bachelorstudiengang Betriebswirtschaft kommt zu den fachlichen Grundlagen die Spezialisierung auf ein Fachprofil einer Branche hinzu.
Abschluss	Bachelor of Arts (B.A.), akkreditiert durch ACQUIN
Regelstudienzeit	6 Semester
Studienbeginn	Wintersemester
Studiengebühren	Keine
Besonderes	Der Studiengang umfasst ein Praxissemester mit einem mindestens 12-wöchigen Praktikum.
Zulassungsbeschränkungen	Ja, hochschulinterner NC
Bewerbung	Online über *http://www.fh-zwickau.de/index.php?id=17*
Bewerbungsfrist	15. Juli bzw. 31. Mai, falls die Hochschulzugangsberechtigung vor dem 16. Januar erworben wurde.
Mögliche Studienschwerpunkte	Schwerpunktbranchen sind Energieversorgungsunternehmen, Krankenhäuser, Verkehrs- und Logistikunternehmen.

Weiterführende Informationen zum Studienverlauf und zur Studienberatung

Studienberatung
- **Prof. Dr.-Ing. Stephan Kassel**
Tel.: (0375) 536-3492
E-Mail: Stephan.Kassel@fh-zwickau.de

- **Cornelia Enger**
Tel.: (0375) 536-3497
E-Mail: Cornelia.Enger@fh-zwickau.de
http://www.fh-zwickau.de/index.php?id=5883

Freistaat Thüringen

Thüringen liegt ungefähr im geografischen Zentrum Deutschlands und gehört zu den kleineren und weniger dicht besiedelten Bundesländern. Das Land bietet Studienmöglichkeiten an vier Universitäten, von denen eine Volluniversität ist und drei auf bestimmte Fachrichtungen spezialisiert sind, außerdem an fünf staatlichen und zwei privaten Fachhochschulen sowie einer Kunsthochschule. Die Hochschulen verteilen sich auf acht Standorte. Insgesamt gibt es mehr als 50 000 Studierende in Thüringen. Wirtschaftswissenschaftliche Studiengänge finden sich an den Universitäten Erfurt und Jena sowie an vier Fachhochschulen, Wirtschaftsingenieurwesen kann an den Fachhochschulen Jena und Schmalkalden studiert werden.

Von Thüringens kulturhistorischer Bedeutung zeugt die Weimarer Klassik um Goethe und Schiller im 18. und 19. Jahrhundert. Einige aus dieser Epoche stammende Bauten gehören ebenso zum UNESCO-Weltkulturerbe wie mehrere Bauten, die Anfang des 20. Jahrhunderts im berühmten Bauhaus-Stil errichtet wurden. Auch die

Wartburg, verbunden mit Martin Luther im 15. Jahrhundert und mit den symbolträchtigen Wartburgfesten und Studentenbewegungen im 19. Jahrhundert, ist Teil des Welterbes.

1 Erfurt

Die Landeshauptstadt Erfurt ist mit etwas mehr als 200 000 Einwohnern die größte Stadt in Thüringen. Erfurt ist eine historische Stadt mit einem sehenswerten mittelalterlichen Stadtkern. An Hochschulen finden sich dort die Universität Erfurt und die Fachhochschule Erfurt, außerdem gibt es die private Adam-Ries-Fachhochschule und ein Priesterseminar.

Erfurt liegt im südlichen Thüringer Becken am Fluss Gera. Leipzig ist ca. 95 km nordöstlich entfernt, Kassel ca. 110 km nordwestlich. Im Schienennetz der Deutschen Bahn ist Erfurt ein wichtiger Verkehrsknotenpunkt mit zahlreichen ICE- und IC/EC-Verbindungen in alle Richtungen. Erfurt ist per Auto über die A4 erreichbar. Der Flughafen Erfurt-Weimar wird hauptsächlich von Chartermaschinen angeflogen.

Erfurt kooperiert seit einigen Jahren mit Weimar (ca. 20 km entfernt) und Jena (ca. 40 km entfernt) als „ImPuls-Region" insbesondere beim Verbundtarif Mittelthüringen und bei touristischen Aktionen.

1.1 Universität Erfurt

Die Universität Erfurt wurde bereits 1392 gegründet und ist damit eine der ältesten deutschen Universitäten. 1816 wurde die Universität geschlossen und erst 1994 als jüngste staatliche deutsche Universität neu gegründet. Sie nahm den Lehrbetrieb im Wintersemester 1999/2000 auf und zeigte sich als Zentrum der Hochschulreform in Deutschland. Entsprechend gut wird sie in vielen Bereichen des CHE-Rankings bewertet.

Die Universität Erfurt ist eine Hochschule mit kultur- und geisteswissenschaftlichem Profil. Sie verfügt über eine philosophische, eine erziehungswissenschaftliche, eine staatswissenschaftliche und eine katholisch-theologische Fakultät. Mit rund 5 500 Studierenden gehört sie zu den kleineren Universitäten.

| Homepage der Universität
| http://www.uni-erfurt.de/
| Allgemeine Studienberatung
| Tel.: (0361) 737-5151
| E-Mail: allgemeinestudienberatung@uni-erfurt.de, studierendenangelegenheiten@uni-erfurt.de
| Universität Erfurt / Studierendenangelegenheiten
| Nordhäuser Str. 63, EVerwaltungsgebäude, Raum 140, 99089 Erfurt
| http://www.uni-erfurt.de/studium/studienberatung/

1.1.1 Staatswissenschaftliche Fakultät

Die staatswissenschaftliche Fakultät der Universität Erfurt umfasst die drei Bereiche Rechtswissenschaft, Sozialwissenschaften (mit Politikwissenschaft und Soziologie) sowie Wirtschaftswissenschaften/Volkswirtschaft. Das staatswissenschaftliche Studium ist interdisziplinär angelegt, einer der drei Bereiche bildet den Studienschwerpunkt.

| Homepage des Fachbereichs
| http://www.uni-erfurt.de/staatswissenschaften/
| **Universität Erfurt / Staatswissenschaftliche Fakultät**
| Nordhäuser Str. 63, Lehrgebäude 1/107, 99089 Erfurt

CHE-Hochschulranking

Wirtschaftswissenschaften: Im CHE-Ranking 2011 liegt die Staatswissenschaftliche Fakultät in der Beurteilung der wirtschaftswissenschaftlichen Studiensituation insgesamt im Mittelfeld. In die Spitzengruppe wählten Bachelorstudierende die Kategorien Kontakt zu Studierenden und Studierbarkeit.

Staatswissenschaften – Volkswirtschaftslehre

Inhaltlich	Der wirtschaftswissenschaftliche Schwerpunkt des Studiengangs liegt auf volkswirtschaftlichen Themen. Der Studiengang teilt sich in eine 2-semestrige Orientierungsphase und eine 4-semestrige Qualifizierungsphase, in der individuelle Schwerpunkte gewählt werden können. Der Kernbereich Volkswirtschaftslehre wird ergänzt durch einen weiteren Ergänzungsbereich aus der Staatswissenschaftlichen Fakultät, also durch Rechtswissenschaften oder Sozialwissenschaften. Auch ein Ergänzungsbereich aus einer anderen Studienrichtung ist möglich, in diesem Fall werden zusätzliche volkswirtschaftliche Pflichtmodule verlangt.
Abschluss	Bachelor of Arts (B.A.), akkreditiert durch ACQUIN
Regelstudienzeit	6 Semester (120 CP)
Studienbeginn	Wintersemester
Studiengebühren	Keine
Besonderes	Ein Teilzeitstudium ist möglich.
Zulassungsbeschränkungen	Ein bestandenes Eignungsfeststellungsverfahren ist Voraussetzung. Dazu muss online ein Formular ausgefüllt werden.
Bewerbung	Online über *http://www.uni-erfurt.de/staatswissenschaften/studieninteressierte/efv/*

Bewerbungsfrist	15. April bis 15. Juli
Mögliche Studienschwerpunkte	Als interdisziplinärer Schwerpunkt kann „Wirtschaft und Recht" gewählt werden.

Weiterführende Informationen zum Studienverlauf und zur Studienberatung
Studienberatung
- Apl. Prof. Dr. Dr. Helge Peukert
Tel.: (0361) 737-4553
E-Mail: Helge.peukert@uni-erfurt.de
http://www.uni-erfurt.de/staatswissenschaften/studieninteressierte/

1.2 Fachhochschule Erfurt

Die Fachhochschule Erfurt wurde 1991 gegründet. Die bereits früher bestehenden Ingenieurschulen für Bauwesen und Gartenbau gingen in der Fachhochschule auf. An der Fachhochschule gibt es heute sechs Fakultäten, die teilweise ökologisch ausgerichtet sind: Angewandte Sozialwissenschaften; Architektur; Bauingenieurwesen und Konservierung/Restaurierung; Gebäudetechnik und Informatik; Landschaftsarchitektur, Gartenbau und Forst; Wirtschaft-Logistik-Verkehr. An der FH studieren ca. 4 600 Studierende.

Homepage der Fachhochschule
http://www.fh-erfurt.de/fhe/
Allgemeine Studienberatung
- Marianne Kosemund
Tel.: (0361) 6700-144
Fax: (0361) 6700-140
E-Mail: beratung@fh-erfurt.de
Fachhochschule Erfurt
Altonaer Straße 25, Raum 7.E.28, 99085 Erfurt
http://www.fh-erfurt.de/fhe/studieninteressierte/beratung-service/studienberatung/

1.2.1 Fakultät Wirtschaft – Logistik – Verkehr

Diese Fakultät gibt es seit 2008, als die vorherigen Fachbereiche Wirtschaftswissenschaften einerseits und Verkehrs- und Transportwesen andererseits zusammengeschlossen wurden. Mit ca. 1 300 Studierenden ist sie die größte Fakultät der FH Erfurt.

Homepage des Fachbereichs
http://www.fh-erfurt.de/wlv/
Fachhochschule Erfurt / Fakultät Wirtschaft – Logistik – Verkehr
Steinplatz 2, 99085 Erfurt

CHE-Hochschulranking

BWL: Im CHE-Ranking 2011 wird der Studiensituation insgesamt im Fach BWL keine Ranggruppe zugewiesen. Die übrigen Rankingergebnisse für das Fach liegen in der Mittel- und Schlussgruppe.

Business Administration

Inhaltlich	Der Studiengang setzt sich aus einem 2-semestrigen Grundstudium und einem 4-semestrigen Vertiefungsstudium mit Berufspraktikum und Praxisobjekt zusammen. Sie eignen sich im Studienverlauf wissenschaftliche Grundlagen, Methodenwissen und berufspraktische Fähigkeiten an und qualifizieren sich damit für verschiedene betriebswirtschaftliche Tätigkeitsfelder.
Abschluss	Bachelor of Arts (B.A.), akkreditiert durch ACQUIN
Regelstudienzeit	6 Semester
Studienbeginn	Wintersemester
Studiengebühren	Keine
Besonderes	Im 5. Semester machen Sie ein Berufspraktikum mit Praxisseminar. Auf diese Weise können Sie Kontakte schließen und Themen für die Bachelorarbeit finden.
Zulassungsbeschränkungen	Keine
Bewerbung	Schriftlich beim Studentensekretariat, Infos unter http://www.fh-erfurt.de/wlv/wi/bachelor-in-business-administration/voraussetzung-bewerbung/
Bewerbungsfrist	15. Mai bis 15. Juli
Mögliche Studienschwerpunkte	Im Vertiefungsstudium können Sie zwischen den drei Vertiefungsrichtungen Rechnungswesen, Market-Management sowie Organisations- und Prozessmanagement wählen.

Weiterführende Informationen zum Studienverlauf und zur Studienberatung

Studienberatung
- Prof. Dr. Bernd Schwandt

Tel.: (0361) 6700-114
Fax: (0361) 6700-152
E-Mail: schwandt@fh-erfurt.de
http://www.fh-erfurt.de/fhe/studieninteressierte/beratung-service/studienfachberatung/

2 Jena

Jena liegt an der Saale und ist nach Erfurt die zweitgrößte Stadt Thüringens mit über 100 000 Einwohnern. Jena ist bekannt für seine Optik- und Feinmechanikindustrie. In den letzten Jahren entwickelte sich Jena zum Wissenschaftszentrum, 2008 war es Stadt der Wissenschaft. In Jena gibt es eine Universität und eine Fachhochschule. Die Stadt liegt ca. 40 km östlich von Erfurt. Sie ist gut per Bahn erreichbar, denn sie liegt an der wichtigen Verbindung München–Nürnberg–Halle bzw. Leipzig–Berlin. Jena ist per Auto über die A4 erreichbar. Der internationale Flughafen Leipzig/Halle ist ca. 90 km entfernt.

Jena gehört mit Weimar (ca. 20 km entfernt) und Erfurt (ca. 40 km entfernt) zur „ImPuls-Region".

2.1 Friedrich-Schiller-Universität Jena

Die Universität Jena wurde 1558 gegründet. Sie gehört zur Coimbra-Gruppe, einem 1985 gegründeten Netzwerk europäischer Universitäten. Benannt ist sie nach Schiller, der einst als Philosophieprofessor in Jena lehrte. Auch Goethe, Hegel und Fichte prägten das Geistesleben der Stadt. Ende des 19. Jahrhunderts entwickelte sich in enger Verbindung mit der Universität die feinmechanisch-optische und die glaschemische Industrie in Jena. Damit begann der wirtschaftliche Aufschwung Jenas als Industriestadt.

Die Friedrich-Schiller-Universität hat zehn Fakultäten: Theologische Fakultät, Rechtswissenschaftliche Fakultät, Wirtschaftswissenschaftliche Fakultät, Philosophische Fakultät, Fakultät für Sozial- und Verhaltenswissenschaften, Fakultät für Mathematik und Informatik, Physikalisch-Astronomische Fakultät, Chemisch-Geowissenschaftliche Fakultät, Biologisch-Pharmazeutische Fakultät, Medizinische Fakultät.

Die Universität Jena ist mit ca. 22 000 Studierenden die größte Universität in Thüringen.

| **Homepage der Universität**
| http://www.uni-jena.de/
| **Allgemeine Studienberatung**
| Tel.: (03641) 931111
| Fax: (03641) 931112
| E-Mail: studium@uni-jena.de
| **Universität Jena / Studierenden-Service-Zentrum**
| Fürstengraben 1, 07743 Jena
| http://www.uni-jena.de/ZSB.html

2.1.1 Wirtschaftswissenschaftliche Fakultät

Die wirtschaftswissenschaftliche Fakultät umfasst die Bereiche Betriebswirtschaft, Volkswirtschaft, Wirtschaftsinformatik und Wirtschaftspädagogik und bietet entsprechende Spezialisierungsmöglichkeiten. Wissenschaftlicher Nachwuchs wird durch zwei Graduiertenschulen in Zusammenarbeit mit dem Max-Planck-Institut für Ökonomik in Jena gefördert. Der Fachbereich hat mehr als 2 000 Studierende.

| Homepage des Fachbereichs
| http://www.uni-jena.de/Wirtschaftswissenschaften.html
| Friedrich-Schiller-Universität Jena / Wirtschaftswissenschaftliche Fakultät
| Carl-Zeiß-Straße 3, 07743 Jena

CHE-Hochschulranking

Wirtschaftswissenschaften: Im CHE-Ranking 2011 liegen die Wirtschaftswissenschaften an der Universität Jena in der Beurteilung der Studiensituation insgesamt im Mittelfeld. Die Kategorien Räume und Vermittlung fachlichen Grundlagenwissens liegen in der Spitzengruppe.

Wirtschaftswissenschaften (Business and Economics)

Inhaltlich	In den ersten 3 Semestern lernen Sie Grundlegendes über die betriebs- und volkswirtschaftlichen Kernbereiche. Dazu kommen Kenntnisse in Mathematik, Statistik, Informationswissenschaften, Wirtschafts- und Sozialgeschichte sowie Recht. Gemäß der „Reformphilosophie" der Fakultät gehören auch persönlichkeitsbildende und anwendungsorientierte Module zum Studiengang.
Abschluss	Bachelor of Science (B.Sc.), akkreditiert durch ACQUIN
Regelstudienzeit	6 Semester (180 CP)
Studienbeginn	Wintersemester
Studiengebühren	Keine
Besonderes	• Ausreichende Mathematikkenntnisse werden vorausgesetzt • Unter *http://studyfox.1000minds.com/* bietet die Universität online einen Selbsttest Wirtschaftswissenschaften an • Während des Studiums absolvieren Sie ein 12-wöchiges Pflichtpraktikum
Zulassungsbeschränkungen	Keine
Bewerbung	Online über *http://www.uni-jena.de/Bewerbung.html*

Bewerbungsfrist	1. Juni bis 15. September
Mögliche Studienschwerpunkte	Sie können Schwerpunkte in betriebs- oder volkswirtschaftlichen Fächern wählen oder in interkulturellem Management. Als Studienprofile sind Wirtschaftsinformatik und Wirtschaftspädagogik möglich.

Weiterführende Informationen zum Studienverlauf und zur Studienberatung
Studienberatung
- Dr. Frauke Weißbrodt
Tel.: (03641) 943020
E-Mail: f.weissbrodt@wiwi.uni-jena.de
http://www.uni-jena.de/Beratungsfuehrer.html

2.2 FH Jena

Diese Fachhochschule ist die erste, die nach der Wende in den neuen Bundesländern gegründet wurde. Die Fachhochschule Jena konzentriert sich in acht Fachbereichen auf Ingenieurwissenschaften, Betriebswirtschaft und Sozialwissenschaften. Der Fachbereich Betriebswirtschaft bietet einen betriebswirtschaftlichen Bachelorstudiengang an, Wirtschaftsingenieurwesen kann am Fachbereich Wirtschaftsingenieurwesen studiert werden. An der FH gibt es fast 5 000 Studierende.

Homepage der Fachhochschule
http://www.fh-jena.de/
Allgemeine Studienberatung
Tel.: (03641) 205122
Fax: (03641) 205121
E-Mail: studienberatung@fh-jena.de
Fachhochschule Jena
Carl Zeiss Promenade 2, Haus 1, Raum 01.00.13, 07745 Jena
http://www.fh-jena.de/index.php/browse/150

2.2.1 Fachbereich Betriebswirtschaft

Der Fachbereich Betriebswirtschaft bietet zunächst einen Bachelorstudiengang und einen darauf aufbauenden Masterstudiengang an. Das Studienprogramm soll weiter ausgebaut werden.

Homepage des Fachbereichs
http://www.bw.fh-jena.de/
FH Jena / FB Betriebswirtschaft
Carl-Zeiss-Promenade 2, 07745 Jena

CHE-Hochschulranking

BWL: Im CHE-Ranking 2011 beurteilen Bachelorstudierende an der FH Jena die Studiensituation in BWL insgesamt als sehr gut. In der Spitzengruppe liegen die Kategorien Betreuung durch Lehrende, Kontakt zu Studierenden, Lehrangebot, Studierbarkeit, Praxisbezug, Berufsbezug, Einbeziehung in Lehrevaluation, E-Learning, Bibliotheksausstattung, Räume, IT-Infrastruktur, Unterstützung für Auslandsstudium.

Business Administration

Inhaltlich	Der Studiengang vermittelt wissenschaftliche und praxisorientierte Grundlagen und bereitet Sie auf betriebswirtschaftliche Berufsfelder in Wirtschaft und Verwaltung vor. Der Bachelorabschluss qualifiziert Sie außerdem für eine Laufbahn im gehobenen öffentlichen Dienst. Der Studiengang besteht aus einer 3-semestrigen Grundausbildung und einer 4-semestrigen Vertiefungsausbildung.
Abschluss	Bachelor of Arts (B.A.), akkreditiert durch FIBAA
Regelstudienzeit	7 Semester (210 CP)
Studienbeginn	Wintersemester
Studiengebühren	Keine
Besonderes	Zum Studium gehört eine 3-monatige praktische Studienphase.
Zulassungsbeschränkungen	Ja, hochschulinterner NC
Bewerbung	Online über http://www.fh-jena.de/index.php/browse/914
Bewerbungsfrist	15. Mai bis 15. Juli
Mögliche Studienschwerpunkte	Als Spezialisierungsschwerpunkte sind möglich: Rechnungswesen/Controlling, Marketing, Steuern, Personalwirtschaft, Wirtschaftsinformatik (Organisation/Datenverarbeitung), Finanzwirtschaft, Wirtschaftsrecht.

Weiterführende Informationen zum Studienverlauf und zur Studienberatung

Studienberatung
- Prof. Dr. rer. Pol. Hans Klaus

Tel.: (03641) 205550
Fax: (03641) 205551
E-Mail: hans.klaus@bw.fh-jena.de
http://www.bw.fh-jena.de/www/cms.nsf/id/Terms_DE

2.2.2 Fachbereich Wirtschaftsingenieurwesen

Der Fachbereich Wirtschaftsingenieurwesen bietet drei Bachelorstudiengänge und einen Masterstudiengang an.

> Homepage des Fachbereichs
> http://www.wi.fh-jena.de/fachbereichwi
> FH Jena / Fachbereich Wirtschaftsingenieurwesen
> Carl-Zeiss-Promenade 2, 07745 Jena

CHE-Hochschulranking

Wirtschaftsingenieurwesen: Im CHE-Ranking 2011 liegt Wirtschaftsingenieurwesen an der FH Jena in der Beurteilung der Studiensituation insgesamt im Mittelfeld. Als sehr gut wird die Raumsituation bewertet.

Wirtschaftsingenieurwesen – Industrie

Inhaltlich	Der Studiengang bereitet Sie auf eine Berufstätigkeit an den Schnittpunkten von Technik, Betriebswirtschaftslehre und Recht vor. Die anwendungsbezogene Lehre baut auf den wissenschaftlichen Grundlagen dieser Fächer auf und führt in Verbindung mit Praxisphasen zu einem berufsqualifizierenden Abschluss. Ausgehend von aktuellen wissenschaftlichen Erkenntnissen lernen Sie, selbstständig und im Team Aufgaben zu übernehmen, die sowohl den wirtschaftlichen Anforderungen der Unternehmen als auch der gesellschaftlichen Verantwortung, z. B. im Umweltschutz, gerecht werden.
Abschluss	Bachelor of Science (B.Sc.), akkreditiert durch ACQUIN
Regelstudienzeit	7 Semester (210 CP)
Studienbeginn	Sommersemester und Wintersemester
Studiengebühren	Keine
Besonderes	Ein technisches Vorpraktikum von 8 Wochen wird vorausgesetzt. Es kann bis Ende des 3. Semesters nachgeholt werden.
Zulassungsbeschränkungen	Ja, hochschulinterner NC
Bewerbung	Online über *http://www.fh-jena.de/index.php/browse/914*
Bewerbungsfrist	• 1. Dezember bis 15 Januar • 15. Mai bis 15. Juli
Mögliche Studienschwerpunkte	Sie können zwischen den zwei Vertiefungsrichtungen Produktion oder Umwelt und Prozessindustrie wählen.

Weiterführende Informationen zum Studienverlauf und zur Studienberatung

Studienberatung
- Prof. Dr.-Ing. Frank-Joachim Möller

Tel.: (03641) 205900
Fax: (03641) 205901
E-Mail: wi@fh-jena.de
http://www.wi.fh-jena.de/fachbereichwi/

Wirtschaftsingenieurwesen – Informationstechnik

Inhaltlich	Sie lernen zunächst die Grundlagen der allgemeinen Ingenieur- und Wirtschaftswissenschaften kennen. In den weiteren Semestern kommen Fächer wie Software Engineering, E-Business, ERP-Systeme und Rechtswissenschaften hinzu. E-Business und E-Commerce sind Ausbildungs- und Forschungsschwerpunkte im gesamten Studienverlauf.
Abschluss	Bachelor of Science (B.Sc.), akkreditiert durch ACQUIN
Regelstudienzeit	7 Semester (210 CP)
Studienbeginn	Wintersemester
Studiengebühren	Keine
Besonderes	• Ein technisches Vorpraktikum von 8 Wochen wird vorausgesetzt. Es kann bis Ende des 3. Semesters nachgeholt werden • Das 5. Semester ist ein Praxissemester mit einem begleiteten Praktikum über 20 Wochen und Workshop
Zulassungsbeschränkungen	Ja, hochschulinterner NC
Bewerbung	Online über *http://www.fh-jena.de/index.php/browse/914*
Bewerbungsfrist	15. Mai bis 15. Juli
Mögliche Studienschwerpunkte	Im 7. Semester kann zwischen verschiedenen Wahlpflichtmodulen gewählt werden.

Weiterführende Informationen zum Studienverlauf und zur Studienberatung

Studienberatung
- Prof. Dr.-Ing. Jochen Hause

Tel.: (03641) 205900
Fax: (03641) 205901
E-Mail: wi@fh-jena.de
http://www.wi.fh-jena.de/fachbereichwi/

Wirtschaftsingenieurwesen Studium Plus

Inhaltlich	Der duale Studiengang ist inhaltlich am Bachelorstudiengang Wirtschaftsingenieurwesen – Industrie orientiert. Die Schwerpunkte liegen auf den Bereichen Produktion und Prozessindustrie. Zum Studium gehören vier Praxisphasen und im 5. Semester ein Projektstudium in der Industrie.
Abschluss	Bachelor of Science (B.Sc.), akkreditiert durch ACQUIN
Regelstudienzeit	6 Semester (180 CP)
Studienbeginn	Wintersemester
Studiengebühren	Keine
Besonderes	• Wirtschaftsingenieurwesen Studium Plus ist ein dualer Studiengang • Ein technisches Vorpraktikum von mindestens 11 Wochen vor Beginn des Studiums wird vorausgesetzt • Außerdem brauchen Sie bis zum 1. Semester einen Studienvertrag mit einem kooperierenden Unternehmen
Zulassungsbeschränkungen	Nur mit Studienvertrag möglich
Bewerbung	Online über *http://www.fh-jena.de/index.php/browse/914*
Bewerbungsfrist	15. Mai bis 15. Juli
Mögliche Studienschwerpunkte	Verschiedene Schwerpunkte sind möglich.

Weiterführende Informationen zum Studienverlauf und zur Studienberatung

Studienberatung
- **Frau A. Schmaltz**
Tel.: (03641) 205129
E-Mail: schmaltz@fh-jena.de
- **Prof. Dr. B. Schmager**
Tel.: (03641) 205910
E-Mail: b.schmager@fh-jena.de
- **Prof. Dr. F. Engelmann**
Tel.: (03641) 205925
E-Mail: frank.engelmann@fh-jena.de
http://www.wi.fh-jena.de/wirtschaftsingenieurwesen/studiengang/bsc-studiumplus/

3 Nordhausen

Nordhausen hat ca. 44 000 Einwohner, ist Kreisstadt des gleichnamigen Kreises und liegt am Südrand des Harzes im Norden von Thüringen, ca. 70 km nördlich von Erfurt.

Nordhausen wurde bereits im 8. Jahrhundert gegründet. Mitte des 19. Jahrhunderts siedelten sich Lebensmittel- und Maschinenbauindustrie an und die Stadt wurde an das Eisenbahnnetz angeschlossen.

3.1 Fachhochschule Nordhausen

Die Fachhochschule Nordhausen wurde 1997 gegründet und ermöglicht durch ihren ca. 11 ha großen Campus die räumliche Einheit von Forschen und Lehren, Studieren und Leben und Wohnen. Die Fachhochschule ist Teil eines europäischen Hochschulnetzwerks und ermöglicht durch internationale Hochschulpartnerschaften Studien- und Praxissemester im Ausland. An der Fachhochschule Nordhausen gibt es ca. 2 500 Studierende.

| Homepage der Fachhochschule
http://www.fh-nordhausen.de
| Allgemeine Studienberatung
Tel.: (03631) 420-222/226
Fax: (03631) 420-811
E-Mail: ssz@fh-nordhausen.de
| Fachhochschule Nordhausen / Studien-Service-Zentrum
Weinberghof 4, 99734 Nordhausen
http://www.fh-nordhausen.de/studien-service-zentrum.html

3.1.1 Fachbereich Wirtschafts- und Sozialwissenschaften

Der Fachbereich Wirtschafts- und Sozialwissenschaften ist einer von zwei Fachbereichen der Fachhochschule Nordhausen und bietet betriebswirtschaftliche Studiengänge an. Der andere Fachbereich ist Ingenieurwissenschaften.

| Homepage des Fachbereichs
Der Fachbereich hat keine eigene Website.
| Fachhochschule Nordhausen
Weinberghof 4, 99734 Nordhausen

CHE-Hochschulranking

Wirtschaftswissenschaften: Im CHE-Ranking 2011 liegen Wirtschaftswissenschaften an der FH Nordhausen in der Beurteilung der Studiensituation insgesamt im Mittelfeld.

Betriebswirtschaftslehre/Business Administration

Inhaltlich	Der Studiengang soll Sie mit Praxisorientierung, Interdisziplinarität und internationaler Orientierung auf eine Wirtschaftstätigkeit vorbereiten. In den ersten 3 Semestern werden die methodischen Grundlagen vermittelt, in der zweiten Studienphase können Vertiefungsrichtungen gewählt werden.
Abschluss	Bachelor of Arts (B.A.), akkreditiert durch ACQUIN
Regelstudienzeit	6 Semester (180 CP)
Studienbeginn	Wintersemester
Studiengebühren	Keine
Besonderes	Im zweiten Studienabschnitt liegt ein Praxissemester, meist im 5. Semester.
Zulassungsbeschränkungen	Ja, hochschulinterner NC
Bewerbung	Online über http://www.fh-nordhausen.de/Online-bewerbung0.html
Bewerbungsfrist	15. Mai bis 15. Juli
Mögliche Studienschwerpunkte	In der zweiten Studienhälfte wählen Sie drei Schwerpunktfächer aus fünf Vertiefungsrichtungen. Als Schwerpunkte sind betriebliches Steuerwesen, Finanzmanagement, Marketing, Personalmanagement, quantitative Methoden sowie Wirtschaftsinformatik, Rechnungswesen und Controlling möglich.

Weiterführende Informationen zum Studienverlauf und zur Studienberatung

Studienberatung
- Dipl. Oec. Dipl. Soz. Bernd Feuerlohn

Tel.: (03631) 420-571
Fax: (03631) 420-817
E-Mail: feuerlohn@fh-nordhausen.de
http://www.fh-nordhausen.de/1378.html

Internationale Betriebswirtschaftslehre/International Business

Inhaltlich	Der Studiengang bereitet Sie auf ein berufliches Tätigkeitsfeld mit wirtschaftswissenschaftlichem Bezug im internationalen Umfeld vor. Das Studium gliedert sich in zwei Studienabschnitte. Zum zweiten Studienabschnitt gehört ein berufspraktisches Studium, meist im 5. Semester.
Abschluss	Bachelor of Arts (B.A.), akkreditiert durch ACQUIN
Regelstudienzeit	6 Semester (180 CP)

Studienbeginn	Wintersemester
Studiengebühren	Keine
Besonderes	Im 5. Semester ist ein 20-wöchiges Praktikum vorgesehen, das durch ein Seminar in Blockform wissenschaftlich begleitet wird.
Zulassungsbeschränkungen	Ja, hochschulinterner NC
Bewerbung	Online über *http://www.fh-nordhausen.de/ Online-bewerbung0.html*
Bewerbungsfrist	15. Mai bis 15. Juli
Mögliche Studienschwerpunkte	Im Wahlpflichtbereich können Sie zwei aus fünf Fächerkombinationen wählen: Internationale Rechtsformen und Besteuerung/ Internationales Wirtschaftsrecht; Internationales Personalmanagement/Corporate Governance und Organisation; Internationales Finanz- und Risikomanagement/Internationales Controlling; Internationales Marketingmanagement/Ländermarktanalyse; Internationale Wirtschaftsinformatik/Quantitative Methoden

Weiterführende Informationen zum Studienverlauf und zur Studienberatung

Studienberatung
Tel.: (03631) 420-222, -226
Fax: (03631) 420-811
E-Mail: ssz@fh-nordhausen.de
http://www.fh-nordhausen.de/studien-service-zentrum.html

Öffentliche Betriebswirtschaft/Public Management

Inhaltlich	Der Studiengang bereitet Sie auf Führungsaufgaben in den Bereichen Personal, Organisation, Controlling, Marketing und Strategische Planung vor. Mit dem Bachelorabschluss können Sie sich im gehobenen nichttechnischen Dienst bewerben. Anders als an reinen Verwaltungshochschulen werden Ihnen auch breite ökonomische Grundlagen vermittelt.
Abschluss	Bachelor of Arts (B.A.), akkreditiert durch ACQUIN
Regelstudienzeit	7 Semester (210 CP)
Studienbeginn	Wintersemester
Studiengebühren	Keine
Zulassungsbeschränkungen	Ja, hochschulinterner NC
Bewerbung	Online über *http://www.fh-nordhausen.de/ Online-bewerbung0.html*

Bewerbungsfrist	15. Mai bis 15. Juli
Mögliche Studienschwerpunkte	Als Schwerpunkt können Sie Management öffentlicher Dienstleistungen, Kultur- und Bildungsmanagement oder Verwaltung und Recht wählen.

Weiterführende Informationen zum Studienverlauf und zur Studienberatung
Studienberatung
- Prof. Dr. Stefan Zahradnik
Tel.: (03631) 420-541
Fax: (03631) 420-817
E-Mail: zahradnik@fh-nordhausen.de
http://www.fh-nordhausen.de/265.html

4 Schmalkalden

Schmalkalden ist ein Ort im Südwesten Thüringens, ca. 60 km südwestlich von Erfurt. Schmalkalden hat ca. 20 000 Einwohner. Der Ort ist klein, hat aber eine lange Geschichte: Bereits 874 wurde er erstmals urkundlich erwähnt. Bekannt ist der Schmalkaldische Bund, in dem sich im Jahr 1531 die protestantischen Reichsstände zusammenschlossen.

4.1 Fachhochschule Schmalkalden

Die Fachhochschule Schmalkalden wurde 1991 gegründet. Die Fachhochschule gliedert sich in die fünf Fakultäten Elektrotechnik, Informatik, Maschinenbau, Wirtschaftswissenschaften und Wirtschaftsrecht. Die Fakultät Wirtschaftswissenschaften bietet mehrere wirtschaftswissenschaftliche Studiengänge an, die Fakultät Maschinenbau einen Studiengang Wirtschaftsingenieurwesen.

An der modern ausgestatteten Campus-Hochschule lernen ca. 3 000 Studierende.

Homepage der Fachhochschule
http://www.fh-schmalkalden.de
Allgemeine Studienberatung
Tel.: (03683) 688-1206
Fax: (03683) 688-981206
E-Mail: studienberatung@fh-schmalkalden.de
Fachhochschule Schmalkalden / Zentrale Studienberatung
Blechhammer, 98574 Schmalkalden
http://www.fh-schmalkalden.de/Studienberatung.html

4.1.1 Fakultät Wirtschaftswissenschaften

Der Fachbereich bietet die vier Bachelorstudiengänge Wirtschaftswissenschaften, Betriebswirtschaftslehre, Volkswirtschaftslehre und International Business and Economics an. Aufbauend dazu gibt es den Masterstudiengang International Business and Economics am Fachbereich.

Homepage des Fachbereichs
http://www.fh-schmalkalden.de/Wirtschaft-.html
Fachhochschule Schmalkalden / Fakultät Wirtschaftswissenschaften
Blechhammer 9, 98574 Schmalkalden

CHE-Hochschulranking

Wirtschaftswissenschaften: Im CHE-Ranking 2011 liegen die Wirtschaftswissenschaften an der Fachhochschule Schmalkalden in der Beurteilung der Studiensituation insgesamt im Mittelfeld.

Betriebswirtschaftslehre

Inhaltlich	Der Studiengang bereitet Sie auf eine verantwortungsvolle Tätigkeit in einem privaten oder öffentlichen Wirtschaftsunternehmen vor. Sie erwerben im Studienverlauf Fachwissen und theoretisches Basiswissen in betriebswirtschaftlichen, volkswirtschaftlichen, rechnungswesentechnischen, informationstechnologischen und rechtlichen Themen und werden darauf vorbereitet, wissenschaftliche Erkenntnisse in der beruflichen Praxis einzuordnen und umzusetzen. Die Pflichtmodule sind in allen wirtschaftswissenschaftlichen Bachelorstudiengängen der Fakultät einheitlich.
Abschluss	Bachelor of Arts (B.A.), akkreditiert durch FIBAA
Regelstudienzeit	7 Semester (210 CP)
Studienbeginn	Wintersemester
Studiengebühren	Keine
Besonderes	Das 6. Semester ist ein Praxissemester.
Zulassungsbeschränkungen	Ja, hochschulinterner NC
Bewerbung	Online über *http://www.fh-schmalkalden.de/Bewerbung_.html*
Bewerbungsfrist	15. Juli

Mögliche Studienschwerpunkte	Für den betriebswirtschaftlichen Bachelorabschluss belegen Sie 8 Wahlpflichtmodule aus den betriebswirtschaftlichen Modulbereichen Existenzgründung und -sicherung; Finanzmanagement; Management Accounting and Management Control; Marketing; Personalmanagement und Organisation; Steuern und Bilanzen; Tourismuswirtschaft; Wirtschaftsinformatik; Empirische Wirtschaftsforschung. Dazu kommen 4 Wahlpflichtmodule eigener Wahl.

Weiterführende Informationen zum Studienverlauf und zur Studienberatung

Studienberatung
- Prof. Dr. Armin Herker

Tel.: (03683) 688-3113
E-Mail: a.herker@fh-sm.de
http://www.fh-schmalkalden.de/studienfachberatung.html

International Business and Economics

Inhaltlich	Die Pflichtmodule sind in allen wirtschaftswissenschaftlichen Bachelorstudiengängen der Fakultät einheitlich. Ihnen werden die wichtigsten betriebswirtschaftlichen, volkswirtschaftlichen und rechtlichen Themenfelder sowie analytische Methoden vermittelt. Der Studiengang ist international ausgerichtet, das 5. Semester ist ein Auslandssemester.
Abschluss	Bachelor of Arts (B.A.), akkreditiert durch FIBAA
Regelstudienzeit	6 Semester (180 CP)
Studienbeginn	Wintersemester
Studiengebühren	Keine
Besonderes	• Das 5. Semester ist ein Auslandssemester • Die Hälfte der Wahlpflichtmodule wird in englischer Sprache geprüft, die Bachelorarbeit wird auf Englisch geschrieben • Die Bachelorarbeit ist in engl. Sprache zu erstellen • Ein erfolgreich bestandener TOEFL-Test wird vorausgesetzt
Zulassungsbeschränkungen	Ja, hochschulinterner NC
Bewerbung	Online über *http://www.fh-schmalkalden.de/Bewerbung_.html*
Bewerbungsfrist	15. Juli

Mögliche Studienschwerpunkte	Mit Wahlpflichtmodulen können Sie persönliche Schwerpunkte in verschiedenen Bereichen setzen. Schwerpunkte BWL: Existenzgründung und -sicherung; Finanzmanagement; Management Accounting and Management Control; Marketing; Personalmanagement und Organisation; Steuern und Bilanzen; Tourismuswirtschaft; Wirtschaftsinformatik. Schwerpunkte VWL: Empirische Wirtschaftsforschung, Finanzwissenschaft; Internationale Wirtschaftsbeziehungen; Gesundheits- und Umweltökonomik.

Weiterführende Informationen zum Studienverlauf und zur Studienberatung

Studienberatung
- Prof. Dr. Armin Herker
Tel.: (03683) 688-3113
E-Mail: a.herker@fh-sm.de
http://www.fh-schmalkalden.de/studienfachberatung.html

Volkswirtschaftslehre

Inhaltlich	Die Pflichtmodule sind in allen wirtschaftswissenschaftlichen Bachelorstudiengängen der Fakultät einheitlich. Zusätzlich zu den allgemeinen wirtschaftswissenschaftlichen Grundlagen beschäftigen Sie sich mit makro- und mikroökonomischen Modellen und Fragestellungen.
Abschluss	Bachelor of Arts (B.A.), akkreditiert durch FIBAA
Regelstudienzeit	7 Semester (210 CP)
Studienbeginn	Wintersemester
Studiengebühren	Keine
Besonderes	Das 6. Semester ist ein Praxissemester.
Zulassungsbeschränkungen	Ja, hochschulinterner NC
Bewerbung	Online über *http://www.fh-schmalkalden.de/Bewerbung_.html*
Bewerbungsfrist	15. Juli
Mögliche Studienschwerpunkte	Für den volkswirtschaftlichen Bachelorabschluss belegen Sie 4 Wahlpflichtmodule aus den volkswirtschaftlichen Modulbereichen Empirische Wirtschaftsforschung, Finanzwissenschaft, Internationale Wirtschaftsbeziehungen, Gesundheits- und Umweltökonomik. Dazu kommen 8 Wahlpflichtmodule eigener Wahl.

Weiterführende Informationen zum Studienverlauf und zur Studienberatung

Studienberatung
- Prof. Dr. Armin Herker

Tel.: (03683) 688-3113
E-Mail: a.herker@fh-sm.de
http://www.fh-schmalkalden.de/studienfachberatung.html

Wirtschaftswissenschaften

Inhaltlich	Die Pflichtmodule sind in allen wirtschaftswissenschaftlichen Bachelorstudiengängen der Fakultät einheitlich. Ihnen werden die wichtigsten betriebswirtschaftlichen, volkswirtschaftlichen und rechtlichen Themenfelder sowie analytische Methoden vermittelt. Anders als in den Bachelorstudiengängen Betriebswirtschaftslehre und Volkswirtschaftslehre ist kein Praxissemester vorgesehen. Der Bachelorstudiengang Wirtschaftswissenschaften empfiehlt sich besonders dann, wenn Sie ein Masterstudium anschließen wollen.
Abschluss	Bachelor of Arts (B.A.), akkreditiert durch FIBAA
Regelstudienzeit	6 Semester (180 CP)
Studienbeginn	Wintersemester
Studiengebühren	Keine
Zulassungsbeschränkungen	Ja, hochschulinterner NC
Bewerbung	Online über *http://www.fh-schmalkalden.de/Bewerbung_.html*
Bewerbungsfrist	15. Juli
Mögliche Studienschwerpunkte	Mit Wahlpflichtmodulen können Sie persönliche Schwerpunkte in verschiedenen Bereichen setzen. Schwerpunkte BWL: Existenzgründung und -sicherung; Finanzmanagement; Management Accounting and Management Control; Marketing; Personalmanagement und Organisation; Steuern und Bilanzen; Tourismuswirtschaft; Wirtschaftsinformatik. Schwerpunkte VWL: Empirische Wirtschaftsforschung, Finanzwissenschaft; Internationale Wirtschaftsbeziehungen; Gesundheits- und Umweltökonomik.

Weiterführende Informationen zum Studienverlauf und zur Studienberatung

Studienberatung
- Prof. Dr. Armin Herker

Tel.: (03683) 688-3113
E-Mail: a.herker@fh-sm.de
http://www.fh-schmalkalden.de/studienfachberatung.html

4.1.2 Fakultät Maschinenbau

Der Fachbereich Maschinenbau bietet einen Bachelor- und einen Masterstudiengang Maschinenbau an sowie zwei weitere Bachelorstudiengänge neben dem Bachelorstudiengang Wirtschaftsingenieurwesen.

| Homepage des Fachbereichs
| http://www.fh-schmalkalden.de/Maschinenbau.html
| Fachhochschule Schmalkalden / Fakultät Maschinenbau
| Blechhammer 9, 98574 Schmalkalden

CHE-Hochschulranking

Wirtschaftsingenieurwesen: Im CHE-Ranking 2011 liegt die Fakultät Maschinenbau in der Beurteilung der Studiensituation insgesamt in der Spitzengruppe. Sehr gute Werte erzielen die Kategorien Studierbarkeit und E-Learning.

Wirtschaftsingenieurwesen, Vertiefungsrichtung Maschinenbau

Inhaltlich	Sie werden in die natur- und ingenieurwissenschaftlichen Grundlagenfächer Physik, technische Mechanik, Werkstofftechnik, Konstruktion und Fertigungstechnik eingeführt, begleitet von praktischen Übungen. Zusätzlich studieren Sie betriebswirtschaftliche und wirtschaftsrechtliche Lehrgebiete.
Abschluss	Bachelor of Arts (B.A.), akkreditiert durch FIBAA
Regelstudienzeit	6 Semester (180 CP)
Studienbeginn	Wintersemester
Studiengebühren	Keine
Besonderes	• Ein Vorpraktikum wird empfohlen • Im 5. Semester absolvieren Sie ein 12-wöchiges Ingenieurpraktikum
Zulassungsbeschränkungen	Keine
Bewerbung	Online über *http://www.fh-schmalkalden.de/Bewerbung_.html*
Bewerbungsfrist	15. Juli
Mögliche Studienschwerpunkte	Schwerpunkte können im zweiten Studienabschnitt mit den Wahlpflichtfächern Konstruktion/CAD, Antriebstechnik für Fahrzeuge, Kunststofftechnik, Internationales Management, Technologiemarketing gesetzt werden.

Weiterführende Informationen zum Studienverlauf und zur Studienberatung

| Studienberatung
| ▪ Prof. Dr. Hendrike Raßbach
| Tel.: (03683) 688-2112
| http://www.fh-schmalkalden.de/studienfachberatung.html

3 Zukunftsperspektiven für Wirtschaftswissenschaftler und Wirtschaftsingenieure

Prognosen über die Entwicklung des Arbeitsmarkts und Aussichten für Studienabsolventen sind immer schwierig und ein wenig mit Vorsicht zu genießen – das wissen gerade Wirtschaftswissenschaftler und speziell Volkswirte nur zu genau. „Was die Weltwirtschaft angeht, so ist sie verflochten", das stellte bereits der Satiriker Kurt Tucholsky (1890–1935) in der ersten Hälfte des vorigen Jahrhunderts fest. Was damals galt, trifft in Zeiten der Globalisierung erst recht zu, wie die internationalen Entwicklungen der letzten Jahre zeigen.

Allgemein ist aber davon auszugehen, dass Hochschulabsolventen in Deutschland in den nächsten Jahren gebraucht werden, denn die geburtenstarken Jahrgänge der 1950er- und 1960er-Jahre erreichen allmählich das Rentenalter. Wirtschaftswissenschaftler dürften dabei auf jeden Fall in einer vergleichsweise guten Position sein. Denn sie werden in allen Bereichen eingesetzt: in öffentlichen Einrichtungen ebenso wie in produzierenden Unternehmen, in Dienstleistungsbetrieben, Nichtregierungsorganisationen oder in der Politik – und überall dort, wo in irgendeiner Form die möglichst effiziente Verwaltung wirtschaftlicher Ressourcen nötig ist.

Allgemeine Situation auf dem Arbeitsmarkt

Die Bundesagentur für Arbeit veröffentlicht von Zeit zu Zeit Broschüren zur Entwicklung des Arbeitsmarkts für Akademiker. Der letzte Bericht zur Situation der Wirtschaftswissenschaftler aus dem Jahr 2010 kann ebenso wie der zur Situation der Ingenieure als PDF kostenlos heruntergeladen werden unter *http://statistik. arbeitsagentur.de/Navigation/ Statistik/Arbeitsmarktberichte/Berichte-Broschueren/Arbeitsmarkt-Akademiker-Nav.html*. Obwohl sich die Untersuchungen im Wesentlichen auf Zahlen aus dem Krisenjahr 2009 stützen, zeigen sie deutlich den vorhandenen und tendenziell steigenden Bedarf an Wirtschaftswissenschaftlern und Wirtschaftsingenieuren.

Dabei kann außerdem berücksichtigt werden, dass nur ein Bruchteil der offenen Stellen bei der Agentur für Arbeit gemeldet wird. Der Großteil der Stellen für Wirtschaftswissenschaftler und Wirtschaftsingenieure wird von den Unternehmen direkt ausgeschrieben in Zeitungen, Fachzeitschriften und zunehmend in Internetportalen. Viele Unternehmen bieten offene Stellen inzwischen direkt auf ihrer eigenen Website an, einige nutzen gezielt soziale Netzwerke zur Bewerberauswahl. Größere Unternehmen stellen auf der Website einen speziellen Bereich für mögliche Bewerber bereit, über den unter Umständen auch Initiativbewerbungen und Bewerbungen für Praktika möglich sind.

Dass in den Broschüren der Arbeitsagentur längst nicht alle Stellenausschreibungen für Wirtschaftswissenschaftler erfasst sind, liegt zudem an der Vielzahl der möglichen Tätigkeiten. Als Absolvent eines wirtschaftswissenschaftlichen Studiengangs sind Sie nicht auf einen fest umrissenen Beruf festgelegt, Ihnen steht eine große Zahl an Einsatzgebieten offen. Einige Berufsfelder finden Sie unter *Tätigkeitsfelder für Absolventen der Wirtschaftswissenschaften*, S. 307.

Die Studie „JobTrends Deutschland 2011" des Staufenbiel Instituts beruht auf aktuelleren Zahlen und zeigt die Entwicklungen am Arbeitsmarkt für Absolventen verschiedener Studienrichtungen auf. Sie kann ebenfalls als PDF kostenlos heruntergeladen werden unter *http://www.staufenbiel.de/publikationen/staufenbiel-jobtrends-deutschland-2011.html*. Dieser Studie zufolge richtet sich fast die Hälfte aller Stellenangebote an Wirtschaftswissenschaftler. Außerdem gehen die meisten Unternehmen von einem steigenden Bedarf an Wirtschaftswissenschaftlern und Wirtschaftsingenieuren aus, wobei Wirtschaftswissenschaftler in den nächsten Jahren voraussichtlich vor allem in der Consulting- und Finanzbranche gesucht werden.

Auch andere Studien und Untersuchungen belegen die tendenziell guten Berufsaussichten für Absolventen der Wirtschaftswissenschaften und für Wirtschaftsingenieure. Dennoch bietet auch ein sehr guter Abschluss keine Garantie für einen interessanten, sicheren und noch dazu gut bezahlten Arbeitsplatz. Machen Sie sich deshalb schon während Ihres Studiums immer wieder Gedanken darüber, ob und in welchem Bereich Sie sich spezialisieren und profilieren könnten. Verfolgen Sie über das Studium hinaus die Wirtschaftsteile großer Tageszeitungen, Fachzeitschriften und auf Wirtschaftsthemen spezialisierte Internetportale. Wählen Sie Praktika sorgfältig aus, damit Sie erste Berufserfahrungen sammeln und Kontakte knüpfen, die Ihnen beim Berufseinstieg nützen können. Auch Jobs neben dem Studium und Auslandssemester können Sie gezielt als Vorbereitung für das Berufsleben nutzen.

Das bedeutet nicht, dass Sie sich zwangsläufig schon zu Beginn des Studiums auf eine Richtung festlegen müssen und diese nicht mehr ändern dürfen. Im Gegenteil, eine gewisse Flexibilität und die Bereitschaft und Fähigkeit, sich in neue Gebiete einzuarbeiten, wird von Ihnen als Akademiker erwartet und im Berufsleben vorausgesetzt. Wichtig ist, dass Sie Ihren eigenen Weg finden zwischen dem Trend zur Spezialisierung und interdisziplinärer Kompetenz – und zunächst einmal Ihr Studium erfolgreich abschließen. Letztlich sind fachliche Schwerpunkte und Ihr persönliches Engagement oft entscheidender für Ihren künftigen Arbeitgeber als die Abschlussnote. Eigeninitiative sowie gute kommunikative und analytische Fähigkeiten erhöhen Ihre Chancen auf den gewünschten Arbeitsplatz. Große Unternehmen wählen Bewerber deshalb häufig in Assessmentverfahren aus.

Berufsaussichten und regionaler Arbeitsmarkt für Absolventen der Wirtschaftswissenschaften

Die Umstellung von Diplomabschlüssen auf Bachelor- und Masterabschlüsse im Rahmen des Bologna-Prozesses ist inzwischen weitgehend abgeschlossen und die neuen Abschlüsse werden am Arbeitsmarkt akzeptiert. Die inhaltliche Vergleichbarkeit der jetzigen Studiengänge ist nicht einfach. Aber die strenge Modularisierung und die Aufteilung in grundständiges Bachelorstudium und aufbauendes Masterstudium mit jeweils vollwertigem Abschluss haben dazu geführt, dass die Studiendauer der einzelnen Abschnitte überschaubarer geworden ist. Inzwischen ist die Studiendauer für Arbeitgeber deshalb weniger wichtig bei der Auswahl geeigneter Bewerber als bei den früheren Diplomstudiengängen, deren Länge an Universitäten und Fachhochschulen unterschiedlich war, die aber allgemein eine längere Studiendauer bedingten.

Bachelorabsolventen

Der Bachelorabschluss wurde als erster berufsqualifizierender Hochschulabschluss eingeführt. Er entspricht also nicht den in früheren Diplomstudiengängen üblichen Zwischenprüfungen, die keinen akademischen Abschluss darstellten. Auch wird nicht mehr zwischen Abschlüssen an Universitäten oder Fachhochschulen unterschieden, der Bachelor ist der erste akademische Grad an allen Hochschulen. Inzwischen hat sich der Bachelorabschluss weitgehend durchgesetzt, besonders im Bereich der Wirtschaftswissenschaften. Immer weniger Unternehmensehen sehen ihn nicht als vollwertigen Abschluss an. Negativ urteilen vor allem die Unternehmen, die noch gar keine Bachelorabsolventen beschäftigen. Mit den steigenden Zahlen an Bachelorabsolventen in den letzten Jahren wandelt sich das Bild allmählich. Untersuchungen belegen zudem, dass unter den Berufsanfängern mit Bachelorabschluss Absolventen der Wirtschaftswissenschaften besonders stark vertreten sind.

Eine 2011 veröffentlichte Studie des Stifterverbands für die Deutsche Wissenschaft untersucht die Akzeptanz des Bachelors und die Befähigung der Bachelor-Absolventen für den Arbeitsmarkt. Sie kann kostenlos als PDF heruntergeladen werden unter *http://www.stifterverband.org/publikationen_und_podcasts/positionen_dokumentationen/mit_dem_bachelor_in_den_beruf/index.html.*

Die Studie zeigt, dass vor allem Absolventen der Wirtschaftswissenschaften gute Chancen für einen Berufseinstieg mit dem Bachelorabschluss haben. Die meisten Unternehmen setzen demnach Bachelorabsolventen auf ähnlichen Einstiegspositionen ein wie Absolventen mit einem Diplomabschluss, nämlich zunächst in der Sachbearbeitung oder für bestimmte Projektaufgaben. Mehr als ein Drittel der Unternehmen überträgt sogar schon Berufsanfängern mit Bachelorabschluss auch Bereiche mit größerer Verantwortung. Meist liegen die Tätigkeiten im mittleren Management. Spezielle Einarbeitungsprogramme für Berufseinsteiger bieten nur wenige Unternehmen an.

Auch bei den Einstiegsgehältern gibt es der Studie des Stifterverbands zufolge durchschnittlich kaum Unterschiede zwischen Diplom- und Bachelorabsolventen. Meist liegen die Einstiegsgehälter für Wirtschaftswissenschaftler zwischen 30 000 und 40 000 Euro im Jahr. Ungefähr ein Fünftel der Wirtschaftswissenschaftler mit Bachelorabschluss beginnt mit einem Jahresgehalt zwischen 40 000 und 50 000 Euro. Die niedrigsten Einstiegsgehälter werden nach Untersuchungen des Staufenbiel-Instituts (s. *Allgemeine Situation auf dem Arbeitsmarkt,* S. 303) in den Bereichen Tourismus, Marktforschung und Werbung gezahlt. Bei ca. 14 % der Wirtschaftswissenschaftler liegt das Einstiegsgehalt unter 30 000 Euro jährlich, darunter sind auch Teilzeitstellen erfasst. Die Einstiegsgehälter für Wirtschaftswissenschaftler unterscheiden sich für Fachhochschul- oder Universitätsabsolventen nicht grundsätzlich – anders ist es in den meisten anderen Fachrichtungen, bei denen Bachelorabsolventen der Fachhochschulen durchschnittlich höhere Einstiegsgehälter erhalten als Bachelorabsolventen der Universitäten.

Masterabsolventen

Über zwei Drittel der Bachelorabsolventen aller Studienrichtungen schließen unmittelbar an den Bachelorabschluss ein Masterstudium an. Bei den Wirtschaftswissenschaftlern fällt der Anteil etwas niedriger aus und deckt sich damit eher mit den Erwartungen der zukünftigen Arbeitgeber, die nach der Studie des Wissenschaftsrats überwiegend keinen Masterabschluss für Berufseinsteiger voraussetzen.

Wer nach dem Bachelorabschluss ein Masterstudium aufnimmt, möchte seine Karriereaussichten verbessern, sich fachlich weiterbilden oder weiterhin orientieren oder strebt eine wissenschaftliche Laufbahn an. Nur im letzten Fall ist der Masterabschluss zwingende Voraussetzung, denn nur damit ist eine Promotion möglich (s. Teil 1, *Promotion,* S. 16) und damit eine weitere wissenschaftliche Laufbahn (s. *Tätigkeitsfelder für Absolventen der Wirtschaftswissenschaften,* S. 307).

Viele Bachelorabsolventen wechseln für ein Masterstudium an eine andere Hochschule. Möglicherweise liegt das auch daran, dass für die Zulassung zum Masterstudium ähnliche Hürden überwunden werden müssen wie beim Bachelorstudium: Es gibt nur eine begrenzte Zahl von Studienplätzen und deshalb an den meisten Hochschulen entsprechende Zulassungsbeschränkungen, Mobilität ist deshalb nötig.

Die Einstiegsgehälter für Masterabsolventen liegen durchschnittlich etwas höher als die für Bachelor- oder Diplomabsolventen, oft sind die Tätigkeiten im höheren Management angesiedelt.

Regionaler Arbeitsmarkt für Wirtschaftswissenschaftler

Grundsätzlich ist regionale Flexibilität eins der Kriterien, auf die Arbeitgeber Wert legen. Ein Umzug sollte also für Sie möglichst kein Hinderungsgrund sein, wenn der Traumjob winkt.

Grundsätzlich lässt sich feststellen, wie nicht anders zu erwarten, dass in Großstädten und Ballungsräumen mehr Stellen für Wirtschaftswissenschaftler ausgeschrieben werden als in strukturschwachen Regionen. Vor allem in Frankfurt und München ist die Nachfrage nach Wirtschaftswissenschaftlern groß, aber auch in Düsseldorf und Hamburg werden viele Stellen ausgeschrieben, gefolgt von Nürnberg und Berlin.

In den neuen Bundesländern dagegen ist die Nachfrage nach Wirtschaftswissenschaftlern geringer. Andererseits kooperieren viele Hochschulen gerade in strukturschwächeren Gebieten besonders stark mit regionalen Unternehmen. So können Absolventen schon während des Studiums Kontakte zu künftigen Arbeitgebern knüpfen und durch Projektarbeiten oder Praktika ihre Chancen auf eine Einstellung erhöhen.

Tätigkeitsfelder für Absolventen der Wirtschaftswissenschaften

Der Abschluss eines wirtschaftswissenschaftlichen Studiums ermöglicht Ihnen Tätigkeiten in ganz unterschiedlichen Berufen, Branchen und Berufsfeldern. Einige Tätigkeiten können Sie unmittelbar nach dem Studium beginnen, andere erfordern Zusatzqualifikationen. Einige Möglichkeiten stellen wir Ihnen auf den nächsten Seiten vor.

Wirtschaftswissenschaftler

Glaubt man dem Klischee, so haben Betriebswirte ihre Karriere vom ersten Studientag an genau geplant und erscheinen grundsätzlich nur mit Aktenkoffer und im Business-Look an der Hochschule. Von der Volkswirtschaft heißt es auf der anderen

Seite herablassend, sie sei eine wirksame Form der Arbeitsbeschaffung für Volkswirte. Ein Körnchen Wahrheit mag sich überall finden lassen, dennoch sieht die Realität anders aus und zeigt ein differenzierteres Bild.

Ganz allgemein übernehmen Betriebswirte kaufmännische Aufgaben, Volkswirte planen und beraten. In der Berufspraxis lassen sich diese Bereiche selten eindeutig trennen, es gibt viele Berührungspunkte und Überschneidungen. Viele wirtschaftswissenschaftliche Studiengänge haben inzwischen den ausdrücklichen Anspruch, volks- und betriebswirtschaftliche Bereiche zu verbinden. Hinzu kommt, dass viele wirtschaftswissenschaftliche Studiengänge weitere Spezialisierungsmöglichkeiten bieten, die auf bestimmte Berufsfelder oder Branchen vorbereiten.

Im Allgemeinen übernehmen Betriebswirte Aufgaben in Unternehmensbereichen wie Controlling, Logistik, Marketing, Personal, Produktion, Rechnungswesen, Steuerwesen, Vertrieb, Volkswirte arbeiten in Verwaltungen, Verbänden und Gewerkschaften, in Banken und Versicherungen. Sowohl Betriebs- als auch Volkswirte sind überwiegend in Dienstleistungsunternehmen beschäftigt. Wirtschaftswissenschaftler arbeiten im öffentlichen oder im privaten Sektor, in Unternehmen aller Art und Größe und in allen Branchen, in nationalen oder internationalen Organisationen.

Wirtschaftsingenieure

Als Wirtschaftsingenieur verbinden Sie Kompetenzen aus den zwei auf dem Arbeitsmarkt sehr gefragten Bereichen Wirtschaftswissenschaften und Ingenieurwissenschaften. Viele Studien belegen die überdurchschnittlich guten Berufsaussichten der Wirtschaftsingenieure, so auch die Ergebnisse der Bundesagentur für Arbeit (*http:// statistik.arbeitsagentur.de/Navigation/Statistik/Arbeitsmarktberichte/Berichte-Bros chueren/Arbeitsmarkt-Akademiker-Nav.html*). Demnach sind die Beschäftigungszahlen von Wirtschaftsingenieuren seit dem Jahr 2000 sehr stark angestiegen. Durch ihr interdisziplinäres Wissen sind Wirtschaftsingenieure vor allem in der produzierenden Industrie an den Schnittstellen zwischen Technik und Betriebswirtschaft sehr gefragt. Eine zusätzliche Spezialisierung während des Studiums auf einen bestimmten technischen Bereich und einschlägige Praktika steigern die Chancen auf dem Arbeitsmarkt noch weiter.

Betriebswirte

Ganz allgemein organisieren, analysieren, planen und überwachen Betriebswirte geschäftliche Abläufe in Unternehmen und Verwaltungen. Während Betriebswirte früher vor allem kaufmännische Aufgaben im Finanz- und Rechnungswesen übernahmen, werden sie heute in allen Unternehmens- und Verwaltungsbereichen eingesetzt, in denen wirtschaftliches Handeln erforderlich ist. Oft erfolgt die Spezialisierung auf ein bestimmtes Gebiet wie zum Beispiel Marketing, Organisation, Personal/Human Resources, Produktion oder Management bereits während des Studiums. Einige Studiengänge bereiten auf den Einsatz in bestimmten Branchen vor wie zum Beispiel Banken, Handel, Tourismus, Gesundheit, Sport.

Controller

Controller planen, steuern und überwachen Unternehmensprozesse mit dem Ziel, zur Wirtschaftlichkeit eines Unternehmens beizutragen. Controller werden in multinationalen Konzernen ebenso gebraucht wie in mittelständischen Unternehmen oder größeren Handwerksbetrieben. Controller erstellen Soll-Ist-Analysen, setzen auf qualitative und quantitative Steuerungsinstrumente, koordinieren Informationsflüsse im Rechnungs- und Berichtswesen und unterstützen durch ihre Untersuchungen und Ergebnisse Managementprozesse. In größeren Unternehmen gibt es Controller in einzelnen Unternehmensbereichen, andere Unternehmen haben eine eigene Controllingabteilung. Es gibt Weiterbildungen zum Controller, der Berufseinstieg ist auch direkt als Trainee möglich.

Manager

Manager ist zum einen ein allgemeiner Begriff, der als Synonym für eine Führungskraft verwendet wird. Management im wirtschaftswissenschaftlichen Sinn bedeutet die Planung, Organisation, Durchführung und Kontrolle wirtschaftlicher Abläufe und Prozesse. Wirtschaftswissenschaftler arbeiten im Produkt-, Projekt- oder IT-Management, um nur einige Teilbereiche zu nennen.

Revisoren

Revisoren kontrollieren und dokumentieren Abläufe im Finanz- und Rechnungswesen eines Unternehmens und überprüfen Prozesse und Systeme eines Unternehmens auf ihre Wirtschaftlichkeit. Revisoren arbeiten in allen Branchen, sie werden vor allem in Banken, aber auch in Verwaltungen und im öffentlichen Dienst eingesetzt.

Steuerberater

Um als Steuerberater arbeiten zu können, müssen Sie zunächst eine entsprechende Prüfung ablegen, die im Steuerberatungsgesetz geregelt ist. Vorbereitungskurse für die Prüfung dauern ca. zwei Jahre im Anschluss an ein abgeschlossenes wirtschaftswissenschaftliches Studium. Steuerberater unterstützen und beraten Unternehmen und Privatpersonen in steuerlichen, betriebswirtschaftlichen und vermögensrechtlichen Fragen.

Unternehmensberater, Consultants

Unternehmensberater untersuchen Abläufe und Strukturen in Unternehmen mit dem Ziel, die Wirtschaftlichkeit des Unternehmens zu erhöhen. Dafür sind umfangreiche wirtschaftswissenschaftliche Kenntnisse und Erfahrung erforderlich. Unternehmensberater werden meist als externe Berater hinzugezogen, um Unternehmensentwicklungen über einen bestimmten Zeitraum zu begleiten und zu optimieren. Es gibt aber auch Unternehmen mit internen Consultingabteilungen, die Aufgaben ähneln denen der Revisoren.

Volkswirte

Volkswirte analysieren und planen ökonomische Prozesse und beraten Unternehmen und Organisationen unter mikro- und makroökonomischen Aspekten. Volkswirte arbeiten in Unternehmen aller Art. Besonders in der Verwaltung, in Verbänden, Industrie- und Handelskammern, Versicherungen und in internationalen Organisationen werden sie gebraucht.

Wirtschaftsprüfer

Wirtschaftsprüfer prüfen die ordnungsmäßige Buchführung von Unternehmen, beraten in betriebswirtschaftlichen und steuerlichen Angelegenheiten und prüfen Jahresabschlüsse. Es gibt eine bundesweit einheitliche Prüfung zum Wirtschaftsprüfer, die eine entsprechende Weiterbildung abschließt. Wirtschaftsberater arbeiten in Wirtschaftsprüfer- oder Steuerberatungsgesellschaften.

Forschung und Lehre

Als Hochschullehrer sind Wirtschaftswissenschaftler in Forschung und Lehre tätig. Zum einen arbeiten und forschen sie wissenschaftlich auf ihrem Fachgebiet, zum anderen bilden sie Studierende aus. Voraussetzung sind ein überdurchschnittlicher Studienabschluss zum Master und eine anschließende Promotion. Angehende Wissenschaftlerinnen und Wissenschaftler sind oft schon während des Studiums als wissenschaftliche Hilfskräfte tätig und als wissenschaftliche Miterbeiter während der Promotionsphase. Im Anschluss an die Promotion ist eine Habilitation möglich, die Voraussetzung ist, um als Professor arbeiten zu können. Allerdings steht nur eine begrenzte Zahl an Hochschulprofessuren zur Verfügung. Daneben gibt es einige Forschungseinrichtungen und Institute, an denen Wirtschaftswissenschaftler forschen können.

Schlusswort

Die Wirtschaftswissenschaften sind ein Feld, das viele Perspektiven bietet. Mit betriebswirtschaftlichem Grundwissen sind Sie gut gerüstet für eine erfolgreiche Karriere. Wir hoffen, dass der Studi-Kompass Ihnen dabei helfen konnte, sich Ihrer ganz persönlichen Wünsche und Ziele für Studium und Beruf bewusst zu werden.

Wenn Sie nun sicher sind, dass Sie ein wirtschaftswissenschaftliches Studium wählen wollen, aber immer noch nicht genau wissen, worauf Sie sich spezialisieren sollen, dann wählen Sie zunächst einen möglichst allgemeinen Studiengang. Spezialisieren können Sie sich auch noch im Laufe des Studiums. Wichtig ist, dass Sie einen Anfang machen und den ersten Schritt gehen. Die nächsten Schritte werden sich ergeben und führen Sie schließlich zum Erfolg. Auf dem Weg auch nach rechts und links zu schauen und sogar den einen oder anderen Umweg zu gehen, wird ganz bestimmt nicht schaden. Wir alle sind Menschen und nicht perfekt funktionierende Maschinen – und das ist auch gut so. Verlieren Sie Ihre persönlichen Ziele nicht aus den Augen, dann werden Sie Ihren Weg gehen.

Und falls einmal etwas nicht gleich gelingen sollte, dann verlieren Sie nicht den Mut, sondern denken Sie an Henry Ford, den Pionier der amerikanischen Automobilindustrie, der einmal sagte: „Es gibt mehr Leute, die kapitulieren, als solche, die scheitern." Wenn Sie nicht aufgeben, wird der Moment kommen, in dem Sie ebenfalls mit Henry Ford sagen können: „Erfolg besteht darin, dass man genau die Fähigkeiten hat, die im Moment gefragt sind."

Abkürzungen

Spätestens wenn Sie an einer Hochschule eingeschrieben sind, werden Sie merken, dass Abkürzungen dort sehr verbreitet und beliebt sind. An dieser Stelle beschränken wir uns auf eine kleine Auswahl an Abkürzungen, die für das Verständnis dieses Buches nützlich sind.

AACSB	The Association to Advance Collegiate Schools of Business
AHPGS	Akkreditierungsagentur für Studiengänge im Bereich Heilpädagogik, Pflege, Gesundheit und Soziale Arbeit e.V.
AQAS	Agentur für Qualitätssicherung durch Akkreditierung von Studiengängen
BIS	Berufsintegrierendes Studium
BWL	Betriebswirtschaftslehre
CHE	Centrum für Hochschulentwicklung GmbH
CP	Credit Points
DFG	Deutsche Forschungsgemeinschaft
ECTS	European Credit Transfer System
FB	Fachbereich
FH	Fachhochschule
FIBAA	Foundation for International Business Administration Accreditation
IELTS	International English Language Testing System
KMU	Kleine und mittlere Unternehmen
MBA	Master of Business Administration
NC	Numerus clausus
SWS	Semesterwochenstunden
TOEFL	Test of English as a Foreign Language
VWA	Verwaltungsakademie
VWL	Volkswirtschaftslehre
WG	Wohngemeinschaft
Wiwi	Wirtschaftswissenschaften
ZEvA	Zentrale Evaluations- und Akkreditierungsagentur Hannover
ZSB	Zentrale Studienberatung

Stichwortverzeichnis

Aviation Management 213

Betriebswirtschaft 43, 47, 66, 83, 85, 88, 106, 110, 118, 125, 127, 131, 136, 144, 145, 157, 194, 225, 238, 256, 262, 268, 274, 277
– Bau und Immobilien 37
– berufsintegrierend 237
– Controlling, Finanz- und Rechnungswesen 70
– deutsch-französischer Doppelabschluss 173
– dual 196
– Einkauf und Logistik 71
– International Marketing 71
– Logistik und Handel 44
– Marketing 72
– Markt- und Kommunikationsforschung 73
– Personalmanagement 74
  Werbung 75
– Wirtschaftsinformatik 76
Betriebswirtschaft – Business Administration 172
Betriebswirtschaft für kleine und mittlere Unternehmen 34
Betriebswirtschaft und Kultur-, Freizeit-, Sportmanagement 53
Betriebswirtschaft und Recht 107
Betriebswirtschaft und Unternehmensförderung 50
Betriebswirtschaft, Marketing- und Medienmanagement 52
Betriebswirtschaft/Business Administration 205
Betriebswirtschaft/Management 101

Betriebswirtschaftslehre 60, 115, 120, 123, 141, 177, 191, 242, 272, 295, 298
– Fernstudium 90, 272
– Logistik und E-Business 240
Betriebswirtschaftslehre mit technischer Qualifikation 220
Business Administration 199, 208, 225, 264, 286, 290, 295
– ausbildungsbegleitend 184, 186
Business Administration and Economics 139
Business Administration Fachrichtung Handel
– ausbildungsbegleitend 184
Business and Economics 288
Business Management 275
BWL
– dual 93
– in Kooperation mit KPMG 178

Controlling, Management and Information 229
Corporate Management and Economics 41
Credit Points 10

Economics 2, 116
Economics and Management Science 266
Einstiegsgehalt 306
European Economic Studies 113

Fernstudium 13
Finanzdienstleistungsmanagement
– berufsintegriert 124

General Management 213

Hochschulzugangsberechtigung 4

Insurance & Finance 209
International Business 58, 77, 80, 132, 137, 154, 295
International Business Administration 174, 209
International Business and Economics 299
International Business Communication 155
International Business Management 99
International Business Management East Asia 230
International Business Studies 135
International Finance 175
International Logistics Management – Wirtschaftsingenieur 80
International Management 56, 111, 269
International Management – Double Degree 81
International Sports Management 155
Internationale Betriebswirtschaft 34, 98, 257
Internationale Betriebswirtschaft – Interkulturelle Studien 50
Internationale Betriebswirtschaftslehre 188, 295
– berufsbegleitend 164
Internationale Betriebswirtschaftslehre / International Business Administration 179
Internationale Betriebswirtschaftslehre im Praxisverbund 231
Internationale technische Betriebswirtschaft 39
Internationale Volkswirtschaftslehre 142
Internationales Finanzmanagement 67

Internationales Personalmanagement und Organisation 232
Internationales Wirtschaftsingenieurwesen 211

Management & Financial Markets 180
Management & Financial Markets for Professionals 182
Management öffentlicher Aufgaben 278
Management, Philosophy & Economics 180
Marketing 233
Master of Business Administration 16
Module 10

Öffentliche Betriebswirtschaft 296
Ökonomik 1

Produktionsmanagement – Wirtschaftsingenieur 82
Public Management 296

Soft Skills 7
Sprachen, Management und Technologie 148
Staatswissenschaften 284
Studiengänge
– ausbildungsintegriert 12
– berufsbegleitend 13
– berufsintegriert 13
– dual 12
– interdisziplinär 3
– Management 4
– Marketing 4
– praxisintegriert 13
– Unternehmenskommunikation 4
– Wirtschaftsethik 4
– Wirtschaftsgeschichte 4
– Wirtschaftsinformatik 3
– Wirtschaftspsychologie 4

- Wirtschaftsrecht 3
- Wirtschaftssprachen 4
- zulassungsbeschränkt 5
- zulassungsfrei 6

Technische Betriebswirtschaft 166, 251
Teilzeitstudium 13

Umwelt- und Betriebswirtschaft 244

Verkehrsbetriebswirtschaft und Logistik 51
Volkswirtschaftslehre 68, 142, 192, 243, 284, 300
Volkswirtschaftslehre/Economics 206

Wirtschafts- und Organisationswissenschaften 129
Wirtschaftsingenieurwesen 35, 40, 45, 48, 54, 56, 64, 78, 86, 91, 96, 108, 119, 146, 149, 165, 189, 195, 202, 218, 221, 222, 258
- Bau 61
- Bauingenieurwesen 159
- dual 197
- Elektro- und Informationstechnik 61
- Elektrotechnik 226
- Industrie 291
- Informationstechnik 292
- Logistik 167
- Maschinenbau 62, 160, 227, 302
- Maschinenbau und Energietechnik 270
- Produktion 168
- Studium Plus 293
Wirtschaftsingenieurwesen/Umweltplanung 245
Wirtschaftspädagogik 170, 203, 267
Wirtschaftswissenschaften 95, 170, 201, 266, 288, 301

Notizen

Notizen

Notizen

Notizen